Revue camerounaise d'histoire économique et sociale

5-7, rue de l'Ecole-Polytechnique, 75005 Paris

www.editions-harmattan.fr

ISBN : 978-2-343-21539-6
EAN : 9782343215396

Revue camerounaise d'histoire économique et sociale

(RECAHES)

1re Année,
Volume 1,
1er Semestre 2021

L'Harmattan

Comité scientifique

Comité de rédaction

Administration

Éditorial
Sur la trace des Annales !

Les *Annales* n'auront pas été créées en vain ! En effet, par-delà le temps et l'espace, « notre » école continue de nourrir et d'entretenir les esprits, et toujours avec la même émotion.

C'est dans cette verve qu'il faut situer la naissance et la parution de ce premier numéro de la *Revue Camerounaise d'Histoire Economique et Sociales* (RECAHES), un projet longtemps ambitionné et venu – enfin – à maturité aujourd'hui. Conter toutes les péripéties de cette aventure serait inopérant en ce lieu. Sauf qu'il s'agit, comme pour les *Annales* de Marc Bloch et Lucien Febvre, de l'audace et de la volonté d'une certaine génération d'historiens de l'économie du Cameroun, mus par le souci d'avoir un espace d'épanouissement scientifique et intellectuel autour de leur discipline, mais sans exclusion aucune.

Car, tel est l'objectif premier de la RECAHES, qui entend fédérer les praticiens autour d'un axe de réflexion ancré principalement sur l'Afrique subsaharienne sans considération de temps ou d'espace.

Notre ligne éditoriale est ainsi déclinée.

Appelée à devenir le support scientifique de la toute nouvelle Association Camerounaise d'Histoire Economique et Sociale (ACAHES), ce premier numéro de la RECAHES, et comme le seront les suivants, est le fruit et le travail d'une équipe d'hommes et femmes dévoués et loyaux qui ont cru à notre vision et ont décidé de leur propre gré de le soutenir. Nous tenons à les remercier tous pour cette caution à la fois morale, intellectuelle et, au-delà, matérielle. Nous pensons notamment ici aux membres du Comité scientifique, patiemment sélectionnés, aux membres du Comité de rédaction, ainsi que tous ceux qui d'une manière ou d'une autre nous ont accompagnés.

Pour ce numéro inaugural de la Revue, nous avouons qu'il n'a pas été aisé de sélectionner les textes à publier et de les fixer, tant leur nombre a été assez important (71 en tout dont 56 du Cameroun et 15 de l'étranger). Mais voulant rester fidèle à la ligne éditoriale, il a fallu rigoureusement trancher en tenant compte à la fois des disciplines, de l'origine géographique des auteurs et le niveau d'expertise de ces derniers. Aussi, bien que faisant la part belle aux historiens – c'est de bonne guerre – ce premier numéro a également ouvert la porte à d'autres disciplines. De même, au plan géographique, un certain équilibre a été recherché chez les contributeurs : cinq nationalités sont ainsi représentées à savoir le Cameroun (03 textes), la Côte d'Ivoire (02 textes), le Gabon (02 textes), le Togo (01 texte) et la France (01 texte).

Que dire en conclusion ?

Sinon que ce coup d'essai de la RECAHES ne saurait être un coup de maître. Loin de là ! Il n'est certainement pas exempt d'imperfections. Mais l'espoir demeure qu'avec le temps et l'expérience, l'œuvre gagnera surement en maturité et en perfection, pour autant que les générations futures sachent porter et entretenir l'héritage, à l'image des *Annales*.

Pour que vive la *Revue Camerounaise d'Histoire Economique et Sociale* !

Raymond EBALE
Direction de rédaction
Vice-président de l'Association
Camerounaise d'Histoire
Economique et Sociale

Le Cameroun, la zone France et l'Europe

Michel Hau,
Professeur émérite - Université de Strasbourg
hau@unistra.fr

Résumé

Une révision des modalités de fonctionnement de la zone franc d'Afrique centrale est à l'étude. Un pays en développement doit-il nécessairement disposer d'une monnaie forte ? Et faut-il continuer à faciliter particulièrement les échanges avec l'Europe, alors que le commerce se développe avec la Chine et que les exportations pétrolières sont payées en dollars ? Un regard en arrière sur l'évolution économique du Cameroun permet de conclure qu'une gestion un peu plus souple de la monnaie peut avoir un effet positif sur la croissance à condition d'éviter l'inflation et la crise des changes.

Mots-clés : Cameroun - Economie - Zone franc – Zone euro - Europe

Abstract

A review of the operational procedures of the Franc Zone in Central Africa have been studied in this paper. The issue is, must a developing country have a strong currency? And is it necessary to promote exchanges with Europe while trade with China grows and oil exports paid in US dollars ? Looking back on the economic evolution of Cameroon allows us to concluding that a more flexible management of currency can have positive effects on growth under the condition of avoiding inflation and currency crisis.

Keys words : Cameroon – Economy – Franc Zone – Euro Zone - Europe

Introduction

En juin 2013, quinze pays d'Afrique de l'Ouest ont mis à l'étude un projet de monnaie unique qui réunirait les pays de l'Union économique et monétaire ouest-africaine[1] avec ceux de la Zone monétaire ouest-africaine[2]. Une révision des modalités de fonctionnement de la zone franc d'Afrique centrale est également à l'étude. Dès août 2015, le président tchadien Idriss Deby a appelé à un changement en déclarant : « Avec la France, il y a des clauses qui sont dépassées. [...] Ces clauses tirent l'économie de l'Afrique vers le bas »[3]. Le 22 novembre 1919, à Yaoundé, s'est ouvert, à l'initiative du président du Cameroun Paul Biya, un sommet extraordinaire de la Communauté économique et monétaire de l'Afrique centrale (CEMAC)[4], pour débattre du remplacement du FCFA d'Afrique centrale par une nouvelle monnaie, l'Afrix.

Des débats sont en cours, depuis janvier 2020, à l'échelon des experts représentant les gouvernements des pays membres de la CEMAC. Ils tournent autour de deux questions. La première est celle-ci : un pays en développement doit-il nécessairement disposer d'une monnaie forte ? Dans la zone franc d'Afrique de l'Ouest, les « fixistes », partisans d'une parité stable[5], affrontent

---

[1] La zone franc d'Afrique de l'Ouest comprend actuellement le Bénin, le Burkina Faso, la Côte d'Ivoire, la Guinée-Bissau, le Mali, le Niger, le Sénégal et le Togo.

[2] La Zone monétaire ouest-africaine comprend le Cap-Vert, la Gambie, le Ghana, la Guinée, le Libéria, le Nigéria et la Sierra Leone.

[3] Idriss Déby, discours prononcé le 11 août 2015 à l'occasion du 55e anniversaire de l'indépendance du Tchad rapporté par Cheikh Dieng, *www.afrik.com,* 14 août 2015.

[4] La Communauté économique et monétaire d'Afrique centrale comprend le Cameroun, le Congo, la Guinée Équatoriale, le Gabon, la République Centrafricaine et le Tchad.

[5] En décembre 2019, dans une interview accordée à Radio France Internationale, le président ivoirien Alassane Ouattara a défendu le principe d'une monnaie attachée à l'euro : « Le fait que nous sommes arrimés à l'euro, si nous empruntons des euros, le moment de les rembourser dans cinq ou dix ans, le taux est fixe. Il n'y a pas de problème. Donc, c'est le même taux auquel nous remboursons. Et si nous avions une monnaie, les gens parlent de monnaie flexible, c'est

les « flexibilistes » partisans d'une certaine souplesse (Kako Nubukpo, 2016 ; Tchundjang Pouemi, 1980 ; Pigeaud, 2018 et Agbohou, 2000)[1]. La deuxième question est de savoir s'il faut continuer à faciliter particulièrement les échanges avec l'Europe, alors que la préférence douanière consentie par l'Union européenne aux pays d'Afrique, Caraïbes et Pacifique (ACP) en 1975 a été en partie démantelée et que le commerce se développe rapidement avec la Chine et d'autres pays émergents.

Un regard en arrière sur l'évolution économique du Cameroun permet d'apporter des éléments susceptibles d'éclairer les discussions en cours.

I / Du franc faible au franc fort

Comme tous les instituts d'émission, la Banque des États d'Afrique centrale intervient pour protéger la valeur de sa monnaie de deux façons : en modifiant le taux d'intérêt auquel elle prête aux banques commerciales et en vendant ou en achetant des titres en monnaie étrangère, de façon à stabiliser le cours du change du FCFA.

Un accord avec la France passé au moment de l'Indépendance précise que si les réserves de la Banque des Etats d'Afrique Centrale (BEAC) viennent à s'épuiser face à des demandes massives de devises étrangères, celle-ci peut demander l'aide du Trésor français. C'est donc celui-ci qui, en dernier ressort, défend la parité fixe du FCFA en fournissant toutes les devises nécessaires. Mais, en contrepartie, la BEAC doit conserver en dépôt, sur un compte d'opérations du Trésor français, la moitié

---

très bien pour certains pays. Mais nous, nous avons une parité fixe. Je suis désolé de le dire, je suis ancien gouverneur de la Banque centrale et peut-être que je ne suis pas objectif. Si les pays de l'UMEOA n'ont pas tellement de problèmes de dettes, c'est grâce à cette parité fixe ».

[1] En 2015, Kako Nubukpo, alors ministre togolais chargé de la Prospective et de l'Évaluation des politiques publiques, s'est prononcé contre la politique de la monnaie forte, lui reprochant d'avoir asphyxié les industries dans toute la zone franc. En juin 2015, lors de la formation d'un nouveau gouvernement togolais, Kako Nubukpo n'a pas été reconduit à son poste de ministre.

de ses réserves et déposer 65 % de ses gains en devises[1]. Elle doit aussi accepter des représentants de l'État français dans son conseil. Ces derniers surveillent de près l'émission de francs CFA, puisque tout FCFA supplémentaire équivaut à une émission équivalente en Francs français, et, depuis 1999, en euros.

En fait, depuis sa création en 1962, le compte d'opérations auprès du Trésor français n'a que rarement été débiteur. La seule fois où la BEAC a dû solliciter que le Trésor français mette massivement à sa disposition ses devises, entre 1987 et 1993, le Fonds Monétaire International, la Banque Mondiale et la France ont fait pression pour que le FCFA fût dévalué. Ce qui fut fait en 1994, avec une dévaluation de 50 %. On peut donc se demander si cette garantie française est vraiment indispensable de nos jours.

Durant de longues années, l'adossement du FCFA au Franc français a pu permettre une relative stabilité monétaire sans pour autant constituer un handicap trop pesant pour les exportations de la zone franc. De 1960 à 1986, le Franc français s'est comporté comme une monnaie relativement faible par rapport aux autres monnaies européennes, notamment le mark allemand, vis-à-vis duquel il perdit les deux tiers de sa valeur entre 1960 et 1986[2].

Mais en 1986, à partir du moment où la France a aligné sa politique monétaire sur celle de l'Allemagne, l'adossement du FCFA au Franc français a causé des difficultés croissantes aux exportateurs de la zone franc. La politique dite du « franc fort », destinée à rendre possible treize années plus tard la création de l'Union monétaire européenne, a été décidée sans tenir compte des besoins des pays africains de la zone franc en matière d'exportation. Fruit du rapprochement franco-allemand, elle a

---

[1]En 2014, la BEAC et la BCEAO disposaient d'un dépôt en devises, respectivement, de 3706 et de 5605 milliards de francs CFA auprès du Trésor public français. La contrepartie en francs CFA était dépensée par les acteurs économiques africains. Le Trésor français replaçait à court terme les dépôts en devises et versait des intérêts aux banques centrales africaines (ils s'élevaient cette année-là à 0,75%).

[2] En 1960, le franc s'échangeait à raison de 1,1755 F pour 1 mark. En janvier 1987, à 3,3539 F pour 1 mark. Cette parité resta ensuite inchangée durant douze ans, jusqu'à la création de l'euro.

fait, par la même occasion, du FCFA une monnaie parmi les plus fortes du monde.

Cette politique de stabilité monétaire toute germanique a été imposée à l'économie camerounaise au plus mauvais moment. En septembre 1985, les accords du Plaza, négociés entre les grandes puissances, ont abouti à une dépréciation du dollar américain, suivie de celle de la plupart des monnaies asiatiques, latino-américaines et africaines, notamment le naïra nigérian (qui fut dévalué de 80 % entre 1985 et 1988). Au même moment, le Cameroun a subi une chute des prix du pétrole qu'il exploitait depuis 1977 (Aerts et al., 2000, p. 37). À la baisse des prix du pétrole, vint s'ajouter une baisse de l'extraction. La production pétrolière camerounaise chuta de 9 millions de tonnes en 1986 à 5 millions de tonnes en 1994, vendue en dollars à un prix réduit de moitié. Les cours des deux plus importantes denrées agricoles exportées par le Cameroun, le cacao et le café, chutèrent également au milieu des années 1980, la baisse de leurs cours en dollars s'ajoutant à la baisse du taux de change de la monnaie américaine.

Une comparaison avec le Kenya, dont la monnaie était gérée avec plus de souplesse, montre l'ampleur du choc monétaire subi par le Cameroun durant cette période. La comparaison entre les évolutions respectives des taux de change en dollar du shilling kényan et du FCFA d'une part, et les évolutions respectives des PIB par habitant du Kenya et du Cameroun d'autre part, est éclairante : le Kenya, dont la monnaie n'a cessé de se déprécier par rapport au dollar à partir de 1980, a connu un simple ralentissement suivi d'une vigoureuse reprise à partir de 2004.

Variations des taux de change et des PIB par habitant au Cameroun et au Kenya (1960-2018)

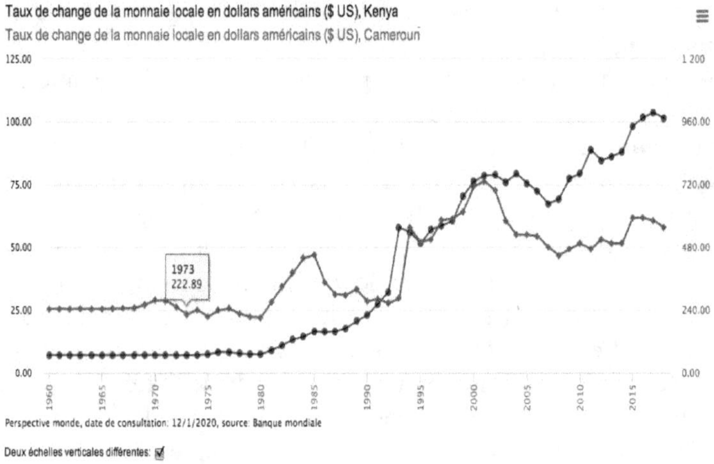

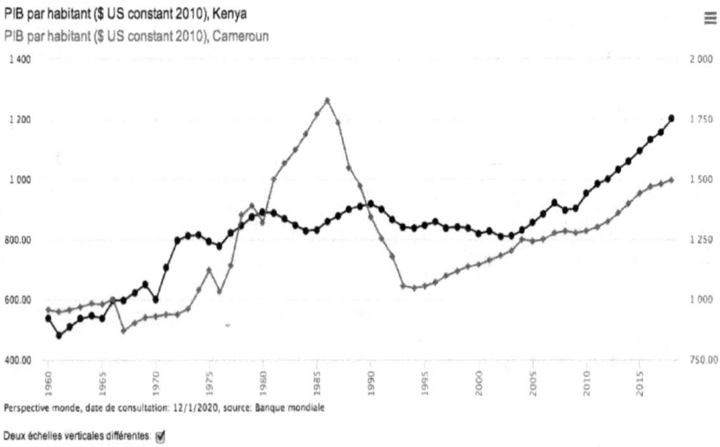

Source : Université de Sherbrooke, Perspective monde. (D'après la Banque mondiale)

La dévaluation du dollar par rapport au FCFA a mis en pleine lumière les fragilités de l'économie camerounaise. Le gouvernement du Cameroun avait opté, après l'indépendance, pour une stratégie d'industrialisation de substitution aux importations financée à grand renfort d'aides publiques. En un quart de siècle, le produit intérieur brut par habitant avait doublé[1]. On avait pu qualifier cette époque de « miracle camerounais ». Mais cette politique économique avait abouti au développement d'une industrie grevée de coûts de production trop élevés (Fark-Grüninger, 1995). En outre, les finances publiques, continuellement déficitaires, accumulaient les dettes auprès de créanciers internationaux. Saisi d'une demande d'aide du gouvernement camerounais, le FMI imposa, comme condition de son assistance, un « plan d'ajustement structurel » qui se traduisit notamment par une sévère compression des dépenses publiques. Les ajustements budgétaires furent d'autant plus brutaux qu'ils avaient été trop longtemps différés, dans une économie où la redistribution de la rente pétrolière, en permettant d'augmenter la masse salariale de l'État, avait joué un rôle excessif compte tenu de son caractère instable (Aerts et al., 2000, p. 27).

II / L'agriculture d'exportation, victime de la surévaluation du FCFA

Pour une économie fortement orientée vers l'agriculture comme celle du Cameroun, accroître le dynamisme économique passe par le développement et la diversification des exportations de denrées agricoles (Gbetnkom et Khan, 2002).

Les années 1960 et 1970 avaient connu une forte croissance des exportations agricoles, principalement celles de cacao et de café. Mais, dans les années 1980, ces deux productions ont connu à la fois une baisse des prix versés aux producteurs et un recul des volumes de la production. La raison est double : d'une part, un lourd prélèvement (de plus de 40 % du prix FOB) a été imposé aux producteurs par l'Office National de Commercialisation des Produits de Base (ONCPB), qui détenait le monopole de la commercialisation du cacao et du café, et, d'autre part, le dollar, monnaie dans laquelle étaient commercialisées les denrées d'exportation, s'est déprécié de 18 % entre 1985 et 1987 par

[1] En 1986, le PIB réel par habitant atteignait 3750 dollars référence 2011 par habitant contre 1854 en 1960. Cf. *Maddison Project Database 2018 : Real GDP per capita in 2011 US$, 2011 benchmark.*

rapport au FCFA (Aerts et al., 2000, p. 35), dépréciation qui s'ajouta la baisse des cours mondiaux. Les producteurs réagirent en réduisant leurs récoltes. Entre 1984/1985 et 1991/1993, les exportations camerounaises de cacao passèrent de 94 milliards à une trentaine de milliards de francs CFA, tandis que les exportations de café passaient de 110 à 28 milliards de francs CFA (Ibid., p. 41). L'essentiel de ces baisses fut dû à la baisse des cours (Ibid., p. 65). La meilleure tenue des cours de la banane et du coton, productions d'un moindre poids dans les exportations camerounaises, ne compensa pas ces pertes et la valeur des exportations agricoles du Cameroun passa de 232 milliards de francs CFA en 1984/1985 à 121 milliards en moyenne pour 1991-1993 (Aerts et al., 2000, p. 41).

Tableau n° 1

Évolution des prix versés aux producteurs 1985-1993

	Francs CFA/kg	
Principaux produits de rente	1985/1986	1992/1993
Cacao fèves	450	200
Café robusta	470	100
Café arabica	520	200
Coton graine	155	85

Source : (Aerts et al., 2000, p. 127).

Une analyse prenant en considération non plus seulement le taux de change nominal, mais le taux de change réel a été réalisé par l'économiste Aloysius Ajab Amin (Ajab Amin, 1992)[1]. Ses calculs effectués en tenant compte également des parités de pouvoir d'achat[2], montrent que dès 1971 le FCFA a enregistré

[1] L'étude s'arrête à 1992, mais ses conclusions restent valides jusqu'à la dévaluation du FCFA du 12 janvier 1994.

[2] Le taux de change réel est le ratio entre le niveau des prix des biens internationalement échangeables (*tradeable goods*) et le niveau des prix des biens non internationalement échangeables (*non tradeable goods*). L'approche par les parités pouvoir d'achat consiste à multiplier le taux de change officiel par le rapport entre un indice de prix du marché

une appréciation continue par rapport au dollar, ce mouvement s'accélérant fortement après la baisse de la parité officielle du dollar en 1985. Cette évolution a modifié la répartition des revenus entre les agriculteurs travaillant pour l'exportation et ceux travaillant pour le marché intérieur. Jusqu'à 1983, les prix continuaient à encourager, quoique de moins en moins, les premiers. À partir de 1984, avec la poursuite du mouvement d'appréciation du taux de change réel du FCFA, la situation s'est retournée en faveur des seconds. L'écart de rémunération entre les deux secteurs a continué à grandir jusqu'à l'année 1992 (Ibid., p. 33), dernière année prise en compte par l'étude. Comme la surévaluation du FCFA rendait certaines importations de produits alimentaires meilleur marché, elle défavorisait aussi les agriculteurs produisant pour le marché intérieur. En définitive, c'est l'ensemble des agriculteurs qui était pénalisé par rapport aux consommateurs urbains à cause de la surévaluation du FCFA.

En 1993, la surévaluation du FCFA mesurée au taux de change réel, était en moyenne de 31 % pour l'ensemble de la zone franc. Mais le taux de change nominal, appliqué à l'identique à tous les pays membres, masquait des situations économiques très différentes. C'est au Cameroun et dans les autres États pétroliers d'Afrique centrale que l'écart entre les prix internationaux et les prix intérieurs était le plus considérable : 78 % pour le Cameroun, 58 % pour le Congo et 51 % pour le Gabon (Devarajan, 1996, p. 50).

III / L'amorce d'un processus de désindustrialisation après 1986

La crise de 1986 fit apparaître toutes les faiblesses du modèle d'industrialisation conçu au lendemain de l'Indépendance. Conçu sur le concept de croissance endogène, il avait visé à développer des industries de substitution aux importations. Leur croissance, protégée par des taxes douanières et financée par un lourd prélèvement sur les recettes de l'exportation des denrées

---

intérieur et un indice de prix international servant de référence. Cf. (Ajab Amin, 1992, p. 28-30).

agricoles, avait abouti à la formation d'un secteur insuffisamment compétitif. Les entreprises étatiques et para-étatiques devaient chaque année recevoir d'importantes subventions de l'État pour pouvoir continuer à fonctionner : jusqu'à l'équivalent de la moitié des recettes pétrolières de l'État en 1984 (Brunel, 2003, p. 137).

Cette industrie trop fragile s'effondra en 1986 sous les coups conjugués de la concurrence étrangère, de la baisse de la consommation intérieure et de la suppression des aides de l'État imposée par le FMI. La mission de réhabilitation des entreprises publiques et parapubliques mit en liquidation 59 entreprises et en réhabilita d'autres moyennant des contrats de performances draconiens. L'usine de pâte à papier de la Cellulose du Cameroun (Cellucam), destinée à valoriser les ressources forestières, inaugurée en 1981, fut mise à l'arrêt en 1983 et liquidée en 1986. Le Nigéria apparut comme le principal concurrent de l'industrie camerounaise sur le marché intérieur du Cameroun et des autres pays de la CEMAC. Les entreprises concurrencées par le Nigéria, l'industrie du raffinage du pétrole et celle des biens de consommation manufacturés (textiles, boissons, savon, cosmétiques, piles électriques, etc.) connurent une régression de leur chiffre d'affaires de - 42 % entre 1983/1984 et 1990/1991 (de Monchy, 1993, p. 7). Or c'est dans la production de biens de consommation manufacturés que les capitaux privés camerounais étaient les plus engagés. Ils représentaient 20 % de la production industrielle (Ibid., p. 4). Le déclin de ce secteur accrut encore l'emprise des intérêts étrangers sur l'économie camerounaise. Les effectifs employés dans les entreprises de plus de 20 salariés tombèrent de 81 914 en 1983/1984 à 74 000 en 1990/1991 (Ibid., p. 2.). À l'exception des industries du sciage du bois et du placage, toutes les industries débauchèrent des personnels, la plus forte chute d'effectifs (- 38 %) étant enregistrée dans l'industrie des biens de consommation manufacturés

En 1990, le coût du travail dans l'industrie camerounaise demeurait très élevé par rapport à celui des principaux concurrents extérieurs : 37 % du niveau des salaires américains en dollars courants contre 9 % pour la moyenne des pays africains hors zone franc. Même si une dévaluation ne constituait pas une condition suffisante du redressement de l'industrie camerounaise, elle en était une condition *sine qua non* (Aerts et al., 2000, p. 86).

IV / Le redémarrage de la croissance au Cameroun en 1994

Entre 1986 et 1994, le Cameroun connut une longue dépression sur 31 trimestres consécutifs, soit quasiment 8 ans. Le produit intérieur brut par habitant baissa durant cette période d'environ 40 % [1]. L'emploi salarié recula au bénéfice du secteur informel, tandis que près de la moitié des diplômés des universités ne trouvait plus d'embauche (Aerts et al., 2000, p. 97-99). Si le FCFA avait décroché du franc français dès 1986, la dépression de l'économie camerounaise aurait-elle été moins sévère ? La reprise qui a suivi la dévaluation de 1994 peut laisser penser que oui, même si d'autres facteurs ont joué. Les simulations effectuées sur des modèles macro-économiques de l'économie camerounaise (Cogneau, Herrera et Roubaud, 1996, p. 169-203 et Cogneau et Collange, 1996, p. 125-147) démontrent que la dévaluation a eu au Cameroun un impact expansionniste. Si elle n'avait pas eu lieu, la croissance du PIB de 1994 à 1996 aurait été de 6 points de pourcentage inférieur à ce qu'elle a été effectivement (Aerts et al, 2000, p. 155 et 269). L'observation statistique menée plus tard sur une période plus longue montre qu'après le creux de 1986-1994, l'économie camerounaise est revenue sur un sentier de croissance ininterrompue et plus dynamique que durant les années 1960 et 1970[2].

Cette dévaluation ne résulta pas d'un plan conçu à l'avance. Elle fut réclamée avec insistance par le Fonds monétaire

[1] Le PIB réel par habitant s'établit à 2118 dollars référence 2011 en 1994 contre 3750 en 1986. Cf. *Maddison Project Database 2018 : Real GDP per capita in 2011 US$, 2011 benchmark.* voir (Zouya Mimbang, 2012, p. 292 et Madison, 2010).

[2] Utilisant les chiffres publiés par Angus Maddison en 2010, l'historienne camerounaise Lucie Zouya Mimbang constate que le taux de croissance du PIB du Cameroun est passé de +3,7 % par an entre 1960 et 1977 (avant le boom pétrolier) à +4,3 % par an entre 1995 et 2008 (après la dévaluation et avant la crise des *subprimes*).

international et la Banque Mondiale ainsi que par la France pour mettre fin à la spéculation contre le FCFA qui se développait dangereusement. Elle prit effet le 12 janvier 1994.

Les agriculteurs souffrirent du renchérissement des fournitures d'engrais et de pesticides, mais leurs exportations recommencèrent à croître grâce à la baisse de leurs prix de vente convertis en dollars sur les marchés internationaux. Leur réponse à une demande extérieure accrue fut cependant limitée, car, après avoir libéralisé la commercialisation des produits de l'agriculture de rente dans le cadre du plan d'ajustement structurel, l'État, plus que jamais à la recherche de recettes fiscales, établit de lourdes taxes à l'exportation. La part du prix de vente perçue par les producteurs de cacao, de café, de bananes et de coton revint à peu près à son niveau d'avant 1987, époque à laquelle les offices publics de commercialisation prélevaient plus de 40 % du chiffre d'affaires. Les planteurs ne profitèrent ainsi que partiellement de la modification de parité entre le dollar et le FCFA, ce qui atténua chez eux l'incitation à produire des denrées exportables (Ajab Amin, 1992).

Dans l'industrie, la dévaluation du 12 janvier 1994, ajoutant ses effets à des baisses du salaire réel imposées quelques mois auparavant, atténua le désavantage de coût que constituait la surévaluation du FCFA par rapport aux pays d'Afrique hors zone franc, notamment le Nigéria voisin. Mais l'industrie souffrit du renchérissement de ses consommations de biens intermédiaires et de ses achats de biens d'équipement. Le renchérissement des intrants importés et la hausse des prix intérieurs (Gankou, 1998, p. 72) annulèrent une partie des effets de la dévaluation. Le Nigéria s'empressa de dévaluer le naira à son tour. Dès novembre 1994, le taux de change entre le naira et le FCFA était passé à un niveau inférieur à celui qui prévalait avant la dévaluation (Aerts et al., 2000, p. 189). L'économie camerounaise enregistra en 1994 et 1995 une reprise des exportations industrielles non pétrolières (bois sciés, textiles, articles en aluminium), mais l'essor des ventes à l'extérieur ne compensa que partiellement la baisse de la consommation intérieure. Il ne suffit pas à créer des emplois. Contrairement aux effets que l'on pouvait attendre de cette dévaluation, le déplacement des ressources de main-d'œuvre ne s'effectua pas en faveur des secteurs producteurs de biens échangeables, mais en faveur d'activités de type commercial.

Le service de la dette se trouva gonflé du taux de la dévaluation. Mais le Cameroun obtint de la part de ses principaux créanciers l'annulation de la moitié des sommes à rembourser. Les consommateurs des villes souffrirent d'un renchérissement des produits fabriqués importés de l'étranger. Déjà touchés par les baisses nominales des salaires imposées durant l'année 1993, ils furent durement affectés par les fortes hausses de prix qui frappèrent tous les produits importés, dont beaucoup étaient de première nécessité (produits pharmaceutiques, pièces de rechange) auxquels aucune production nationale ne pouvait se substituer. Au total, la hausse des prix entre décembre 1993 et décembre 1994 atteignit à Yaoundé 48,4 % (Ibid., p. 136). La dévaluation ôta davantage de pouvoir d'achat aux salariés urbains que si l'ajustement structurel avait eu lieu en conservant l'ancienne parité du FCFA. À l'inverse, le pouvoir d'achat des ruraux fut moins réduit que dans un scénario de continuation de la politique d'ajustement réel déflationniste (Ibid., p. 155-157). L'investissement privé, favorisé par le retour de capitaux et l'apurement progressif des arriérés de paiements intérieurs de l'État, recommença à croître et compensa en partie l'effondrement de l'investissement public (Cogneau, Herrera et Roubaud, 1996, p. 169-203).

Le FCFA restant accroché de façon rigide au franc, puis à l'euro, il recommença à s'apprécier par rapport au dollar à partir de 2001. La concurrence chinoise se fit de plus en plus sentir sur l'industrie camerounaise. Elle fit reculer les parts de marché du fabricant national de piles électriques, Pilcam, et asphyxia presque complètement l'industrie textile camerounaise. La Cotonnière Industrielle du Cameroun (CICAM), qui alimentait 85 % du marché du Cameroun en 1985, vit sa part tomber à 5 % seulement dans les années 2010. En 2019, 80 % des pagnes vendus au Cameroun venaient de Chine et 15 % d'autres pays d'Afrique (Nigéria, Ghana, Côte d'Ivoire).

Le Cameroun n'est pas parvenu jusqu'à présent à imiter le succès des « nouveaux pays industriels » de l'Extrême-Orient, qui ont accéléré leur croissance en développant leurs exportations de produits manufacturés. Une différence avec ces pays (sans doute pas la seule) est que ces pays usaient largement d'une monnaie sous-évaluée qui leur permettait d'être encore plus performants à l'exportation, quitte à limiter le pouvoir d'achat de leurs populations urbaines pour les produits importés. Les seules industries qui connurent une croissance significative au Cameroun furent celles qui n'étaient pas délocalisables ou qui étaient faiblement concurrencées : transformation du bois, matériaux de construction, boissons, fourniture d'eau, de gaz et d'électricité. Le nombre de salariés employés dans les entreprises industrielles restait, en 2000, inférieur de 15 % à celui atteint en 1986. Actuellement, les grands projets d'investissement au Cameroun concernent surtout la mise en valeur des gisements de minerai et du potentiel hydroélectrique. Les créations d'usines de montage d'automobiles projetées à Bonabéri et à Kribi se font attendre. La seule usine de montage de véhicules est, en 2020, la Sotrabus, qui produit à Bonabéri des autobus.

Tableau n° 2

Nombre de salariés employés dans les entreprises industrielles

Secteur	**1985-1986**	**1999-2000**
Alimentation	20 490	24 526
Boissons, tabac	8359	2797
Textiles, confection	5182	3511
Bois et fournitures	9316	7957
Papier, impression	2053	1716
Produits chimiques	2278	2428
Extraction	507	563
Matériaux de construction	826	653
Caoutchouc	11 265	6935
Métallurgie de base	1364	1080
Construction mécanique, électrique	2806	735
Matériel de transport	754	200
Autres industries manufacturières	611	536
Total	**69 618**	**59 091**

Source : Institut National de la Statistique du Cameroun.

En 2014, après une baisse des cours du pétrole qui avait beaucoup affecté les balances des paiements des pays d'Afrique centrale, il fut question d'effectuer une nouvelle dévaluation. Le président du Gabon s'y opposa. Aujourd'hui, beaucoup d'experts estiment que le taux de change fixe défini entre le FCFA et l'euro crée une rigidité trop contraignante pour les économies africaines concernées. Les banques centrales ne peuvent décider seules d'ajuster le taux de change. La décision ne peut être prise que par les chefs d'État, à l'unanimité.

V / Arguments pour une gestion plus souple des monnaies d'une future ex-zone franc d'Afrique centrale

Assouplir la gestion monétaire de l'actuelle CEMAC aurait deux avantages : celui de mettre davantage la monnaie au service de l'investissement et celui d'élargir le périmètre des convertibilités pour tenir compte de la diversification croissante des échanges extérieurs.

Les établissements de crédit financent trop faiblement l'économie. Principalement missionnée pour maîtriser l'inflation, la BEAC poursuit sans relâche l'objectif de limiter la hausse des prix intérieurs à 2 % au maximum, calqué sur celui de la Banque Centrale Européenne, sous la pression des très orthodoxes experts allemands de la Bundesbank. La totale liberté de circulation des capitaux dans la zone franc oblige la BEAC à calquer sa politique de taux d'intérêt sur celle de la Banque centrale européenne, sans égard pour la conjoncture économique en Afrique (Nubukpo, 2019, p. 126). D'une manière générale, les taux d'intérêt réel sont excessivement élevés dans la zone franc d'Afrique Centrale (le crédit était à un taux nominal de 12 à 17 % au début des années 2000 alors que l'inflation était faible), ce qui réduit l'investissement productif et oriente le crédit vers le négoce plutôt que vers la production (Nkutchet, 2005, p. 119).

De nombreux économistes, comme Kako Nubukpo, préconisent d'assouplir les conditions de prêt des banques centrales aux banques commerciales (Nubukpo, 2019, p. 157), notamment en élargissant les garanties acceptées par les banques centrales à l'escompte des titres financiers présentés par les banques commerciales. Ces mesures décrisperaient l'octroi des crédits et contribueraient à développer l'investissement en Afrique.

Toutefois, mettre la monnaie au service d'investissement bute sur certaines limites. Si la mise en place de nouveaux équipements productifs permet de créer davantage de richesses et de répondre à la demande, elle représente une dépense qui ne peut être remboursée qu'à long terme, alors que l'argent qui a été distribué pour créer ces équipements est dépensé tout de suite. Pour l'économiste anglais John Maynard Keynes, qui avait été témoin de la récession des années 1920 en Grande-Bretagne, il existait une importante épargne inemployée que cette facilité de crédit ne faisait que compenser. Augmenter la masse monétaire permettait, selon lui, un supplément de croissance. Dans les années 1960, beaucoup de pays en voie de développement ont été tentés de financer les investissements par de la création monétaire. Mais cette politique a souvent débouché sur une forte inflation, un lourd déficit de la balance commerciale et une ample dépréciation de la monnaie du pays. La baisse du taux de change de la monnaie nationale a renchéri, sur le marché intérieur, le prix de produits importés indispensables et rendu plus coûteux les remboursements d'emprunts contractés à l'étranger. C'est ce qui s'est produit pour le Mexique en 1982. Il annonça qu'il n'était plus en mesure de rembourser ses dettes. Plusieurs pays d'Amérique du Sud se retrouvèrent bientôt dans la même situation.

C'est pourquoi, depuis la « crise mexicaine », le Fonds monétaire international et la Banque mondiale ont cherché à développer un financement des investissements reposant davantage sur l'épargne intérieure ou les investissements directs étrangers et moins sur les facilités de l'émission de monnaie par les banques centrales.

Une autre raison d'assouplir la gestion monétaire dans la zone CEMAC est de détendre un peu le lien avec l'euro. La convertibilité illimitée entre le FCFA actuel et l'euro facilite les échanges avec l'Europe continentale, mais elle ne permet pas de fluidifier les transactions avec les nouveaux partenaires, tels la Chine ou l'Inde. Or leur commerce avec l'Afrique se développe rapidement. La préférence douanière accordée en 1975 par l'Union européenne aux pays ACP (Afrique, Caraïbes, Pacifique) a été, sous les attaques récurrentes des États-Unis et des pays tiers, démantelée au fil des accords commerciaux successifs, notamment les accords de Marrakech en 1994 et de Cotonou en 2000. La « guerre de la banane » qui opposait la France et les pays de la zone franc aux États-Unis et à l'Amérique latine s'est achevée par la victoire de ces derniers[3]. Des évolutions similaires ont eu lieu pour le cacao et le café. La diminution de l'avantage douanier accordé aux pays d'Afrique pour leurs exportations vers l'Europe oblige les producteurs à réduire leurs prix de vente pour rester compétitifs. Ainsi, l'affaiblissement de la préférence consentie par l'Union européenne aux ACP rend encore plus difficile à supporter la surévaluation du FCFA pour les exportateurs de denrées agricoles.

Certains experts suggèrent donc d'élargir le périmètre des convertibilités du FCFA vers les autres grandes monnaies, au premier rang desquelles le dollar, monnaie dans laquelle sont cotées presque toutes les matières premières, notamment le pétrole qui fournit plus de la moitié des exportations de l'Afrique centrale (et près de la moitié de celles du Cameroun). Toute baisse des prix des matières premières couplée à une baisse du dollar par rapport à l'euro les pénalise lourdement : perte de recettes d'exportations des produits bruts ou transformés, perte de compétitivité et donc handicap à l'exportation.

Après le dollar vient le yuan. En 2018, le premier partenaire commercial du Cameroun, comme des autres pays d'Afrique centrale, est à présent la Chine. Celle-ci absorbe cette année-là 22,2 % des exportations du Cameroun (pétrole, gaz, bois scié) et lui fournit 18,5 % de ses importations (machines, motocyclettes). La France n'absorbe plus que 5,9 % des exportations du Cameroun et ne lui fournit plus que 8,3 % de ses importations.

---

[3] Les États-Unis et les pays d'Amérique latine contestaient la différence de traitement réservée aux bananes africaines, qui entraient en franchise en Europe alors que les bananes latino-américaines, commercialisées par des multinationales américaines, étaient assujetties à des droits de douane. Malgré la dévaluation de 1994, la banane camerounaise était vendue 354 dollars la tonne contre 254 dollars pour sa concurrente latino-américaine. Ce conflit diplomatico-commercial prit fin en 1999 par des facilités accrues pour l'introduction des bananes d'Amérique latine en Europe. En 2009, les droits de douane européens sur les bananes produites hors zone ACP connurent une baisse drastique. Cf. (Gbetnkom et Khan, 2002, p. 12).

Tableau n° 2

Répartition géographique du commerce extérieur du Cameroun en 2018 (millions de FCFA)

Exportations		Importations	
Pays d destination	Millions de FCFA	Pays de provenance	Millions de FCFA
Chine	469 367	Chine	628 727
Italie	289 085	France	281 328
Pays-Bas Allemagne	218 296	Pays-Bas + Allemagne	266 456
France	125 479	Nigéria	189 980
Espagne	124 168	Thaïlande	143 681
Belgique	73 430	Etats-Unis	132 684
Bangladesh	70 143	Togo	115 746
Inde	67 144	Inde	115 176
Tous les pa du monde	2 112 338	Tous les pays d monde	3 405 172

Note : Nous additionnons les chiffres de l'Allemagne et des Pays-Bas, car une partie du commerce extérieur allemand passe par le port néerlandais de Rotterdam.

Source : Institut National de la Statistique, *Le commerce extérieur en 2018*.

Plusieurs solutions sont envisageables. Elles vont de l'instauration d'un régime de change flexible sans garantie extérieure à l'arrimage à un panier de devises comprenant l'euro, le dollar et le yuan, auxquels pourraient s'ajouter le yen japonais et la roupie indienne. Déjà, le yuan a été incorporé dans les réserves de plusieurs pays d'Afrique, dont le Nigéria, et il circule même depuis 2015 en Angola comme deuxième monnaie légale. Un seul régime est à proscrire : le change flottant soumis aux seules lois du marché, car il pourrait provoquer, dans des économies encore fragiles, des mouvements spéculatifs incontrôlables sur la monnaie.

Quelle est la probabilité d'une évolution vers un assouplissement de la gestion monétaire dans la zone CEMAC ? Les exportations proviennent des producteurs ruraux, les importations sont absorbées majoritairement par les habitants de villes. La surévaluation de la monnaie équivaut à un transfert aux dépens des premiers et à l'avantage des seconds. Les premiers, qui ont le plus à gagner à une politique de change plus souple, pèsent moins lourd dans la politique intérieure que les seconds. Ce sont les classes moyennes des villes, qui auraient le plus à perdre. Ces dernières sont friandes de biens de consommation durables importés. Quant aux catégories les plus aisées, elles veulent conserver la possibilité de transférer leur épargne vers des placements financiers et immobiliers dans les pays riches. Leurs intérêts s'opposent à ceux des paysans, victimes de la concurrence des denrées alimentaires importées et à ceux des jeunes frappés par le manque de débouchés (Kako Nubukpo, 2019, p. 65). Quant à la France, elle reste prête à faire beaucoup pour rester dans les bonnes grâces des équipes gouvernementales en place, comme elle l'a montré vis-à-vis de l'UMEOA en promettant de maintenir sa garantie malgré la disparition du siège dont elle disposait au conseil de la BCAO[4]. Politiquement, la balance continue donc à peser en faveur d'une certaine stabilité monétaire. Sur le plan économique, il faut en tout état de cause éviter une trop forte inflation et une spéculation incontrôlée sur le marché des changes.

Conclusion

Le FCFA a, au lendemain des indépendances, évité aux pays qui l'ont utilisé de connaître l'inflation galopante et la spéculation sur le marché des changes. Il confère aux pays qui l'ont adopté, grâce à son lien fort avec l'euro, une crédibilité internationale. Mais, après 1986, il a gêné leurs exportations à cause d'une parité trop élevée. À l'austérité budgétaire imposée par le Fonds monétaire international il a ajouté une austérité monétaire. La reprise de la croissance de l'économie camerounaise qui a été constatée après la dévaluation de 1994 donne corps à l'hypothèse, chère à Kako Nubukpo et aux « flexibilistes », qu'une plus grande souplesse dans la régulation du taux de change peut donner à l'économie d'un pays en développement un dynamisme accru. En l'absence de dévaluation, l'évolution des revenus des agriculteurs aurait été encore moins favorable et la reprise moins rapide. Mais, depuis la dévaluation de 1994, le mode de gestion de la zone franc continue à enserrer les économies africaines dans un système qui continue à favoriser les

---

[4] Pour Kako Nubukpo, « Il est trop facile de partager et/ou de véhiculer l'idée que le FCFA s'inscrirait dans une sorte de complot français contre l'Afrique. Les gouvernements de la zone CFA ont un intérêt personnel à rester dans les mains du Trésor français. ». Cf. Kako Nubukpo, 2019, p. 156).

secteurs abrités, comme l'attestent le faible dynamisme des exportations, la stagnation de la production manufacturière et le maintien d'un taux élevé d'emploi informel orienté vers le commerce et les services.

Une fois actée la rupture du lien fixe avec l'euro, diverses solutions seraient envisageables. Il y aurait d'abord la solution de créer une monnaie nationale. Plusieurs anciens pays africains de l'Union française se sont déjà engagés dans cette voie : le Maroc en 1957, la Tunisie en 1958, la Guinée en 1960, le Mali en 1962 (mais il a réintégré la zone franc en 1967), l'Algérie en 1963, Madagascar en 1972 et la Mauritanie en 1973 (sa monnaie nationale, l'ouguiya, est indexée sur le dollar). Mais, à l'heure où l'on parle de développer les échanges entre les pays d'Afrique, la création de zones monétaires plurinationales est la solution qui a la préférence des experts. En 1985, la Guinée équatoriale s'est intégrée à la zone franc d'Afrique centrale (la CEMAC) et, en 1997, la Guinée Bissau à la zone franc d'Afrique de l'Ouest.

Deux projets d'union monétaire sont en train de voir le jour pour se substituer aux anciennes zones franc d'Afrique de l'Ouest et d'Afrique centrale. Un premier pas a été franchi avec la fin de la tutelle française sur la zone franc d'Afrique de l'Ouest. Le 21 décembre 2019, alors que les chefs d'État de l'espace communautaire de la CEDEAO se réunissaient une nouvelle fois à Abuja pour examiner le projet de monnaie unique, le président ivoirien Alassane Ouattara, mandaté par les autres chefs d'État de l'UEMOA, s'est accordé avec le président français Emmanuel Macron, alors en visite en Côte d'Ivoire, pour la fin de la tutelle de la France sur la zone franc d'Afrique de l'Ouest[1]. Toutefois, la Banque de France restera garante de la convertibilité entre l'éco et l'euro, avec une parité inchangée. Cette question du lien avec l'euro bloque à présent la négociation avec les pays anglophones d'Afrique de l'Ouest[2].

---

[1] L'obligation de verser 50 % des réserves de change sur un compte d'opération du Trésor français disparaît. De plus, la France se retire des instances de gestion de la nouvelle monnaie.

[2]Le 30 décembre 2019, le Ghana s'est dit prêt à adopter l'eco, mais à condition que sa parité fixe avec l'euro soit supprimée. Le 16 janvier 2020, réunis à Abuja, les pays de la Zone monétaire ouest-africaine se sont dits préoccupés de la décision de l'UMEOA de renommer de façon

Depuis janvier 2020, plusieurs personnalités de la zone Afrique centrale sont à pied d'œuvre pour rendre possible une sortie du FCFA comme cela a été le cas dans la zone UEMOA. L'Afrix est le nom qui est évoqué pour le moment. Il y a un désaccord entre ceux qui tiennent au maintien d'un rapport fixe avec l'euro, et ceux qui préconisent de larges marges de fluctuation, voire un adossement à un panier de monnaies où figureraient notamment le dollar et le yuan. Le communiqué final de la conférence de Yaoundé du 22 novembre 2019 a affirmé la volonté de disposer d'une « monnaie commune stable et forte » sans plus de précision, pour laisser libre cours aux discussions.

Le problème qui se pose à présent est celui du degré de souplesse acceptable, c'est-à-dire celui qui permettrait de donner un peu plus de dynamisme à l'investissement et aux exportations sans pour autant provoquer une inflation à l'intérieur et une dépréciation excessive sur le marché des changes.

Quelles que soient les règles adoptées, il faudra que la nouvelle monnaie inspire suffisamment confiance pour pouvoir être utilisée comme moyen d'échange et comme réserve de valeur. Une souplesse accrue ne dispensera pas de la nécessité de poursuivre des politiques financières prudentes et de respecter des critères de convergence (notamment le niveau de déficit budgétaire) au sein de la zone CEMAC.

Références bibliographiques

Aerts Jean-Joël, Cogneau Denis, Herrera Javier, De Monchy Guy, Roubeaud François (2000), *L'économie camerounaise*, Paris, éd. Karthala.

Agbohou Nicolas (2000), *Le FCFA et l'Euro contre l'Afrique : pour une monnaie africaine et la coopération Sud-Sud,* Paris, Éditions Solidarité mondiale.

Allechi M., Niamey M. A. (1995), « La solidarité dans le système monétaire dans la zone franc : mythe ou réalité ? », *Revue Ivoirienne des Sciences économiques et de Gestion*, n° 1, juillet, p. 58-68.

unilatérale le FCFA éco, sans avoir tenu compte des documents préparatoires à la conférence de juin 2019, qui prévoyaient une flexibilité par rapport à toutes les monnaies, y compris l'euro.

Bekolo-Ebe B. (1986), « Rétrospective d'une décennie de croissance de l'économie camerounaise : 1975-1986" *Revue camerounaise de sciences économiques et de management.*

Brunel Sylvie (2003), « Les difficultés du Cameroun : fin d'un modèle ou crise de croissance ? », *L'Information géographique*, n° 67-1, p. 134-142.

Cogneau D., Herrera J., Roubeaud F. (1996), « La dévaluation du FCFA au Cameroun, bilan et perspectives », *Economies et Sociétés*, tome XXX, n° 1, p. 169-203.

Cogneau D., Razafindrakoto M., Roubeaud F. (1996), « Le secteur informel urbain et l'ajustement au Cameroun », *Revue d'Économie du Développement,* 3, p. 27-63.

Cogneau D. et Collange G. (1996), « Les effets à moyen terme de la dévaluation des francs CFA : une comparaison Cameroun-Côte d'Ivoire », *Revue d'Économie du Développement,* 3-4, p. 125-147.

Courade Georges (1994), *Le village camerounais à l'heure de l'ajustement*, Paris, Karthala.

Devarajan S. et De Melo J. (1987), « Adjustment with a Fixed Exchange Rate : Cameroon, Côte d'Ivoire and Senegal », *The World Bank Economic Review*, vol. 1, n°3, p. 447-487.

Devarajan S. (1996), « Désalignement des taux de change réels dans la zone CFA », *Revue d'économie du développement* n° 4, déc., p. 50.

Fassassi Yacouba (2013), *Le FCFA ou la monnaie des pays PMA (les pays Pas Moyen d'Avancer) : L'impératif de l'intégration régionale avec une monnaie unique pour une zone monétaire optimale en Afrique de l'Ouest*, Paris, L'Harmattan.

Gankou Jean-Marie et Bondoma Yokono Dieudonné (1998), *Gestion du taux de change et politique d'ajustement dans les pays africains membres de la zone franc*, Paris, Economica.

Gankou Jean-Marie (1999), *Echange et développement. L'économie camerounaise*, Paris, Economica.

Gbetkom Daniel et Khan Sunday (2020), *Determinants of Agricultural Exports, The Case of Cameroon*, Nairobi, AERC Research Paper 120.

Geschiere Peter et Konings P. (eds.) (1989), *Proceedings of the Conference on the Political Economy of Cameroon. Historical Perspectives*, African Studies Centre, Leiden.

Geschiere Peter et Konings P. (1993), *Itinéraires d'accumulation au Cameroun*, Paris, Karthala.

Herrera Javier (1995), « Les échanges transfrontaliers Cameroun-Nigeria » Rapport final de l'Observatoire OCISCA », ORSTOM.

Herrera Javier (1995), « La détermination du taux de change parallèle naira/FCFA et implications pour les politiques macroéconomiques de la zone franc : un éclairage à partir du cas camerounais », in : *Comportements microéconomiques et réformes macroéconomiques dans les pays en développement*, AUPEL-UREF.

Inack Inack S., Ndifo J. et Nkayeb R. (sous la direction de Lachaud P. P.) (1992), « Pauvreté et marché du travail au Cameroun : le cas de Yaoundé », IIES, *Discussion Papers* n° 47, Genève.

Kamgnia et Touna Mama E. (2002). « Le Comportement d'Investissement Privé au Cameroun : un Resserrement de la Contrainte Financière ? », *Les Cahiers du SISERA*, Dakar, Janvier.

Kengne Fodouop Dalmasso Etienne et De Jong Ali (2020), *Producteurs ruraux dans la crise au Cameroun*, Paris, L'Harmattan.

Kengne Fodouop Dalmasso Etienne (2003), *Citadins et développement des campagnes au Cameroun*, Paris, L'Harmattan.

Kengne Fodouop (2012), *Le Cameroun face au défi du développement. Atouts, obstacles et voie à suivre*, Paris, L'Harmattan.
MINEFI/DSCN, *Annuaire Statistique du Cameroun*, Yaoundé,
1960-2020.

Monga Célestin et Tchatouang Jean-Claude (1996), *Sortir du piège monétaire*, Paris, Economica.

Mukoko B. (1993), « Exportations et cycles de croissance dans les pays africains à revenus intermédiaires » *Revue Tiers Monde*, n° 133, Janvier-Mars.

Ngandjeu Jean (1988), *Le Cameroun et la crise*, Paris, L'Harmattan.

Ndulu Benno J. et al., (2010), *The Political Economy of Economic Growth in Africa, 1960-2000*, Cambridge, Cambridge U.P.

Nkutchet Modeste (2005), *L'état de l'économie camerounaise*, Paris, L'Harmattan.

Noumba Isidore (1993), *Les effets de l'instabilité des taux de change sur l'économie camerounaise*, thèse en Sciences économiques, Université de Bordeaux I.

Noumba Isidore (1996), *Évolution et déterminants des exportations industrielles du Cameroun*, Document de travail/Réseau de recherche sur les politiques industrielles en Afrique, n° 7, Dakar, CODESRIA.

Nubuko Kako (2011), *L'improvisation économique en Afrique de l'Ouest. Du coton au FCFA*, Paris, Karthala.

Nubuko Kako (dir.) (2016), *Sortir l'Afrique de la servitude monétaire : à qui profite le FCFA ?* Paris, La Dispute.

Nubuko Kako (2019), *L'urgence africaine : changeons le modèle de croissance*, Paris, Odile Jacob.

Odia Ndongo Yves Francis (2007), *Datation du cycle du PIB camerounais entre 1960 et 2003*, MPRA Paper n° 552, Novembre.

Pigeaud Fanny (2018), *L'arme invisible de la Françafrique : une histoire du FCFA,* Paris, La Découverte.

Tchundjang Pouemi Joseph (1980), *Monnaie, servitude et liberté,* Paris, Éditions Jeune Afrique.

Tsafack Nanfosso Roger (2006), « Économie politique d'une dynamique dans les exportations camerounaises », *Nordic Journal of African Studies* 15 (3) p. 344-366.

Touma Mama Ernest (dir.) (1996), *Crise économique et politique de déréglementation au Cameroun*, Paris, L'Harmattan.

Touna Mama Ernest (2008), *L'économie camerounaise. Pour un nouveau départ*, Yaoundé, Afrédit.

Tsikaba Tshisaba (1997), « Effects of domestic economic policies and external factors on export prices and their implications for output and income in Cameroon », *AERC Final Report*.

Van De Walle Nicolas (1991), « The Decline of the Franc Zone : Monetary Policies in Francophone Africa », *African Affairs*, vol. 90, n° 360, p. 383-405.

Le Cameroun face au défi d'un consumérisme sain à l'ère de l'Accord de Partenariat Economique d'Etape entre l'Union européenne et le Cameroun

Hervé Mvondo Mvondo
Centre National d'Education
Département des Etudes Economiques et Environnementales
Ministère de la Recherche Scientifique et de l'Innovation - Cameroun
herve.mvondo@yahoo.fr

Résumé

Le Cameroun avec l'application de l'Accord de partenariat économique (APE) intermédiaire, fera désormais face à un important flux de marchandises en provenance de l'Union européenne du fait de la suppression réciproque des droits de douane. Dans un contexte où la problématique de la protection du consommateur peine à rassembler, cette réflexion vise à évaluer la dimension sociale et consumériste du système législatif camerounais actuel de protection des consommateurs à l'aune de l'entrée en vigueur de l'Accord d'Etape entre l'Union européenne et le Cameroun, et de l'application des Principes Directeurs des Nations Unies pour la Protection des Consommateurs. C'est ce qui justifie l'axe d'analyse du consumérisme appliqué qui met en lumière un quadruple intérêt juridique, social, historique et économique. A cet effet, à l'aide de la méthode juridique qui repose sur l'analyse des textes de Loi et de la doctrine, il apparaît que l'Accord d'étape a pris en compte les intérêts des consommateurs en ce qu'il concoure à la protection de leur santé.

Mots-clés : APE - Cameroun – Consumérisme sain – Défi - Protection

Abstract

With the implementation of the intermediate Economic Partnership Agreement (EPA), Cameroon would witness a significant flow of goods from the European Union, due to the reciprocal abolition of customs duties. In a context where the issue of consumer protection is difficult to bring together, this reflection aims to assess the social and consumer dimensions of Cameroon's current consumer protection legislative system in the light of the entry into force of the Agreement between the European Union and Cameroon and the application of the United Nations Guidelines on the Protection of Consumers. This justifies our interest in the axis of applied consumerism which reflect a juridical, social, historical and economic interests. With the help of law and this doctrine, we are able to conclude that the intermediate EPA protects Cameroonian consumers.

Key words : EPA – Cameroon – Safe consumerism – Challenge - Protection

Introduction

Les Principes des Nations Unies pour la Protection du Consommateur[1], dans leurs dernières évolutions[2] ont identifié de nouveaux défis[3] sur le plan de la protection des consommateurs au rang desquels le commerce transfrontalier. Ces Principes concourent à répondre aux besoins légitimes ci-après : « *protéger les consommateurs contre les risques pour leur santé et leur sécurité et promouvoir les moyens effectifs de règlement des litiges et de réparation* »[4]. La question mérite une attention particulière au moment où la signature d'un Accord de partenariat d'étape intermédiaire (APEI) entre le Cameroun et

---

[1] Adoptés par l'Assemblée Générale dans sa résolution 39/248 du 16 avril 1985, étendus par le Conseil économique et social dans sa résolution 1999/7 du 26 juillet 1999, révisés et adoptés par l'Assemblée Générale dans sa résolution 70/186 du 22 décembre 2015 ; les Principes Directeurs des Nations Unies sont « *un ensemble de principes très utiles, qui définissent les principales caractéristiques auxquelles doivent satisfaire la législation, les institutions chargées de les faire respecter et les systèmes de recours pour garantir la protection des consommateurs* ».

[2] Révision des Principes des Nations Unies pour la Protection du Consommateur à Tunis, 18 mars 2014.

[3] Le commerce électronique, les services financiers, la protection des données, la publicité mensongère, les services universaux, le tourisme, l'accès au savoir, le tourisme, actions de groupe ou l'immobilier, transport, énergie …

[4] UNCTAD/DITC/CPLP/MISC/2016/1, p. 9.

l'Union-Européenne (UE) est effective, et prévoit la libéralisation réciproque du commerce des marchandises (Obote, 2018, p.6). En effet, l'initiative date de 2003 (Berisha, 2008) ; (Agritrade, 2010) ; (Karingi, 2005) avec le début des négociations, l'objectif recherché étant la conclusion d'un accord commercial régional complet au plus tard le 31 décembre 2007[5]. Mais au lieu d'un accord régional avec les 8 Etats, c'est le Cameroun tout seul qui a paraphé le 17 décembre 2007un APEI avec l'UE. Le 15 janvier 2009, cet accord a été signé, et ratifié le 22 juillet 2014. Le 04 août 2016 marque ainsi la date d'application de l'APEI.

En clair, le Cameroun a accepté ouvrir son marché à concurrence de 80 % des importations de l'UE pour un accès garanti à 100 % des exportations vers le marché Européen (ACDIC, 2014). Avec cette ouverture des frontières, on doit pouvoir craindre les risques d'un afflux massif des produits présentant un danger pour la santé des consommateurs[6], d'où l'importance de cet article. Aussi, dans un contexte camerounais où la problématique de la protection des consommateurs est très discutée et peine à conforter l'opinion nationale, l'on est en droit de s'inquiéter sur la capacité du Cameroun à garantir le caractère sain des produits en provenance de l'UE à destination de son marché. A cet effet, l'APEI au regard de son aménagement par les instruments juridiques, permet-il de répondre aux besoins légitimes des consommateurs camerounais tels que définis par les Principes Directeurs des Nations Unies pour la Protection des

---

[5] Concrètement, l'Accord d'Etape conclu entre le Cameroun et l'Union Européenne s'articule autour de deux volets : le commerce et le développement. Seul le volet commerce a fait jusqu'ici l'objet des premières dispositions spécifiques qui ont permis au Cameroun de garder un accès préférentiel pour les exportations vers l'Union Européenne depuis le 1er janvier 2008

[6] Reconditionnement de riz avarié, siphonage de gaz domestique, vente de poulets morts et rallongement de date de péremption sont entre autres procédés qu'adoptent certains opérateurs véreux. En effet, la liste des griefs pouvant être formulés à leur encontre est longue et témoigne du malaise déjà perceptible au sein de la chaine de consommation au Cameroun. Vue sous cet angle, la santé des consommateurs camerounais est à craindre.

Consommateurs ? Sur la base des textes de loi, nous démontrerons qu'il y a une prise en compte effective des intérêts des consommateurs par l'APEI à travers la perception d'un cadre préventif de protection des consommateurs contre les risques pour leur santé (I), et l'aménagement d'un cadre répressif via le règlement des litiges pouvant survenir (II).

I / La perception d'un cadre préventif de protection des consommateurs camerounais contre les risques pour leur santé

L'APEI tel que conçu par les nombreux textes qui l'organise vise à établir les bases d'une négociation qui contribue entre autres à la réduction de la pauvreté, à la promotion de l'intégration harmonieuse et progressive de l'Afrique Centrale dans l'économie mondiale, à la coopération économique et la bonne gouvernance de cette sous-région, à l'amélioration des capacités de production, d'exportation et d'approvisionnement de la sous-région... etc. En conformité avec les Principes Directeurs des Nations Unies pour la Protection des Consommateurs, l'APEI n'a pas soustrait au besoin de protéger les consommateurs contre les risques pour leur santé et leur sécurité. La perception de ce cadre préventif se manifeste à travers l'encadrement de l'activité d'import/export, et le contrôle des produits destinés à la consommation.

A / L'encadrement de l'activité d'import/export

Toutes les entreprises doivent respecter les lois et règlements des pays où elles opèrent en vertu de l'application du principe de légalité. En effet, si la liberté du commerce et de l'industrie (Lucas, 2005, p.85) est appliquée au Cameroun[7], il ne demeure pas moins qu'elle est encadrée. Aussi, les entreprises désireuses de s'implanter au Cameroun pour y mener leurs activités sont astreintes au respect des lois et règlements en vigueur. Elles doivent en outre se conformer aux dispositions pertinentes des

[7] Il a été affirmé par la loi des 2 et 17 mars 1791 (dite décret d'Allarde) qui dispose qu'il « sera libre à toute personne de faire tel négoce ou d'exercer telle profession, art ou métier qu'elle trouvera bon ».

normes internationales relatives à la protection du consommateur auxquelles les autorités compétentes du pays intéressé ont souscrit[8]. C'est dire que la prescription ci-dessus énoncée par les Principes Directeurs des Nations Unies doit guider toute activité liée au commerce transfrontalier. A cet effet, l'APEI l'a fort heureusement intégré à travers la définition des règles tenant aux personnes exerçant une telle activité, et les règles tenant aux produits soumis à ladite activité.

Les conditions qui seront énoncées infra définissent les règles particulières applicables aux importations et exportations des marchandises et s'appliquent à toute personne physique ou morale qui exerce les opérations de commerce extérieur sur le territoire national ce, en vue de la satisfaction des besoins du consommateur[9]. En effet, ces conditions concernent entre autres : l'inscription, la déclaration et l'autorisation de la personne désireuse de se livrer à une telle activité.

D'abord, la condition de l'inscription. D'après les dispositions de la loi régissant le commerce extérieur au Cameroun : « *Toute personne physique ou morale désirant exercer les activités d'importation ou d'exportation est tenue de s'inscrire aux fichiers des importations et des exportations suivant les modalités fixées par voie réglementaire* »[10]. Les modalités de ladite inscription ont d'ailleurs fait l'objet d'une énonciation précise par voie réglementaire[11] ce, conformément aux exigences de la loi régissant le commerce extérieur au Cameroun. Il s'agit entre autres comme conditions d'ouverture au fichier : l'exigence de la qualité de commerçant, justifier d'un domicile sur le territoire camerounais, disposer des capacités de stockage et d'installations matérielles adaptées à la nature des marchandises, une demande d'inscription, etc. A l'énoncé des

---

[8] UNCTAD, op. cit., p. 10.

[9] Cf. Articles 1, 2, et 4 de la Loi N°2016/004 du 18 avril 2016 régissant le commerce extérieur au Cameroun.

[10] Article 11.

[11] Pour une énonciation exhaustive, lire les Articles 4 à 10 du Décret N°2017/6523/PM du 07 juin 2017 fixant les modalités d'application de la Loi N°2016/004 du 18 avril 2016 régissant le commerce extérieur au Cameroun.

conditions exigées par le législateur ci-dessus reprises, il est une qui nous intéresse particulièrement à savoir : l'exigence de la qualité de commerçant. Aussi, à la question de savoir qui peut juridiquement se prévaloir de la qualité de commerçant[1] ; le législateur Ohada répond de la manière suivante : « *Est commerçant, celui qui fait de l'accomplissement des actes de commerce par nature sa profession* »[2]. Il se dégage ainsi deux caractéristiques à la qualité de commerçant : l'accomplissement de l'acte de commerce par nature qui renvoie à l'acte de commerce « *par lequel une personne s'entremet dans la circulation des biens qu'elle produit ou qu'elle achète ou par lequel elle fournit des prestations de service avec intention d'en tirer un profit pécuniaire* »[3]. Il est qualifié d'acte de commerce par nature parce que c'est l'acte de commerce par excellence, c'est-à-dire celui-là qui lie directement le commerçant au commerce. Aussi, il s'agit de tout acte qui consiste à produire, ou à commercialiser un bien ou service[4]. Il y a en outre le caractère

---

[1] La catégorisation des commerçants admise est la suivante : les commerçants personne physique et commerçants personnes morales (les sociétés commerciales) ; le commerçant de droit (celui qui exerce en toute légalité) et le commerçant de fait (celui qui fait le commerce sans être en règle) ;le commerçant avec fonds de commerce et le commerçant sans fonds de commerce ; le commerçant époux du commerçant (article 7 al. 2 de l'AUDCG de 2010 : le conjoint du commerçant est commerçant que s'il accomplit les actes visés à titre de profession et séparément de ceux de l'autre conjoint)

[2] Cf. Article 2 de l'Acte Uniforme Ohada sur le Droit Commercial Général de 2010.

[3] Cf. Article 3 de l'Acte Uniforme Ohada sur le Droit Commercial Général de 2010.

[4] On distingue aussi d'autres catégories d'acte de commerce qui confèrent à celui qui les exerce la qualité de commerçant : les actes de commerce par accessoire et par leur forme. L'acte de commerce par accessoire est celui qui au départ est civil, mais va devenir commercial tout simplement parce qu'il a été passé par un commerçant. Autrement dit, il s'agit de tout acte passé par un commerçant en vue de la réalisation ou de la facilitation de son activité commerciale. Aux termes de l'article 4 AUDCG : « ont le caractère d'acte de commerce par leur forme : la lettre de change, le billet à ordre, le warrant ». Il s'agit d'un

professionnel de l'acte accompli à savoir que la personne doit tirer l'essentiel de ses revenus à travers son activité. Toutefois, il y a lieu de rappeler que la qualité de commerçant n'est pas toujours exigée à l'exercice de l'activité d'export ou d'import. En effet, le législateur camerounais prévoit certaines autorisations spéciales ponctuelles ou occasionnelles pouvant être accordées à certaines personnes, du moment où les exportations ou importations qu'elles entendent effectuer n'ont pas un caractère commercial. La formulation de ladite exception se présente ainsi qu'il suit : « *Le ministre chargé du commerce extérieur peut accorder des autorisations spéciales aux personnes physiques ou morales n'ayant pas la qualité de commerçant et désirant effectuer une importation ou une exportation à des fins non commerciales* »[1].

Quant à l'exigence de domicile sur le territoire camerounais, cette mesure participe à faciliter le droit de poursuite des consommateurs. En effet, si le domicile en droit se distingue de l'habitation[2] et de la résidence[3], il renvoie au principal lieu d'établissement d'une personne, c'est-à-dire le principal centre d'intérêt de la personne. Son importance est relevée à l'occasion de l'exercice du droit de poursuite, en ceci que les règles procédurales en matière civile et commerciales au Cameroun prescrivent que le demandeur saisisse la juridiction territorialement compétente à savoir, la juridiction du lieu de domicile du défendeur. A cet effet, lorsque le législateur camerounais exige du requérant d'une autorisation d'importation ou exportation qu'il ait pour domicile le territoire camerounais, c'est dans l'optique de permettre aux consommateurs camerounais d'exercer leur droit de poursuite. On voit mal un national en mal d'assurer ses besoins les plus élémentaires,

---

acte qui demeure commercial indépendamment de celui qui le passe. Autrement dit, c'est un acte de commerce du fait de la loi.

[1] Cf. Article 11, alinéa 1 du Décret N°2017/6523/PM du 07 juin 2017 fixant les modalités d'application de la loi n°2016/004 du 18 avril 2016 régissant le commerce extérieur au Cameroun.

[2] C'est le lieu où une personne réside de façon passagère (exemple un court séjour dans un hôtel).

[3] C'est le lieu où une personne vit effectivement avec sa famille.

disposer des fonds nécessaires en termes de dépenses relatives à la saisine d'une juridiction hors du territoire national. En outre, le fait que le législateur exige du requérant à l'autorisation de l'activité d'import/export des capacités de stockages et installations adaptées à la marchandise objet de son activité de commerce permet de garantir la santé des consommateurs. En effet, il faudrait que le lieu abritant les marchandises destinées à la consommation soient stockées ou conditionnées dans des conditions sanitaires favorables au bien-être des consommateurs.

Ensuite, l'exigence de déclaration. En effet, la loi régissant le commerce extérieur exige une déclaration préalable d'activité. Elle prévoit ainsi que : « *Toute importation ou exportation doit faire l'objet d'une déclaration préalable auprès des services compétents, à des fins (...) d'inscription, de contrôle et de délivrance d'un certificat d'origine* »[1]. Les modalités de ladite déclaration préalable sont elles aussi énoncées par le Décret de 2017 qui fixe les modalités d'application de la Loi de 2016 régissant le commerce extérieur au Cameroun[2]. Il découle de la lecture de ces dispositions que le législateur camerounais a non seulement, voulu déterminer le régime appliqué à toute activité import/export qui est celui de la déclaration et non pas de l'autorisation comme c'est généralement le cas. C'est dire qu'une fois la formalité de déclaration accomplie, le requérant peut légitimement exercer son activité sans craindre une quelconque mise en garde des autorités compétences. Mais également, le législateur camerounais a précisé les effets de la déclaration en ceci qu'elle confère au requérant le droit à une inscription au fichier national des exportateurs ou importateurs ; elle facile les contrôles exercés sur la marchandise et permet de s'assurer que le requérant est en règle vis-à-vis du paiement des taxes douanières ; elle permet au requérant de se faire délivrer un certificat d'origine, seule preuve de la qualité et du caractère sain de sa marchandise.

---

[1] Article 12 de la Loi de 2016 régissant le commerce extérieur au Cameroun.

[2] Lire les articles 13 à 16 de Décret ci-dessus visé.

Enfin, la nécessaire autorisation. De ce fait, si le principe est celui de la liberté de l'exercice du commerce extérieur[1], certains produits se voient tout de même être assujettis à des restrictions ou interdictions[2] prévues par la loi. Ainsi, « *Ces produits exclus du régime de la liberté sont importés ou exportés en vertu d'autorisations d'importation ou exportation accordées par le ministre du Commerce extérieur, après visa technique, le cas échéant, de l'administration concernée* »[3]. C'est une exception à la règle de la simple déclaration sus évoquée. D'ailleurs, elle se comprend aisément, car, l'autorisation ne s'applique que sur certaines marchandises présentant soit un caractère dangereux en ce qu'elles sont chimiques ou toxiques ; soit alors en raison au fait qu'elles sont interdite de tout commerce. C'est par exemple le cas des produits de la faune ou de la flore qui sont des espèces protégées.

S'agissant des conditions et des modalités d'obtention de cette autorisation spéciale d'importation ou d'exportation des produits exclus du régime de la liberté du commerce extérieur, elles sont fixées par le Décret du Premier ministre de juin 2017 fixant les modalités d'application de la loi de 2016 régissant le Commerce extérieur au Cameroun. Cette autorisation est accordée par le ministre en charge du commerce extérieur après le dépôt d'un dossier de demande d'une autorisation spéciale d'importation ou d'exportation dont la composition a été bien spécifiée[4].Concrètement, l'article 12 de la loi sus citée prévoit que le dossier de demande d'une autorisation spéciale d'importation ou

---

[1] Article 6 (1) de la Loi de 2016 régissant le commerce extérieur au Cameroun.

[2] Voir les Articles 7(1) et 9 de la loi de 2016 régissant le commerce extérieur au Cameroun : *les produits touchant à la moralité, à la sécurité et à l'ordre publics, à l'hygiène et à la santé, à la protection de l'environnement de la faune et de la flore et au patrimoine culturel (armes chimiques, tout matériel de fabrication des armes chimiques, tout document ou support de technologie et d'information destiné à permettre ou à faciliter cette activité).*

[3] Article 8 de la Loi de 2016 régissant le commerce extérieur au Cameroun.

[4] Lire les Articles 11 et suivant du Décret du Premier Ministre de juin 2017.

d'exportation à adresser au ministre chargé du commerce extérieur comprend les pièces ci-après :

- une demande timbrée au tarif en vigueur, mentionnant notamment l'adresse complète du postulant, l'objet et les justificatifs de l'importation ou de l'exportation envisagée ;
- une copie certifiée conforme de la carte de contribuable ou de l'acte d'exonération du paiement des taxes et droits de douane ;
- la facture d'achat de la marchandise concernée, ou tout autre document justifiant de la provenance et de la destination de ladite marchandise ;
- un justificatif du paiement de la somme de trente mille (30 000) FCFA représentant les frais de délivrance de l'autorisation ;
- un justificatif du paiement de la somme de quinze mille (15 000) FCFA représentant les frais de cotisation annuelle auprès du Conseil National des Chargeurs du Cameroun (CNCC), s'agissant exclusivement des autorisations d'importation ;
- une copie certifiée conforme de la carte nationale d'identité du principal responsable ou de la carte de séjour.

Une fois ces conditions respectées, les produits destinés à la consommation et soumis à l'activité de commerce se doivent en outre de remplir un certain nombre de caractères, notamment le caractère sain ou non dangereux des produits à consommer ; et l'originalité des produits. Cependant, il ne suffit pas que la personne désireuse d'exercer les activités de commerce soit identifiée à travers son inscription au fichier et déclare ses activités après l'obtention d'une autorisation spéciale. Si les produits peuvent nuire à la santé des consommateurs, il faut en en outre qu'ils soient non seulement, certifiés originaux ; mais également, normés.

En ce qui concerne la certification de l'origine des produits, l'on doit pouvoir attester de l'originalité des produits destinés à la consommation au Cameroun, notamment leur provenance de l'UE. L'importance de ladite démarche consiste à réduire les risques de consommation des produits contrefaits. C'est la raison pour laquelle en date du 3 août 2016, le Président de la République signait un Décret fixant les règles d'origine et les méthodes de coopération administrative applicable aux marchandises de l'UE dans le cadre de l'APEI vers l'APE.

Aussi, le régime de la preuve de l'origine des produits fixé par le Décret ci-dessus cité concerne les personnes devant l'établir et les modalités permettant de l'établir auprès des autorités portuaires camerounaises, même si la preuve de l'origine de certains produits est exclue pour certains produits[1]. En outre, il faut dire que la preuve de l'originalité des produits importés doit être apportée par « les autorités douanières du pays d'importation »[2]. C'est ainsi que les autorités portuaires du pays de départ des produits destinés à l'exportation doivent délivrer un document à l'exportateur qu'il devra présenter aux autorités portuaires camerounaises dans lequel l'origine et la traçabilité des produits sont établies.

En ce qui concerne les modalités de preuve, il faut dire qu'elle peut être apportée soit, par un document de transport unique sous le couvert duquel s'est effectuée la traversée du pays de transit ; soit, une attestation délivrée par les autorités douanières du pays de transit avec description exacte des produits, date du déchargement et chargement des produits avec indication le cas échéant des navires et moyens de transport utilisés, certification des conditions dans lesquelles s'est effectué leur séjour ; soit tout document probant. Concrètement, le Décret précise que l'admission des produits originaires de l'UE lors de leur importation au Cameroun se fait sur présentation d'un certificat de circulation des marchandises EUR.1-CMR [3] ou sur déclaration dénommée « déclaration d'origine » établie par l'exportateur sur facture, bon de livraison ou tout autre document commercial. Une fois la preuve établie, celle-ci est valable pendant dix mois[4].

Pour une efficacité de la certification de l'origine des produits importés, il est mis sur pied des mécanismes de coopération administrative entre le Cameroun et l'UE. A cet effet, l'UE

---

[1] Article 25 du Décret de 2016 fixant les règles d'origine : liste des produits n'ayant pas besoin de la preuve de l'origine.

[2] Article 13 (2) du Décret N°2016/367 du 03 août 2016 fixant les règles d'origine et les méthodes de coopération administrative applicable aux marchandises de l'Union Européenne dans le cadre de l'Accord d'étape vers l'APE.

[3] Pour informations complémentaires, lire les articles 16 à 21 (2) du Décret sus visé.

[4] Article 22 (1) du Décret sus visé.

communique aux autorités camerounaises par le biais de la Commission des Communautés Européenne :

> Les adresses des autorités douanières, organismes habilités pour la délivrance et/ou la vérification des certificats de circulation des marchandises EUR. 1-CMR, déclaration d'origine et déclaration du fournisseur[5]. En outre, les parties à l'Accord s'engagent à mettre sur pied une assistance mutuelle pour le contrôle de l'authenticité des certificats de circulation des marchandises EUR. 1-CMR, déclaration d'origine ou des déclarations du fournisseur et de l'exactitude des renseignements fournis dans lesdits documents[6].

Cette dernière mesure permet de lutter contre la fraude à l'origine des produits destinés à l'importation. A cet effet, si la déclaration d'origine est délivrée par une autorité douanière autre que celle contenue dans la liste communiquée au Cameroun par la Commission des Communautés Européenne, on conviendra immédiatement à une fraude ; laquelle fraude nécessite que des mesures soient prises à l'effet d'éviter la mise en circulation de telles marchandises. D'après le Département des affaires économiques et sociales des Nations Unies, les Principes Directeurs pour la Protection du Consommateur, tels qu'étendus en 1999, prévoient l'édiction des normes régissant la sûreté et la qualité des biens de consommation et des services. Dans le même ordre d'idées, le texte instituant l'APEI vers un APE entre la Communauté européenne et la partie Afrique Centrale prévoit que « *la partie Afrique Centrale, en partenariat avec la partie Européenne (...) va promouvoir un accroissement qualitatif (...) des biens et services produits et exportés (...)* »[7]. C'est en perspective à cela que la loi cadre portant protection du consommateur au Cameroun dispose ce qui suit : « *les*

[5] Articles 31 et suivant du Décret N°2016/367 du 03 août 2016 fixant les règles d'origine et les méthodes de coopération administrative applicable aux marchandises de l'Union Européenne dans le cadre de l'Accord d'étape vers l'APE.

[6] *Ibid.*

[7] Article 5 de l'Accord d'étape vers un accord de partenariat économique entre la Communauté Européenne et ses Etats membres ; d'une part, et la partie Afrique Centrale, d'autre part.

normes relatives aux produits alimentaires, pharmaceutiques et aux médicaments doivent être obligatoires et conformes à celles fixées par les organisations internationales compétentes et couvrir la sécurité chimique et biologique »[49]. Il ressort de la lecture de ces dispositions la mise sur pied d'un cadre de coopération en matière de normes entre la partie Afrique centrale et celle UE.

A cet effet, chaque Etat-partie dispose des structures qui participent à l'élaboration, la diffusion des normes. C'est ainsi qu'au Cameroun, les structures concernées sont le Ministère du Commerce à travers la Cellule des normes et de la qualité[50], et l'Agence des Normes et de la Qualité (ANOR)[51]. S'agissant de cette dernière, elle a pour mission fondamentale de contribuer à l'élaboration et la mise en œuvre de la politique du gouvernement dans le domaine de la normalisation et de la qualité en liaison avec les administrations et organismes publics et privés. Concrètement, l'ANOR élabore et homologue les normes, certifie de la conformité des normes, promeut les normes, coopère avec les organismes internationaux. Son mécanisme de fonctionnement est la soumission à l'enquête publique des projets de normes[52], lesquelles seront définitivement adoptées. Les normes camerounaises sont à présent passées de 817 à 1702 (ANOR, 2015, p.77). Quid le contrôle des produits destinés à la consommation ?

B / Le contrôle des produits destinés à la consommation

En vue de répondre aux besoins légitimes de protection des consommateurs vulnérables et défavorisés et de protection des consommateurs contre les risques pour leur santé et leur sécurité, les Principes Directeurs des Nations Unies pour la Protection du

---

[49] Article 17 de la loi Cadre N°2011/2012 du 6 mai 2011 portant protection du consommateur camerounais.

[50] Article 47 du Décret N°2012/513 du 12 novembre 2012 organisant le Ministère du Commerce.

[51] Créée par Décret N°2009/296 du 17 septembre 2009, c'est un établissement public administratif doté de la personnalité juridique et de l'autonomie financière, sous tutelle technique du Ministère de l'Industrie et sous tutelle financière du Ministère des Finances.

[52] ANOR, Projets de normes camerounaises soumis à l'enquête publique N°03-2017 du 01/06/2017 au 01/08/2017.

Consommateur poursuivent entre autres objectifs l'aide apportée aux pays pour la lutte contre les pratiques commerciales abusives des entreprises préjudiciables aux consommateurs aussi bien au plan national qu'international, lesquels objectifs reposent sur l'impératif pour les consommateurs de se prévaloir du droit d'obtenir des produits qui ne présentent pas de risques pour leur santé. C'est certainement un tel impératif qui justifie le contrôle auquel sont soumis les produits destinés aussi bien à l'importation qu'à l'exportation. A cet effet, il convient de donner des précisions sur les organes de contrôle et la nature des contrôles effectués.

Les organes institutionnels devant effectuer le contrôle des produits destinés à la consommation sont de deux ordres : le Ministère du Commerce via le service des laboratoires [12] et la brigade nationale des contrôles et de répression des fraudes[13] ; et la douane camerounaise[14]. Ceux-ci doivent attester du caractère sain des produits destinés à la consommation, notamment les produits étrangers à destination du marché camerounais et les produits camerounais destinés au marché européen. Toute chose qui appelle des précisions sur la nature des contrôles effectués. C'est dire au final que trois structures contrôlent les produits destinés à la consommation au Cameroun. Aussi, on ne peut manquer de relever que s'il y a risque d'un manque de coordination, le législateur camerounais a certainement voulu renforcer le contrôle en palliant l'éventuelle défaillance de l'une des structures sus identifiée, la régularité du contrôle à effectuer est ainsi assurée.

Cependant, selon qu'il s'agit du service des laboratoires du Ministère du Commerce ou de la douane camerounaise, la nature des contrôles effectués sont de trois ordres : les analyses de la qualité des produits, les essais de vérification de conformité aux normes des équipements et produits, et les contrôles techniques[15].Toujours est-il que tout est fait par le législateur camerounais pour garantir aux consommateurs le caractère sain des produits mis sur le marché.

---

[12] Article 49 du Décret de 2012 organisant le Ministère du Commerce

[13] Article 58 (1) du Décret de 2012 organisant le Ministère du Commerce : le contrôle des produits préemballés et assimilés … etc.

[14] Article 17 de la loi N°2016/004 du 18 avril 2016 régissant le Commerce extérieur au Cameroun.

[15] Article 18 de la loi régissant le Commerce extérieur au Cameroun.

En ce qui concerne les contrôles techniques, ils sont effectués par les services compétents de la douane camerounaise[16]. Il s'agit : « *des inspections medico-sanitaires*[17] *; des inspections vétérinaires, environnementales et phytosanitaires et le contrôle de qualité*[18], *de conformité aux normes ou règlementations techniques nationales ou aux normes internationales* »[19]. Le non-respect des prescriptions ci-dessus énoncées donne droit à poursuite et à réparation du préjudice souffert. La diversité des contrôles techniques effectués par les services de la douane camerounaise se justifie par le fait que chacun des contrôles s'applique à la nature du produit auquel il correspond. Ainsi à titre d'exemple, les animaux seront soumis à des inspections vétérinaires pour s'assurer qu'ils ne sont pas porteurs d'un virus ou une maladie ; tandis que les produits agricoles tels que les pesticides seront soumis aux inspections environnementales et phytosanitaires afin de s'assurer qu'ils ne présentent aucun risque environnemental. Toutes ces mesures préventives sont complétées par un cadre répressif.

II / L'aménagement d'un cadre répressif de protection des consommateurs camerounais contre les risques pour leur santé

Le sixième Principe Directeur des Nations Unies pour la protection des consommateurs, intitulé *Règlement des litiges et réparation* promeut l'instauration des mécanismes équitables, efficaces et impartiaux chargés d'examiner les plaintes des

---

[16] Le contrôle de douane est un ensemble de mesures prises en vue d'assurer l'observation des lois et règlements que la douane est chargée d'appliquer.

[17] Il s'agit des inspections opérées sur les animaux et les produits d'origine animale en vue de protéger la vie et la santé des personnes et des animaux, ainsi que celle opérée sur les objets ou marchandises pouvant servir de vecteurs des maladies des animaux.

[18] Tout contrôle de conformité visant à vérifier que les marchandises, produits ou services répondent aux exigences minimales de qualité prévues par les normes ou la règlementation en vigueur.

[19] Contrôle ayant pour but de vérifier que les marchandises satisfont aux exigences internationales ou nationales prévues par les normes ou la règlementation y afférentes.

consommateurs en recourant à des procédures administratives, judiciaires et autres règlements des litiges[20]. Cette dimension réparatrice des préjudices causés aux consommateurs est prise en compte par les nombreux instruments juridiques qui instituent et participent à la mise en œuvre effective de l'APEI entre l'UE et le Cameroun. Calquée de l'anglicisme *consumerism*, défense du consommateur, la notion de consumérisme renvoie au mouvement visant à donner aux consommateurs un rôle actif au niveau économique et social. Ainsi, le consumérisme sain vise une consommation qui ne présente aucune atteinte pathologique ou anomalie, qui est favorable à la santé des individus et qui donne le droit aux consommateurs de porter devant les autorités compétentes toute atteinte à leur santé.

Ainsi, la loi de 2016 régissant le commerce extérieur au Cameroun dans l'une de ses dispositions[21] considère comme *infraction,* le non-respect ou la violation des obligations et interdictions prévues par ladite loi. C'est ce qui justifie la reconnaissance d'un droit de poursuite aux consommateurs et le prononcé des sanctions à l'encontre des personnes ayant enfreint les dispositions légales qui concourent à la protection de la santé et la sécurité des consommateurs.

A / La reconnaissance d'un droit de poursuite aux consommateurs

La responsabilité pénale de toute personne ne respectant pas les dispositions de la loi régissant le commerce extérieur au Cameroun et des différents textes pris pour son application peut être engagée[22]. A cet effet, le consommateur bénéficie d'un droit de poursuite individuel ou direct et d'un droit de poursuite délégué ou indirect.

S'agissant du droit de poursuite individuel reconnu aux consommateurs, la loi cadre de 2011 portant protection du consommateur au Cameroun dispose en effet que « *la politique nationale de protection des consommateurs s'inspire des traités,*

---

[20] C'est dire qu'en matière de droit de la consommation, le recours aux Modes Alternatifs de Règlement des Conflits (MARC) tels que l'arbitrage, la transaction … etc. sont fortement recommandés.
[21] Article 54 alinéa 1.
[22] Article 61.

lois et règlements en vigueur »[23]. Celle-ci est adossée sur le principe de protection qui souscrit à l'idée suivant laquelle les consommateurs ont droit à la protection de la vie, de la santé, de la sécurité (...) dans la consommation des technologies, biens ou services. C'est ce qui justifie le droit de poursuite reconnu aux consommateurs toutes les fois que les actes causés par les opérateurs du commerce leur auront causé du tort. Aussi, la loi de 2016 régissant le commerce extérieur reconnait le droit pour « *toute personne physique ou morale justifiant d'un intérêt à agir* » de saisir les officiers ou agents de police judiciaire à compétence spéciale aux fins de dénonciation et de poursuite des actes préjudiciables à leurs intérêts [24] . De ce fait, deux aspects méritent plus amples explications : la notion d'intérêt à agir ; et les notions d'agent ou officier de police judiciaire à compétence spéciale.

D'abord, la notion d'intérêt à agir. Il s'agit là d'une condition de l'action en justice à côté de celles de capacité et de qualité à agir. En effet, l'intérêt à agir est une condition de recevabilité des demandes en justice. Le droit d'agir en justice suppose notamment que le plaignant ou demandeur à l'action ait : une qualité pour agir, c'est-à-dire qu'il doit posséder un titre ou un droit particulier pour pouvoir intenter une action en justice ; et un intérêt pour agir à savoir justifier d'un intérêt légitime matériel ou moral, voire même légal. Si de telles conditions ne sont pas remplies, le requérant se heurte à une fin de non-recevoir de la part du juge. Concrètement, l'intérêt à agir signifie que celui qui exerce une action en justice doit avoir un intérêt à le faire. C'est ainsi que l'intérêt doit non seulement, *être actuel* en ceci qu'il doit exister au moment où l'action en justice est exercée ; mais également, l'intérêt doit *être légitime* juridiquement protégé à savoir qu'il doit découler de la violation des dispositions légales. Enfin, l'intérêt doit *être personnel* ou direct. Aussi, un consommateur qui veut faire valoir ses droits auprès du juge doit s'assurer que la violation de ses droits est présente et non future c'est-à-dire qu'il ne doit pas prétexter de la violation future de ses droits ; les droits dont il se prévaut d'avoir été violés doivent être prévus par la loi ; et il doit avoir personnellement souffert de

---

[23] Article 3.
[24] Article 54 alinéa 2.

ladite violation en ce qu'il ne peut pas saisir le juge à l'effet de solliciter la réparation d'une violation dont un tiers aurait souffert.

Ensuite, les notions d'agent ou officier de police judiciaire à compétence spéciale[25]. D'après les dispositions du Nouveau Code de procédure pénale camerounais de 2005, il s'agit des « *fonctionnaires des administrations des services publics auxquels des textes spéciaux attribuent certaines compétences de police judiciaire, les exercent dans les conditions et limites fixées par ces textes* »[26]. Il s'agit d'une exception aux règles normales de la procédure pénale à savoir seuls les fonctionnaires de police et les éléments de la gendarmerie ont la qualité d'agent ou officier de police judiciaire. Aussi, les agents et officiers de police judiciaire à compétences spéciales se recrutent dans plusieurs administrations : les eaux et forêts, le fisc, les transports, les postes et télécommunications, le ministère du Commerce, la douane. Ils s'emploient à cet effet à « *la recherche et la constatation des infractions relevant de l'administration à laquelle ils appartiennent* » (Eyango, 2006). C'est dire que tout consommateur camerounais qui entend faire constater une violation de ses droits par un opérateur de commerce, peut saisir un officier de police judiciaire relevant du corps de la douane à l'effet de constater l'infraction commise dans un procès-verbal et transmission au procureur de la République à des fins de poursuite de l'auteur.

Quant à l'exercice du droit de poursuite délégué des consommateurs, deux organes relevant du ministère du Commerce sont en effet chargés de la défense des intérêts des consommateurs : le service des enquêtes et de la constatation des prix, et la brigade nationale des contrôles et de la répression des fraudes. Cette dernière est en effet chargée de la diligence des poursuites au parquet[27]. Ces fonctionnaires du Ministère du

---

[25] Il existe plus d'une vingtaine de lois et décrets attribuant à certains fonctionnaires et agents de certaines administrations la qualité d'officier de police judiciaire à compétences spéciales.

[26] Cf. Article 80 du Code de procédure pénale camerounais.

[27] Articles 57 et suivant du Décret de 2012 organisant le Ministère du Commerce.

Commerce ont aussi la qualité d'officier de police judiciaire à compétences spéciales. C'est par exemple que si un marchand vend des produits avariés ou dont la date de péremption est largement dépassée, le consommateur peut faire appel à un fonctionnaire du Ministère du Commerce assermenté à l'effet de constater le fait allégué et engager les poursuites contre le contrevenant. Cependant, lorsque l'infraction est constatée par les officiers de police judiciaire à compétence générale, ils dressent un procès-verbal qui sera transmis aux officiers ou agents de police judiciaire à compétence spéciale pour engager les poursuites[28].

Néanmoins, les officiers à compétence spéciale peuvent en effet transiger à la demande de la partie concernée sans préjudice de l'action publique en cas d'infraction. Le montant de la transaction ne peut toutefois être inférieur au minimum de l'amende prévue[29]. C'est la preuve que le recours aux modes alternatifs de règlement des conflits est admis, et que l'action intentée par le consommateur ne doit nécessairement pas être soumise au juge. Toutes ces poursuites entrainent le prononcé des sanctions à l'encontre des contrevenants.

B / Le prononcé des sanctions contre les exportateurs et importateurs malveillants

Une étude relevait déjà fort opportunément que « *du point de vue arithmétique, les menaces et les impacts négatifs prévisibles de l'APE apparaissent largement plus importants que ses opportunités et impacts positifs anticipés, aussi bien sur les plans économique, social (...)* » (Friedrich Ebert Stiftung, 2015). C'est certainement en prédiction des comportements répréhensibles des acteurs de l'activité commerciale que se situe le contexte d'une telle affirmation. En effet, une fois la responsabilité pénale de l'auteur de l'infraction établie, la répression se fait conformément à la législation en vigueur[30]. Les sanctions

---

[28] Cf. Article 54 (2) de la loi de 2016 régissant le commerce extérieur au Cameroun.

[29] Article 60 de la loi de 2016 régissant le commerce extérieur au Cameroun.

[30] La législation commerciale, douanière, fiscale ... etc.

prononcées à l'encontre des contrevenants aux prescriptions légales ci-dessus énoncées sont de deux ordres : administratives et pénales. Le prononcé de ces sanctions participe de la réalisation des droits fondamentaux classiques notamment, la garantie des droits fondamentaux-créances au rang desquels le droit à la santé (Bombela, 2018, p. 107). En effet, les plaintes des associations qui œuvrent pour la protection des consommateurs au Cameroun ne cessent de se manifester et traduisent leur volonté de garantir à ces derniers une consommation saine. Aussi, démontrer la prise en compte de cette problématique par les textes qui consacrent et facilitent l'application de l'APEI entre le Cameroun et l'UE à travers leur caractère coercitif, permet d'apaiser les craintes en la matière, surtout au moment où son utilité qui jadis peinait à faire l'unanimité au sein de la communauté scientifique sont atténuées, car, « *Si l'histoire tarde encore à départager (...) défenseurs et pourfendeurs de cet Accord de Partenariat Économique (APE) bilatéral aujourd'hui, on constate que l'ambivalence de départ s'est formellement polarisée* » (Minkonda, 2018). Une telle crainte a longtemps été entretenue par les caractères hermétique et peu intelligible des APE. En effet, « *introduits par l'Accord de Cotonou de juin 2000 (...), les Accords de partenariat économique (APE) se sont très rapidement présentés comme un outil complexe, en raison des dissimilitudes existant entre les principales parties engagées* » (Ebalé, 2018). Fort heureusement, l'accessibilité aux APE est de nos jours rendue possible au nom des nombreux études et débats visant à les intelliger, et surtout de leur matérialisation quotidienne.

Ainsi, conformément aux dispositions de la loi de 2016 régissant le commerce extérieur au Cameroun, les sanctions administratives pouvant être prononcées par le ministre du Commerce extérieur à l'encontre des contrevenants aux dispositions légales en la matière sont les suivantes :

- La suspension ou le retrait d'agrément après mise en demeure motivée restée sans effet ;
-La suspension ou retrait d'autorisation d'importation ou d'exportation. Elle emporte cessation provisoire des activités de la société commerciale. L'acte prononçant

ladite suspension en précise toutefois la durée qui ne peut excéder 3 mois ;

-L'annulation d'une inscription sur le fichier des importations ou des exportations ;

-Le refoulement des marchandises importées non conformes[31].

On note une certaine gradation des sanctions administratives, la justification pouvant résulter de ce que la règle de droit n'a pas pour seule finalité la coercition, mais aussi la moralisation. Ainsi, la sanction prononcée à l'encontre de tout contrevenant ne saurait être d'un seul coup la plus sévère. Il faudrait en effet que les opérateurs économiques aient été au préalable sensibilisés sur les risques encourus au cas où ils ne respecteraient pas les textes qui encadrent leurs activités : d'où l'importance du prononcé des sanctions administratives à des fins intimidatrices.

S'agissant des sanctions pénales, elles sont de deux ordres : les peines d'emprisonnement et les amendes. Pour tous les cas non encadrés par les législations spéciales, la peine d'amende prononcée est de 10 % de la valeur FOB (Free on Board) des marchandises, avec un minimum de perception de 200 000 FCFA[32]. Le non-respect des articles 11 et 12[33] de la loi régissant le commerce extérieur au Cameroun par exemple entraine le prononcé d'une amende correspondant à 10 % de la valeur FOB des marchandises, avec un minimum de perception de 50 000 à 300 000 FCFA[34].

En ce qui concerne les produits chimiques, toute importation ou exportation effectuée sans autorisation est punie d'une peine d'emprisonnement de 2 à 4 ans et d'une amende allant de 2 à 4 millions FCFA[35].

---

[31] Cf. Article 59 de la loi régissant le Commerce Extérieur au Cameroun.

[32] Article 62 alinéa 2 de la loi régissant le commerce extérieur au Cameroun.

[33] Ces articles traitent de l'obligation de s'inscrire aux fichiers des importations et exportations et de l'obligation de déclaration préalable auprès des services compétents.

[34] Article 63 de la loi régissant le commerce extérieur au Cameroun.

[35] Article 66 de la loi régissant le commerce extérieur au Cameroun.

Conclusion

Parvenue au terme de cette analyse, l'hypothèse de départ s'est vérifiée tout au long de celle-ci à savoir que l'APEI vers un APE entre l'UE et le Cameroun, à travers les différents instruments juridiques qui l'instituent et facilitent son application, a intégré la dimension sociale avec la prise en compte des aspects d'un consumérisme sain. Celui-ci s'est fortement arrimé aux Principes Directeurs des Nations Unies pour la Protection des Consommateurs par le biais des réponses apportées aux besoins légitimes des consommateurs : protéger les consommateurs contre les risques pour leur santé et promouvoir les moyens effectifs de règlement des litiges et de réparation. Le souhait est que cet aspect social continue d'être préservé au moment où le Cameroun est résolument tourné vers le parachèvement de ses impératifs de développement économique avec la migration vers un véritable APE. Aussi, c'est le lieu d'appeler de tout cœur au professionnalisme des agents chargés de l'implémentation du dispositif sus présenté, afin que seul prévale l'intérêt des consommateurs camerounais à savoir la protection de leur santé.

Références bibliographiques

Agritade (2010), *Enjeux des négociations APE entre l'Union Européenne et l'Afrique Centrale.*

Anonyme, *Droits Fondamentaux et Politique de Solidarité au prisme de l'action sociale de la Première Dame du Cameroun*, Yaoundé, SOPECAM, pp. 99-120.

Berisha-Krasniqi V. (2008), « Les Accords de Partenariat Economique. Quels enjeux pour le Sénégal ? », *Revue de l'OFCE*, N° 107, Vol. 4, 2008, pp. 65-116.

Bombela Mosoua G. (2018), « Typologie des droits fondamentaux dans l'action de la Première Dame au Cameroun » in Actes du Colloque

Ebalé R. (2018), « La différenciation juridique des Etats ACP et ses effets dans la négociation et la mise en œuvre des Accords de Partenariat Economique (APE) : le cas de l'Afrique Centrale », *Revue Trimestrielle de Droit Economique*, Janvier/Mars 2018, pp. 208-228.

Eyango Nzima J. (2006), « L'officier de police judiciaire dans le code de procédure pénale camerounais », Mémoire de DEA en droit, Université de Douala.

Friedrich Ebert Stiftung (2015), *Le Cameroun face à l'Accord de Partenariat Economique (APE) avec l'Union européenne : Menace ou opportunité ?*, Yaoundé, Novembre 2015.

Karingi S. (2005), « Effets des Accords de Partenariat Economique entre l'Union européenne et l'Afrique sur l'économie et le bien-être », *CAPC*, N° 22.

Lucas F-X. (2005), « La liberté du commerce et de l'industrie », In *Le droit des affaires*, Repères, Coll. Que sais-je ?, Paris, pp. 85-97.

Minkonda H. (2018), « L'Accord de Partenariat Economique d'Etape, Union européenne-Cameroun à l'épreuve du développement : Eléments d'analyse politiste », *Revue Trimestrielle de Droit Economique*, Janvier/Mars 2018, pp. 184-207.

Obote Ochieng C. M. (2010), « Questions juridique et systémique dans les Accord de Partenariat Economique : quelle voie à suivre à présent ? »*ICTSD*, N° 8.

Textes de Loi

Acte Uniforme Ohada sur le Droit Commercial Général de 2010.

Loi n° 2016/004 du 18 avril 2016 régissant le commerce extérieur au Cameroun.

Loi Cadre n° 2011/2012 du 6 mai 2011 portant protection du consommateur camerounais.

Nouveau Code de procédure pénale camerounais de 2005.

Décret n° 2017/6523/PM du 07 juin 2017 fixant les modalités d'application de la loi n° 2016/004 du 18 avril 2016 régissant le commerce extérieur au Cameroun.

Décret n° 2016/367 du 03 août 2016 fixant les règles d'origine et les méthodes de coopération administrative applicable aux marchandises de l'Union européenne dans le cadre de l'Accord d'étape vers l'APE.

Décret n° 2012/513 du 12 novembre 2012 organisant le Ministère du Commerce.

Décret n° 2009/296 du 17 septembre 2009 portant création de l'Agence des Normes et de la Qualité.

La politique fiscale au Togo de 1946 à 1983

Bamilima Tanai et Nakpane Labante
Laboratoire Histoire et Développement de l'Afrique
Université de Kara (Togo)
besttanai@gmail.com
fomathis34@gmail.com

Résumé

Au sortir de la Seconde Guerre mondiale, l'évolution du contexte international contraint la France à revoir son intervention dans ses colonies. La politique fiscale coloniale est alors assouplie pour réduire l'ardeur des nationalistes togolais de plus en plus intransigeants sur la question de l'indépendance. Ainsi, les contributions fiscales vont connaitre une régression, de même que les dépenses publiques. Après l'indépendance en 1960, il fallait attendre l'année 1965, avec le gouvernement Grunitzky, pour voir la mise en place d'une véritable politique fiscale. Celle-ci a contribué, amplement, à l'amélioration des finances publiques avant de devenir désuète à la fin des années 1970, en raison de la situation économique morose. Cette nouvelle situation a conduit à l'adoption d'une nouvelle réforme fiscale à partir de 1983.

Mots clés : Finances – Etat – Fiscalité – Politique fiscale – Togo - Développement

Abstract

At the end of the Second World War (WWII), changes in the international context forced France to review its relations with its colonies. Its colonial fiscal policy was then softened in order to reduce the ardor of Togolese nationalists for instance who were becoming increasingly intransigent on the question of independence. Thus, tax contributions were reduced and public spending cut back. After its independence in 1960, it was not until 1965, during Grunitzky's tenure of office government, that a real fiscal policy was put in place. This made a major contribution to the improvement of public finances before becoming obsolete at the end of the 1970s, due to the economic situation, that had become gloomy. This new situation led to the institution of a new tax reform from 1983 onwards.

Keywords : Public - Finances – Taxation - Tax policy –Togo - Development

Introduction

Depuis les années 1990 et à la faveur de la crise économique ambiante, la mobilisation des ressources financières intérieures est devenue une préoccupation majeure de plusieurs pays africains au sud du Sahara. Et au centre de cette mobilisation, la politique fiscale a pris une place essentielle dans les stratégiesde relance économique, car pense-t-on, un accroissement important des recettes internes s'avèrerait indispensable pour la réduction des déficits budgétaires chroniques et la production des biens et services d'utilité publique. Ainsi au Togo, malgré l'importance que le gouvernement a accordée à la fiscalité afin d'améliorer le développement du pays, le déficit budgétaire a persisté. C'est face à cette situation que l'Etat a décidé, à partir de 2006, d'entreprendre d'importantes réformes fiscales en vue de mobiliser plus de recettes à même de permettre le développement du pays. Le point culminant de ces réformes est la mise en place, par la loi 2012/016[36], de l'Office Togolais des Recettes (OTR). Cette nouvelle réforme a relancé le débat sur la place de la politique fiscale dans le développement économique du Togo, à l'heure où le concept de l'émergence économique est devenu le maître mot de tous les Etats. Mais tout se passe comme si les contributions fiscales sont une nouveauté au Togo. Car, en questionnant le passé, l'on se rend compte que les redevances fiscales ont toujours fait partie de la vie des Togolais. Le présent article constitue une contribution à ce débat sous l'angle historique. Il s'agit d'examiner les dispositions fiscales des pouvoirs publics au cours de la période 1946-1983. Il est donc question d'appréhender la politique fiscale au Togo au cours de cette période. De manière précise, quelles sont les stratégies de mobilisation de ressources financières qui ont été adoptées par les pouvoirs publics face aux défis qui s'imposaient entre 1946

[36] *Indépendant express* n° 37 du 6 février 2016, p. 2.

et 1983 ? Quel a été le résultat de ces orientations sur les finances publiques du territoire ?

Pour résoudre cette problématique, nous avons mis à contribution les documents des Archives nationales du Togo (ANT), les annuaires statistiques de la direction générale de la statistique, les publications du ministère du plan et des périodiques. Les ouvrages, articles, mémoires et thèses ont été également utilisés. La démarche méthodologique a consisté à faire une analyse critique interne et externe, qui a permis de s'assurer de la crédibilité des informations. Les informations recueillies ont été analysées avec minutie, en tenant compte du contexte qui caractérise les phases de cette politique fiscale. Nous avons aussi adopté une démarche collaborationniste en consultant les documents des autres sciences qui abordent la question de la fiscalité, afin de cerner notre problématique dans toutes ses dimensions.

A partir des informations recueillies, nous analysons la politique fiscale du Togo et ses implications sur les finances publiques au cours de la période de tutelle, puis de l'indépendance jusqu'au début de l'année 1983.

I / Une politique fiscale transitionnelle au Togo (1946-1964)

A l'issue de la Seconde Guerre mondiale, la volonté du gouvernement français de recouvrer sa santé économique et politique d'avant-guerre, par la pérennisation de l'exploitation coloniale, bute sur l'intransigeance et la redynamisation des mouvements nationalistes qui, au nom de la liberté, s'étaient engagés au côté de la mère-patrie. Ainsi, à partir de 1946, conformément à l'évolution politique du territoire, la France dut revoir son intervention au Togo, tout en visant les mêmes finalités. Ce qui aboutit à l'institution de la République autonome le 30 août 1956. Dès lors, il fallait compter sur les ressources propres du territoire, pour répondre aux exigences de l'heure. De plus, après la victoire des nationalistes aux élections législatives de 1958 et la proclamation de l'indépendance le 27 avril 1960, les gouvernants togolais devaient faire face à de nouvelles responsabilités relatives, pour la plupart, à la souveraineté du pays qui était détenue jusque là par la France (Labante, 2014,

p. 81). C'est ainsi que le président Sylvanus Olympio décide de faire de l'équilibre budgétaire une priorité, en misant sur les recettes fiscales du pays. Le 13 janvier 1963, le régime Olympio prend fin suite au coup d'Etat, qui conduit à l'assassinat du premier président du Togo. Face aux difficultés budgétaires, le nouveau président, qui a engagé le Togo sur la voie de la planification économique à partir de 1965, prit certaines dispositions fiscales. Quelles sont, alors, les orientations fiscales qui ont marqué cette période transitoire ?

A / La politique fiscale au Togo de 1946 à 1955

Pour relever son économie ruinée par Seconde Guerre mondiale, l'administration coloniale, en dépit des promesses faites aux colonies à la conférence de Brazzaville (30 janvier- 8 février 1944), envisageait la réévaluation du système fiscal. Or, les élus locaux, conséquence de cette importante assise, estimaient que le niveau des contributions fiscales, surtout directes, était trop élevé, et qu'il faillait le revoir à la baisse. Il en résulte un système fiscal bigarré, au gré des circonstances. Ainsi, la période 1946-1955a été marquée par des aménagements tous azimuts des contributions directes, de même que par l'élargissement de l'assiette et l'extension de la fiscalité indirecte.

Pour ce qui est de la fiscalité directe sous administration française, elle était constituée de plusieurs impôts. Il s'agit, essentiellement, de l'impôt personnel, l'impôt cédulaire, l'impôt général sur le revenu, des impôts fonciers[37], des patentes[38], des licences et des taxes diverses (armes, chiens, véhicules). Par rapport aux coupes budgétaires de 1946 qui ont révélé que la plus grande part de recettes provenait de sociétés et de particuliers européens, l'administration coloniale décida d'impliquer plus les Togolais, qui étaient des employés dans l'administration ou dans le privé. Dorénavant, l'impôt cédulaire sur les traitements et

---

[37] Les impôts fonciers étaient une contribution sur les terrains bâtis et une contribution sur les terrains non bâtis proportionnels à la valeur locative du terrain bâti ou vénale du terrain non bâti.

[38] La patente était un droit fixe payé par les commerçants selon la nature et l'importance du commerce exercé chaque année.

salaires est perçu selon le mode de retenue à la source. Son montant est calculé à l'aide de barèmes et retenu par l'employeur lors de chaque paiement d'une somme imposable. Par un arrêté du 17 novembre 1946, le taux de l'impôt personnel et l'impôt sur la population flottante sont revus à la hausse pour l'année 1947. Les contribuables hors catégorie devaient payer 450 francs et ceux de la catégorie ordinaire entre 105 et 120 francs, selon les cercles et subdivisions. Ces taux ont connu une évolution variable selon les catégories et les besoins financiers du territoire. Pour les perceptions, les rôles numériques sont établis par villages et recouvrés par le chef de village, qui en remet le montant au commandant de cercle contre une remise de 5 à 10 %. En raison de la plus forte intégration des régions de la partie méridionale à l'économie de marché[39], les taux les plus élevés étaient imposés aux populations des cercles de cette région.

En 1953, les besoins financiers conduisent l'administration à réaménager l'impôt personnel. Ainsi, la suppression de l'impôt personnel a été compensée par une nouvelle orientation de l'impôt sur les revenus. Cette réforme a intégré l'impôt du minimum fiscal dans l'impôt général sur le revenu, généralisé l'assiette de cet impôt et a réduit l'éventail des exonérations. Ce qui a porté à 4890, le nombre des assujettis en 1953[40]. Pour accroitre les recettes provenant des taxes des produits d'exportation, dont le tarif avait été relevé en 1954, une diminution a été accordée aux plantations nouvelles de cacaoyers, caféiers, palmiers à huile et cocotiers. La réduction du tarif sur les impôts cédulaires, en faveur des contribuables qui investissent au Togo tout, ou une partie de leurs bénéfices, est entrée en vigueur. Le tarif de la taxe sur les bénéfices commerciaux a été aussi majoré (Tanai, 2019, p. 40).

Pour calmer les populations, de plus en plus remontées contre les abus du pouvoir colonial dans le cadre de l'impôt de

---

[39] Cette intégration est liée à la précocité de contacte de ces populations avec le colonisateur et surtout au développement des cultures d'exportation (coton, café, cacao, palmier à huile, etc.).

[40] *Rapport annuel du gouvernement français à l'Assemblée Générale de l'ONU sur l'administration du Togo sous tutelle de la France,* année 1953, p. 117.

prestation, la taxe vicinale a été instituée en remplacement de celui-ci. Mais l'administration justifiait son acte par sa volonté de réduire les rachats, devenus de plus en plus importants. Tout compte fait, la taxe vicinale était perçue sur rôles, en même temps que l'impôt personnel et sur la population flottante. Cette taxe est recouvrée suivant les mêmes modalités, avec des taux variables selon les localités. Son tarif a connu une majoration de 100 % pour toutes les catégories[41] à partir de 1947. En 1949, le tarif et la base d'imposition de cette taxe ont subi une nouvelle augmentation. La base passe de 15 000 FCFA à 36 000 FCFA, et le tarif de 410 à 820 FCFA pour l'impôt personnel, et de 200 à 400 FCFA, pour la taxe vicinale. En effet, lors de la préparation du budget de 1949, l'administration avait souligné le danger d'avoir un budget dont l'équilibre restait dépendant des échanges commerciaux. L'Assemblée représentative, bien que favorable aux taxes indirectes, avait accepté de diminuer la disproportion existante entre le produit des impôts directs et les droits de douane. Les taux d'impôts personnels et de la taxe vicinale sont alors doublés.

A partir de 1948, les tarifs de certains impôts directs ont été relevés. Ainsi, les détenteurs d'armes perfectionnées ou de traite devaient payer plus que par le passé. L'administration avait décidé de relever les tarifs de cette redevance d'une année à l'autre, pour réduire le nombre de détenteurs d'armes, pendant la période de la marche vers l'indépendance où tous les moyens pouvaient être utilisés par les populations en quête de liberté. Le tableau suivant présente l'évolution de ces tarifs entre 1948 et 1954.

---

[41] *Rapport annuel du gouvernement français à l'Assemblée Générale de l'ONU sur l'administration du Togo sous tutelle de la France,* année 1949, p. 99.

Tableau n°1

Evolution du tarif de la taxe sur les armes de 1948 à 1954 (en francs CFA)

Type d'armes		Tarifs par année		
		1948	**1953**	**1954**
Revolvers et pistolets automatiques (permis annuel)		800	2000	2500
Fusils de chasse	Permis première année	800	1000	1500
	Permis années suivantes	300	500	1000
Armes de traite	Permis première année	250	300	500
	Permis années suivantes	50	100	150

Source : B. Tanai (2019), p. 79.

Ce tableau montre, clairement, l'évolution rapide du tarif de la taxe qui a plus que doublé, dans la plupart des cas, de 1948 à 1954. Cette augmentation est plus motivée par un désir poussé du contrôle de détention des armes que par la recherche de ressources financières.

A partir de 1946, les tarifs de certaines redevances directes ont été relevés. Il s'agit, entre autres, de l'impôt foncier établi sur les propriétés bâties (maisons, fabriques, manufactures usines et en général tous immeubles construits en maçonnerie fer ou bois) et les propriétés non bâties (terrains non cultivés employés à un usage commercial ou industriel). La base de ces impôts a été revue au cours des années 1948, 1951 et 1953. Ces dispositions fiscales avaient pour but aussi de permettre l'accession de tous à la propriété et de favoriser la construction d'habitations dans les centres urbains[42].

[42] ANT-Lomé, 2APA, subdivision de Mango, dossier n° 70 : circulaire a/s perception des impôts et taxes, réglementation des taxes à percevoir, 1934 -1956.

En raison de l'absence du développement industriel et de la faiblesse des revenus des populations, l'administration misait plus sur la fiscalité indirecte.

B / Une priorité accordée aux impositions indirectes

Comment cela pouvait en être autrement sur un territoire où une infime partie de la population vit des activités non agricoles ? C'est pourquoi, face aux besoins financiers de plus en plus croissants, l'édiction des mesures axées sur la fiscalité indirecte, surtout douanière pour alimenter le budget, était la solution. Au titre des redevances qui ont été maintenues, créées et aménagées, on peut citer la taxe de transaction, la taxe de conditionnement et de recherche, les impôts de porte et la taxe de timbres douaniers.

Pour asseoir une indépendance du régime douanier du territoire, l'unité fiscale du Togo et de l'AOF de 1943, qui avait établi la suppression de toute barrière douanière avec le Dahomey, a été abrogée dès 1947 (Tanai, 2019, p. 54). Ce qui ouvre la porte à la mise en place d'un cordon douanier destiné à limiter les importations de certaines marchandises et l'évasion de la production locale par le territoire voisin, préjudiciable aux ressources et aux intérêts du Togo. Jusqu'en 1950, de nouveaux tarifs douaniers ont été institués d'année en année. En revanche, les marchandises, importées ou exportées par mer entre les deux pays, sont soumises aux droits en vigueur dans chacun des pays. Le tarif douanier applicable aux importations et aux exportations, fixé en 1949, est modifié chaque année avec le relèvement de tarif et l'élargissement des produits imposables. C'est ainsi que la taxe de transaction, créée en 1943, frappant au taux de 2 % toutes les affaires réalisées sur le territoire, subit de profondes mutations en 1952. En novembre 1955, l'Assemblée territoriale, au cours de la session budgétaire, a adopté un projet de refonte des taxes sur les transactions. Les taxes, applicables pour 1956, étaient le paiement de la taxe sur les importations et exportations au cordon douanier, l'abaissement du taux de la taxe dont sont redevables les industries locales[43].

---

[43] *Rapport annuel du gouvernement français à l'Assemblée Générale de l'ONU sur l'administration du Togo sous tutelle de la France,* année 1956, p. 83.

La recherche de recettes fiscales passe aussi par l'augmentation des produits d'exportation. C'est pourquoi le taux réel, pour les produits exportés, a été maintenu à 4 %. Par contre, le tarif de la taxe à l'importation a été relevé en 1954. D'autre part, dès1947, la taxe de recherche et de conditionnement voit le jour et prend de l'ampleur dès 1948. Il s'agit d'une taxe payée sur la recherche effectuée par les organismes publics sur les inventions et sur le conditionnement des produits alimentaires. En outre, le taux de la taxe sur les transactions[44], devenue en quelque sorte une taxe à la production en 1953, est revu à la hausse. Ces taux sont passés de 6 % à 7,5 % pour les importations, de 4 % à 5 % pour les exportations, et de 3 % à 3,75 % pour les prestations de services. En 1955, les taux sont de nouveau relevés de 7,5 % à 8,50 % pour les importations, de 5 % à 5,5 % pour les exportations et de 3,75 % à 4,25 % pour les prestations de services (Tanai 2019, p.47). En 1955, les bénéfices des professions industrielles et commerciales sont imposables à raison de 25 %, quel que soit le lieu de leur siège, et de 20 % pour les particuliers des professions non commerciales après un abattement de 100.000 francs CFA. Le 20 mai 1955, la taxe sur la valeur locative est mise en place[45].

Progressivement, l'administration coloniale a procédé à l'augmentation et à l'institution des redevances diverses pour mobiliser plus de ressources financières dont elle avait besoin. En dépit des augmentations graduelles, les ressources fiscales sont restées insuffisantes et l'administration coloniale a été obligée de réduire les dépenses publiques.

Au demeurant, à partir de 1956, le Togo fait face à des besoins financiers de plus en plus importants, du fait du statut de l'autonomie. Par conséquent, la politique fiscale prend une nouvelle orientation.

---

[44] La taxe sur les transactions regroupe la taxe sur le chiffre d'affaires, la taxe sur la circulation des produits comme les carburants, les colas, le cacao, l'huile de palme, le caoutchouc, les produits de la pêche et la taxe sur les transactions financières.

[45] *Rapport annuel du gouvernement français à l'Assemblée Générale de l'ONU sur l'administration du Togo sous tutelle de la France,* année 1955, p. 82.

II / La politique fiscale face aux enjeux de souveraineté (1956-1964)

Comme le dit Labante (2014, p.14), « *la période de 1956-1966 constitue un tournant important dans l'histoire du Togo parce que c'est au cours de celle-ci que les gouvernants, qui ont pris la relève de l'administration coloniale, ont fait la dure expérience de la gestion de l'État* ». En effet, le 30 août 1956, la République autonome du Togo (RAT) a été proclamée. En dépit de la volonté de la France de continuer à apporter son soutien financier à la nouvelle République, le défi à relever sur le plan financier était de taille. La solution était la mobilisation des ressources financières internes. Or, le contexte était défavorable. Pour beaucoup de Togolais, la fin du régime colonial signifiait aussi la fin des redevances fiscales dont ils ne comprenaient vraiment pas l'objectif. De ce fait, il était donc question de prendre les dispositions fiscales idoines pour ne pas buter sur la colère des populations qui espéraient la fin des charges fiscales. C'est ce qui justifie la priorité accordée à la fiscalité indirecte au détriment des charges directes.

A / Un effort de compensation de recettes par la fiscalité indirecte

L'obligation d'abandonner certaines redevances au profit des collectivités locales ou de les supprimer pour soulager les populations risquait de causer un manque à gagner pour le budget du territoire. Il fallait, dès lors, des mesures de compensation. C'est ainsi que l'assiette de la fiscalité indirecte a été élargie avec l'institution de nouvelles charges et le relèvement des tarifs de certaines contributions existantes.

A partir de 1956, la taxe de transaction est, intégralement, perçue par la douane. La République autonome avait institué, en 1957, un régime fiscal particulier des entreprises agréées, une sorte de code d'investissement. Il accordait à certaines catégories d'entreprises de production un régime spécial leur garantissant la stabilité de toute, ou une partie des charges fiscales à supporter. Pouvaient en bénéficier, les industries minières et les industries de préparation mécanique des minerais. Au même moment, la baisse des cours mondiaux entraînait un fléchissement de la production et une évasion des produits d'exportation vers le Ghana. Ce mouvement affectait à la fois la balance commerciale et l'équilibre du budget. Le régime fiscal constitue non seulement un antidote à cette crise, mais également un moyen de favoriser les entreprises industrielles et de régler les questions fiscales. L'administration décida alors, par la loi de mars 1958, de modifier et de refondre la nomenclature du tarif des douanes. Les taxes d'entrée et de sortie, établies par cette loi, oscillaient entre 5 et 40 % sur la valeur des marchandises. Les marchandises d'import-export sont également frappées, en 1958, d'une taxe de statistique (15 francs la tonne) et d'une Taxe forfaitaire représentative de transaction de (TFRT) de 5,5 % sur la valeur des marchandises d'exportation, et de 12,5 % sur les importations. Les phosphates devaient honorer une taxe de conditionnement et de recherche (Gayibor, 2013, p.436).

Le 27 avril 1958, les nationalistes sortirent vainqueurs des législatives. Ils devaient imprimer au territoire leur marque de gouvernance. Malheureusement, ils avaient hérité d'une situation économique difficile, aggravée par les mauvaises relations entre la puissance tutrice, qu'est la France, et le Premier ministre Sylvanus Olympio. Face à cette situation, ce dernier décida de prendre des dispositions pour relever le défi. Des initiatives furent prises dans ce sens pour faire rentrer plus de recettes *via* la fiscalité indirecte. Le 30 décembre 1960, la loi n° 6-39 instituait la taxe phytosanitaire et une nouvelle modification des impôts de porte est réalisée en 1961[46]. La même année, le gouvernement procéda à un aménagement de la taxe de transaction qui passa de 30 % à 40 %. Pour faire participer les sociétés à l'effort de redressement du pays, un projet de loi relatif à un minimum d'imposition pour les sociétés fut adopté le 23 novembre 1961. Ce projet instituait un minimum d'imposition de 200.000 FCFA pour les sociétés à capitaux (Labante, 2014, p. 85).

Toujours dans le souci d'améliorer la situation économique du Togo, Olympio élabora un programme économique à caractère libéral qui accordait une grande place au secteur privé. L'objectif était de faire rentrer les ressources fiscales à travers les redevances des entreprises, les salaires des employés et leur

---

[46] JORT n° 169 du 16 aout 1961, p. 522.

pouvoir d'achat. Cet espoir a été, en partie, matérialisé par l'entrée en fonction de la Compagnie togolaise des mines du Bénin (CTMB) qui, selon le président Olympio, devait entrainer l'installation de nouvelles entreprises génératrices, comme elle, de revenus (Labante, 2009, p.350). Dans son programme de développement promulgué le 26 octobre 1962, le président accordait une place de choix à l'amélioration des conditions de vie du monde rural par une modernisation de l'agriculture. Ce qui devait permettre à ces populations de s'acquitter, valablement, de leur taxe civique, tout en nourrissant les industries légères de matières premières qui, à leur tour, devaient contribuer à la mobilisation de recettes de façon directe et indirecte.

Après le coup d'Etat du 13 janvier 1963, les nouveaux dirigeants prirent conscience de la difficile situation économique du pays et essayèrent de la redresser par diverses mesures. En janvier 1964, la taxe de statistique sur toutes les importations (2 %) et une taxe spéciale sur les exportations furent introduites[88]. L'institution de la taxe spéciale sur les exportations était motivée par le souci de tirer profit de la production de plus en plus importante des cultures d'exportation. Tous les secteurs de l'économie furent pris en compte pour accroitre les recettes internes par la fiscalité indirecte.

Qu'en était- il de la fiscalité directe ?

B / Une fiscalité directe limitée

En raison du contexte sociopolitique qui prévalait, la fiscalité directe ne connut pas d'importants aménagements au cours de cette période. Toutefois, quelques abrogations et établissements de taxes directes marquèrent cette période.

Au cours de l'année budgétaire 1955, l'impôt foncier est supprimé, pour 1956, au profit des communes qui pouvaient, suivant leurs nécessités budgétaires, établir une taxe analogue pour pallier l'insuffisance financière de leurs collectivités. Conformément à la loi n° 55-426 du 16 avril 1955, la personnalité morale fut attribuée aux circonscriptions, et leurs

[88] Direction générale de la statistique, *Inventaire économique du Togo (1966-1968),* p. 65.

budgets créés le 11 janvier 1956. De ce fait, certaines taxes, recouvrées au profit du budget général, ont été abandonnées aux circonscriptions. Pour compenser les pertes, que cette mesure pouvait entrainer au niveau du budget général, l'Assemblée législative, par un vote, revit à la hausse les prix de nouvelles vignettes payées par les transporteurs. Ces tarifs variaient, désormais, entre 9.000 et 30.000 FCFA pour les transporteurs publics de personnes, et de 750 à 150 FCFA pour le transport privé de personnes[48].

Pour amener les chefs coutumiers à s'engager plus dans la collecte des contributions fiscales, le texte fixant les remises, qui leur étaient accordées, fut aménagé en 1958. A partir de ce moment, les remises se faisaient en fonction des délais. Les chefs étaient tenus de faire entrer les revenus des taxes avant le mois de juillet, afin de bénéficier d'une remise de 10 %[49]. Ce taux diminuait pour les retardataires jusqu'à 2,5 %, et s'annulait pour tous ceux qui faisaient entrer les contributions de leurs localités dans le mois de septembre. Cette motivation aiguisa davantage le zèle des autorités locales dont les abus dans l'exercice de cette tâche restent vivants dans la mémoire des populations. Le redéploiement progressif des services fiscaux sur le territoire était aussi considéré comme un moyen pour améliorer le recouvrement des impôts. A cet effet, une inspection de service des contributions directes vit le jour, le 21 février 1959, à Lama-Kara[50]. La compétence territoriale de cette inspection, qui prit le nom d'inspection du Nord du service de contributions directes, s'étendait sur les cercles de Lama-Kara, Mango, Dapango, Bassari et Sokodé.

---

[48] ANT-Lomé, 2APA Cercle de Mango, dossier n°58, perception des taxes directes et indirectes : textes généraux et correspondances (1950-1962).

[49] ANT-Lomé, 2APA -Cercle de Sokode, dossier 95 : Perception d'impôt sur le revenu, patentes et taxes sur les armes sur les marchés de Tchamba et de Sotouboua, 1956-1959.

[50] ANT-Lomé, 2APA - Cercle Lama-Kara, dossier n° 47 : Correspondance du service des finances du trésor et des contributions directes, création des taxes progressives et des taxes des commerçants (1955-1959).

En 1960, la carte de revendeuse fut instituée. Renouvelable chaque année, celle-ci était exigée à toutes les femmes ne disposant pas d'entrepôts et de magasins, mais qui achetaient sur place ou importaient pour revendre les marchandises diverses, dont le montant des transactions était inferieur à 10 millions de FCFA. Pour ce qui est des patentes, une exonération fut accordée aux exploitants de taxis, propriétaires d'une ou de deux voitures qu'ils conduisent eux-mêmes, en 1956. Mais, en 1962, une nouvelle modification fut apportée aux tarifs des patentes et licences. Le montant de patente variait entre 25 000 et 500 000 FCFA avec des réductions de 5 à 10 % pour les exploitants en dehors de Lomé. Celui des licences fut porté à 65 000 FCFA pour la première classe[51]. Le 11 janvier 1961, la loi n° 61-5 créait une taxe civique. Le taux de cette taxe, qui remplace la taxe de circonscription, est fixé par le conseil de circonscription dans le maximum autorisé de 1200 FCFA[52]. L'année suivante, le tarif pour l'obtention de permis sur la chasse et l'abattage des animaux sauvages, qui n'avait pas évolué depuis 1951, a été revu à la hausse. Il varie entre 800 et 20 000 francs pour le permis de chasse, et entre 1000 à 25 000 francs pour l'abattage d'animaux sauvages[53].

En raison des difficultés financières qui persistaient, face aux besoins de plus en plus croissants, d'importantes mesures s'imposaient. C'est pourquoi, au début de l'année 1964, le président Grunitzky annonçait qu'il entendait déposer, sur le bureau de l'Assemblée nationale, un projet de loi ayant pour but d'effectuer, au profit du budget, un prélèvement sur les indemnités de tous les hommes politiques, qu'ils fassent partie de l'exécutif ou du législatif. Cette décision du président fut suivie d'un abattement de 10 % sur les rémunérations et indemnités des personnalités politiques, en commençant par le chef de l'Etat et les membres du gouvernement (Labante, 2014, p. 91). La même année, une taxe au profit du fonds routier

---

[51] JORT n° 183 du 1er février 1962, p. 110.

[52] ANT- Lomé, 2APA -Cercle de Mango, dossier n°58 : perception des taxes directes et indirectes : textes généraux et correspondances (1950-1962).

[53] JORT n° 138 du 1er février 1962, p. 109.

fut introduite, en dehors de la taxe de circulation qui avait été créée en 1962[54].

Au regard des résultats, la réponse est ambivalente. Les recettes monétaires ont connu une croissance graduelle au fil des années et ont permis d'assurer l'autonomie financière au cours de certaines années, mais sans toujours parvenir à couvrir les besoins du territoire. C'est pourquoi, en dépit de la règle d'autonomie financière, la France a plusieurs fois accordé des avances et des allocations au Togo, pour lui permettre de boucler les charges de fonctionnement et de travaux. Avant la proclamation de la République autonome, seules les ressources internes des années 1954 et 1955 ont pu couvrir, entièrement, les dépenses du pays avec des excédents qui s'élèvent, respectivement, à 148.787. 172 et 163.547.051 FCFA[55]. Cette performance est liée non seulement à la réforme de 1953, qui avait relevé le taux de taxes des produits à l'importation et à l'exportation, mais aussi à la majoration du tarif de certains impôts directs. Par rapport à l'année 1956, les recettes propres du territoire avaient connu une régression en 1957, du fait de la baisse des recettes fiscales, surtout directes. En 1959, les recettes fiscales s'élevaient à 2.500 millions provenant, en grande partie, des impôts indirects représentant 80,4 % du total des impôts perçus. Dès1960, le Togo a cessé de recevoir des subventions étrangères [56] grâce à l'augmentation graduelle des recettes internes. Ainsi, le financement des budgets des années 1962 et1963 a été fait grâce aux ressources propres du pays. Mais le coup d'Etat du 13 janvier 1963 joua en défaveur de celui de l'année 1964.

En définitive, la politique fiscale de 1956 à 1964 a connu des fortunes diverses. Les statuts de l'autonomie, puis de l'indépendance, obtenus respectivement en 1956 et en 1960,

---

[54] Direction générale de la statistique 1967, *Inventaire économique du Togo, année 1966*, p. 212.

[55] *Rapport annuel du gouvernement français à l'Assemblée Générale de l'ONU sur l'administration du Togo sous tutelle de la France,* année 1956, p. 71.

[56] Direction générale de la statistique, 1964, *Comptes définitifs du budget général de la république togolaise,* exercice 1963, p. 2.

avaient créé de nouveaux défis qui nécessitaient d'importants moyens financiers provenant du territoire. Mais le contexte politique et social du territoire n'était pas favorable à la mise en application d'une véritable politique fiscale, capable d'assurer au pays l'autonomie financière tant recherchée. Ces propos du président Sylvanus Olympio, le 29 juillet 1960, illustrent bien cette difficulté de mobilisation de recettes fiscales internes :

> […] D'autres compatriotes pensent qu'avec l'indépendance, on ne doit plus payer ni taxes ni impôts, puisque nous sommes devenus libres. Ce n'est pas ainsi qu'il faut comprendre la liberté. Au contraire, maintenant que nous sommes libres, nous devons consentir tous les sacrifices nécessaires pour asseoir notre indépendance économique qui seule peut garantir et renforcer notre indépendance politique. Je fais appel au civisme de tous, pour qu'ils acceptent ces sacrifices et fassent preuve de la même abnégation qu'ils ont montrée pendant les longues années de lutte pour l'indépendance. Je suis persuadé que tous ceux qui ont lutté pour notre indépendance me comprendront (Labante, 2014, p. 119).

Cependant, la nouvelle politique de développement planifié, qui commence à partir de 1966, instaure une nouvelle dynamique fiscale.

III / La restructuration fiscale face au défi de l'indépendance économique (1965-1983)

La volonté du gouvernement Grunitzky de relancer le pays sur la voie du développement s'est matérialisée par la planification du développement, devenue la règle sur le continent. Ainsi, par la loi n° -65-17 du 17 juillet 1965, le Togo s'est doté d'un plan quinquennal de développement économique et social. L'objectif principal de cette politique de développement était de jeter les bases du développement et de préparer le pays pour un décollage économique après 20 années. Elle devait commencer le 1er janvier 1966 (Tanai, 2011, p. 45). Afin d'assurer une réussite à ce plan de sauvetage, l'examen de la situation économique du pays, dans son ensemble, a été initié pour identifier les problèmes urgents, auxquels il convenait de faire face[57]. Réalisée en 1965, l'étude révélait que de nombreux dangers menaçaient l'économie du pays et qu'il fallait compter plus sur les ressources financières locales. C'est ainsi que plusieurs dispositions furent prises pour sauver la situation. Mais un nouveau contexte économique, au début des années 1980, imposa une nouvelle politique fiscale dès 1983. Quelles sont les grandes dispositions fiscales qui ont marqué cette période et quel bilan peut-on en faire ?

A / De l'internalisation de la politique fiscale au relèvement de contributions directes

Jusqu'à la fin de l'année 1964, le régime fiscal du Togo n'était pas, fondamentalement, différent de celui introduit par la colonisation. C'est ce que souligne l'exposé des motifs de la loi n° 65-13 du 12 juillet 1965 portant codification des impôts directs[58]. En réalité, la fiscalité était axée presque, uniquement, sur le commerce extérieur. Ce qui risquait, en cas d'accords douaniers interafricains ou de mouvements sur le marché international, d'affecter les recettes internes. C'est pourquoi l'administration décida de compléter le code fiscal, pour l'adapter aux nouvelles réalités du pays. Ainsi, le code des contributions directes, institué par la loi n°65-13 du 21 juillet 1965, met en œuvre un dispositif de taxation directe constitué, pour l'essentiel, d'impôts qui frappent les revenus des particuliers ou des entreprises. Cette codification est complétée par de nouvelles taxes et impôts directs[59].

À l'application de l'impôt cédulaire s'ajoute un impôt général qui frappe, selon un barème progressif, le revenu d'ensemble. Chaque revenu étant considéré dans sa catégorie. Les principaux impôts sont l'impôt sur les Bénéfices industriels et commerciaux (BIC) et l'impôt sur les Bénéfices non commerciaux (BNC). Il s'agissait de faire en sorte que tous les secteurs, procurant un

---

[57] *Togo presse* n° 442 du 7 mai 1963, p. 4-5.

[58] Chambre de commerce, d'agriculture et d'industrie du Togo 1980, *Recueil fiscal de la République Togolaise,* p. 4.

[59]Haut-commissariat du plan, 1965, *Cod e des investissements du Togo*, p. 8.

revenu, puissent être pris en compte. L'impôt sur les bénéfices industriels et commerciaux frappe les bénéfices des entreprises, des personnes physiques et morales. Il était dû en raison des bénéfices réalisés après déduction des frais généraux (frais de loyers, immeubles, etc. pour l'entreprise). Les charges déductibles étant excessives, et le plus souvent majorées pour les entreprises, l'engouement pour l'investissement tant souhaité s'effrita.

De nombreuses autres contributions furent créées pour accroitre les recettes fiscales. En 1969, l'Impôt sur le revenu des valeurs mobilières (IRVM) fut institué pour le compte des contributions directes[60]. Fixé à 15 %, il était recouvré par le service de l'enregistrement des domaines et timbres. Le 7 septembre 1976, la loi 72-186 institua une Taxe spéciale pour le développement de l'habitat (TSDH)[61].

En dehors de ces différentes taxes et impôts, il y avait des contributions directes assimilées à la fiscalité directe. Il s'agit, entre autres, de la taxe de circulation, des patentes, de la taxe sur le permis de port d'armes, de la taxe civique et de la taxe spéciale des revendeuses, etc. Pour ce qui est de la taxe de circulation, due par les véhicules de transports, elle est devenue la taxe d'entretien routier et est fixée à 10 % du chiffre d'affaires annuel déterminé. Les véhicules privés et les bicyclettes étaient aussi soumis à cette taxe d'entretien du réseau routier[62]. En 1969, le taux de la taxe sur les transactions, fixé à 17 % en 1965, a été augmenté de 1 %.

Quant à la Taxe forfaitaire représentative de la taxe sur les transactions (TFRTT), elle connut une évolution plus importante. A l'exportation, le taux de cette taxe, qui était de 6,5 %, fut porté à 8 % en 1978. De 425 000.000 FCFA en 1971, cette taxe devait fournir jusqu'à 2 632 810 000 FCFA en 1980 (Ekpaye, 1989, p. 24). La place de cette taxe devenait de plus en plus importante

---

[60] Direction générale de la statistique, 1973, *Annuaire statistique du Togo 1971*, p. 81.

[61] République togolaise, 1977, *Budget général de la République togolaise*, p. 10.

[62] Chambre de commerce, d'agriculture et d'industrie du Togo, 1980, *Recueil fiscal de la République togolaise*, p. 55.

au fil des années en raison des résultats positifs des premières années. En 1979, une loi de finances créait le régime fiscal des revendeuses. Au même moment, la taxe sur la valeur locative et celle sur les propriétés non bâties, qui sont toutes anciennes, fut maintenues. Il en est de même de la taxe civique qui a été instituée depuis 1961 et dont le tarif est fixé, désormais, à 1200 FCFA par an.

A partir de 1973, la pression fiscale devint de plus en plus forte. Elle passe de 14 % du PIB, en 1973, à 26 % en 1983. Cela conduisit le gouvernement à diminuer les indemnités sur les salaires et les promotions à partir de janvier 1983. Un impôt de solidarité nationale, au taux de 5 %, sur les salaires publics et privés a été aussi imposé (Kuevi, 1986, p. 30).

Ces dispositions de la fiscalité directe ont été complétées par d'autres mesures visant l'amélioration de recettes fiscales indirectes.

De tout temps, la fiscalité indirecte a toujours occupé une place importante en matière de recherche des ressources financières. En effet, par la voie de la fiscalité indirecte, les contribuables paient sans s'en rendre compte, dans la mesure où les taxes, payées par les opérateurs économiques, sont répercutées sur le prix des produits. Ainsi, le dispositif de l'imposition intérieure de la dépense est codifié par la loi du 8 décembre 1966 portant code de contributions indirectes[63]. L'objectif était d'accroitre les recettes fiscales à travers une amélioration des impôts de porte et des taxes indirectes intérieures.

En raison de la politique économique dite libérale, la politique fiscale, en matière des importations, était non discriminatoire. La loi n° 66-16 du 8 décembre 1966 avait aussi codifié la taxe locale sur les produits importés. Le taux de cette taxe est fixé à 6 % pour les véhicules, l'habillement et les produits de luxe en général et à 3 % pour les produits de première nécessité. L'autre redevance à l'importation est la Taxe forfaitaire représentative de la taxe sur les transactions (TFRTT) à l'exportation. Cette taxe, qui garde une certaine primauté sur tous les impôts prélevés, a été portée à

[63] Chambre de commerce, d'agriculture et d'industrie du Togo, 1980, *Recueil fiscal de la république togolaise*, p. 87.

18 % à l'importation en 1975, contre 15,71 % précédemment. De plus, un droit fiscal à l'importation, qui culmine jusqu'à 30 %, était fixé pour certains produits qui entrent sur le territoire togolais. Ces impôts indirects sur les importations ne pouvaient à eux seuls permettre d'atteindre les objectifs de la fiscalité indirecte. C'est pourquoi un accent a été mis aussi sur le régime des redevances à l'exportation. Le régime des exportations regroupe plusieurs taxes. Aux anciennes taxes sont venues s'ajouter de nouvelles. Comme pour les importations, la taxe de sortie, en vigueur depuis la période coloniale, est maintenue. Elle était de 10 % pour le cacao et de 20 % pour le café. En décembre 1973, une taxe spéciale, applicable à partir de janvier 1974, a été créée. Cette taxe spéciale à l'exportation est perçue, singulièrement, sur le café, le cacao et les phosphates au taux de 6 %. En effet, le choix de ces produits n'est pas fortuit. A partir des années 1970, la mise en œuvre de la politique agricole du Togo, dans le cadre de l'exécution des plans quinquennaux, avait permis l'amélioration de la production agricole en produits d'exportations, dont le café et le cacao. Au même moment, la production des phosphates connait une progression chaque année. En outre, le système fiscal avait prévu aussi d'autres droits et taxes à l'exportation, comme la taxe de conditionnement perçue au taux de 1,5 %.

En dehors des impôts de porte, de nouvelles dispositions, relatives à l'organisation de plusieurs taxes indirectes, ont été prises. Il s'agit, entre autres, de taxes intérieures sur les chiffres d'affaires, dont la taxe à la production, de la taxe sur les prestations de service, de la taxe sur la consommation des carburants et de la taxe locale. Il y avait aussi une taxe de promotion industrielle[64]. Dans les faits, toutes ces taxes n'étaient pas codifiées par la loi n° 66-16 du 8 décembre 1966. L'objectif était d'éviter des taxations désavantageuses pour le budget et de favoriser la création de taxes par des lois des finances. Cependant, la pression fiscale allait constituer un handicap sérieux pour le développement des entreprises. En réponse, des codes d'investissement ont été mis en place pour permettre aux

---

[64] Chambre de commerce, d'agriculture et d'industrie du Togo, 1980, *Recueil fiscal de la République togolaise*, p. 111.

entreprises de prospérer, afin de contribuer au développement économique du pays.

B / De l'extension des services fiscaux aux codes d'investissement

L'importance des services de douanes, en matière fiscale, avait amené l'administration à faire des réformes dans ce secteur, pour le rendre plus productif. C'est pourquoi un nouveau code de douanes est entré en vigueur, le 23 décembre 1966, afin de corriger les dispositions du code précédent et d'élargir l'éventail des activités douanières face au développement du commerce international. En 1968, un décret instaure la réglementation particulière du régime douanier au port franc de Lomé. Pour mettre fin aux multiples sorties sans dédouanement des objets de voyageurs, qui constituaient une perte pour la fiscalité douanière, l'arrêté du 22 décembre 1970 fixait les conditions d'exercice du commerce des articles du bord et ceux destinés aux voyageurs du port franc (Accoh, 1983, p. 49).

De plus, plusieurs postes douaniers ont été, progressivement créés. Ainsi, le 11 mai 1965, le bureau de douane de Hillakondji est ouvert tandis que celui de Kétao s'ouvre le 26 août 1966. Un bureau de douane voit le jour à Lomé le 11 juillet 1967. En 1969, le bureau de Kodjoviakopé est ouvert (Accoh, 1983, p. 23). En 1973, le poste de douane de Dapaong, créé le 17 juillet 1967, a été transféré à Cinkassé, juste à la frontière, créant ainsi une brigade à Dapaong. Le 22 août 1977, le bureau de douane de la raffinerie de Lomé voit le jour. L'objectif de toutes ces mesures est de rapprocher les services des redevables, pour un meilleur maillage fiscal du territoire.

Toujours dans le cadre des réformes de la politique fiscale, le code d'investissement, élaboré le 11 septembre 1957, a été réadapté le 21 juillet 1965[65]. En effet, le code d'investissement, destiné à favoriser l'intervention des capitaux privés étrangers, voté dans le cadre de l'adoption du plan de développement économique et social de 1965, prévoyait un régime des

[65]Haut-commissariat du plan, 1965, *Code des investissements du Togo*, p. 8.

entreprises d'une importance particulière. Il comportait un régime fiscal de longue durée et la signature d'une convention entre les entreprises agréées et l'Etat. Ce régime fiscal de longue durée était sous-tendu par une volonté de garantir la stabilité de certaines charges fiscales. Cependant, la pression fiscale sur les entreprises était restée forte. C'est pourquoi le code d'investissement de 1965 a été réaménagé en 1973, puis en 1978[66]. Ce code d'investissement de 1978 a, pour la première fois, affirmé l'option libérale de l'économie togolaise. Le code autorisait la libre circulation des bénéfices et des capitaux. Les investisseurs étrangers étaient soumis aux mêmes conditions que les nationaux. L'objectif était de les rendre plus compétitives sur le marché ouvert à la concurrence internationale[67]. Diverses dispositions d'exonérations étaient concédées. Celles-ci avaient pour objectif de favoriser le développement des activités économiques, afin de permettre à l'Etat d'acquérir, par voie de taxation, des recettes budgétaires.

Dans les faits, quel a été le résultat de toutes ces mesures fiscales ?

De façon générale, les mesures fiscales, édictées à partir de 1965, permirent d'améliorer les ressources financières internes et la vie économique du pays. Cependant, l'objectif de l'indépendance financière ne fut pas atteint. Les succès des premières années firent place à un manque de performances des années suivantes. En effet, le Produit intérieur brut (PIB) passa de 43,5 milliards FCFA en 1965, à 230 milliards en 1980 (Dogo, 1983, p. 85). De 1966 à 1970, les résultats des recettes fiscales furent, dans l'ensemble, satisfaisants. Ce qui permit de réaliser l'équilibre budgétaire en 1968. Les 7,7 milliards FCFA prévus dans le cadre de l'exécution du premier plan de développement économique et social pour 1970 furent largement dépassés pour atteindre un recouvrement de 9,6 milliards, soit environ 26 % de plus[68]. Cette augmentation de ressources internes permit de

---

[66] Ibid., p. 1.

[67] République togolaise, 1978, *Annuaire économique de la République togolaise*, p. 223.

[68] Direction générale du plan, *Bilan du 1er quinquennal de développement économique et social, 1966-1970*, p. 7.

réduire la part des contributions financières étrangères qui, jusque-là, étaient très importantes dans le financement du développement économique. De 1970 à 1975, l'aide financière étrangère, qui allait jusqu'à 64 % du financement total, est revenue à 50 % des crédits[69].

Les ressources de contribution directes ont connu un accroissement élevé dans l'ordre de 170 %, soit un taux d'accroissement annuel de 28, 2 % par an, grâce à l'expansion économique et à une meilleure appréciation de la matière imposable. Cependant, à partir de 1980, on constate une chute spectaculaire de ces ressources, en raison de la suppression de la taxe civique, du relâchement au niveau des perceptions directes, doublé d'une complaisance des agents de l'administration fiscale. Dans tous les cas, les recettes fiscales douanières sont restées, de loin, les plus importantes du budget général. En effet, les recettes douanières, réalisées depuis 1966, ont connu une croissance moyenne annuelle de 12,33 %, jusqu'en 1972. Leur part dans le budget général était d'en moyenne 76,71 % par an[70]. En 1973, les ressources douanières ont accusé la moins-value de 7 %, par rapport à 1972. Cette situation singulière a été une conséquence de l'essoufflement de l'économie. À partir de 1974, on observe une reprise de croissance des recettes soit une augmentation de 7,17 % par rapport à l'année 1973. Cette relance est due à la reprise des transactions, à la création de la taxe spéciale à l'exportation sur le café, le cacao et les phosphates. De même, le phénomène inflationniste mondial a joué en faveur de cette augmentation (Tanai, 2019, p.83). En effet, la valeur CAF des produits importés ayant augmenté, les recettes douanières ont suivi cette hausse en raison de la quotité *ad valorem* de la majorité des droits et taxes[71].

Par ailleurs, la contribution des entreprises publiques aux recettes fiscales, au titre de bénéfices industriels, a été aussi

---

[69] Direction générale du plan, *préparation du 3ème plan quinquennal de développement économique et social, 1976-1980,* p. 2.

[70] Direction générale du plan, *préparation du 3ème plan quinquennal de développement économique et social, 1976-1980,* p. 25.

[71] République togolaise, 1985, *Code d'investissement et charte des entreprises togolaises*, p. 62

importante. Parmi les entreprises qui ont plus contribué, on peut citer la CTMB devenue Office togolais des phosphates (OTP) en 1974, l'Office des produits agricoles du Togo (OPAT), la Société générale du Golfe de Guinée (SGGG), etc. En 1979, l'OPAT a été, forfaitairement, imposé au taux de 6 % pour la taxe à l'exportation (d'Almeida, 1982, p.11). Cependant, la mauvaise performance des entreprises et le non-respect des obligations fiscales ont eu des répercussions directes sur les recettes. Certaines entreprises, depuis leur création, n'ont fait que tourner à perte, accumulant des déficits énormes. Les pertes accumulées par les entreprises publiques en 1982 s'élevaient à 32 milliards de francs CFA. Pendant la période 1978-1982, 36 des 59 entreprises existantes ont accumulé plus de 26 milliards de francs CFA de déficit d'exploitation (Awanyo, 2002, p. 11). Or, en 1978, des aménagements fiscaux en leur faveur avaient été effectués. Ces entreprises avaient bénéficié d'exonérations fiscales qui ont réduit, considérablement, leurs contributions fiscales. Il en est de même des autres entreprises, dont les contributions ont beaucoup chuté au cours de la même période.

Les résultats des différentes mesures prises par l'Etat togolais, pour assurer son indépendance financière, par des ressources fiscales internes, n'ont connu qu'un succès éphémère jusqu'à la fin de l'année 1982. La nouvelle situation économique du pays étant devenue caduque, de nouvelles réformes s'imposaient. Ainsi, une nouvelle organisation de l'économie déboucha sur de nouvelles réformes fiscales à partir de 1983.

Conclusion

En définitive, de 1946 à 1983, les pouvoirs publics du Togo se sont évertués, par diverses dispositions, à conférer à la fiscalité le rôle qui est le sien, celui d'une mobilisation importante de ressources financières internes. Bien que le contexte sociopolitique ne fût pas favorable sous la période de tutelle (1946-1958), l'administration coloniale agonisante n'a ménagé aucun effort pour instituer des dispositions fiscales porteuses. Malgré la résistance des Togolais, qui ne voulaient plus de ces taxes qu'ils payaient sans rien y comprendre, et malgré la position des élus siégeant à l'Assemblée constituante qui voulaient soulager leurs compatriotes, de nouveaux taxes et impôts furent mis en place. Les tarifs des autres redevances ont été revus à la hausse, pour disposer de ressources fiscales de plus en plus importantes. Mais les résultats ont été insuffisants. Les finances publiques du Togo sont restées, largement, dépendantes de recettes aléatoires et de l'aide extérieure. Ce qui présageait une indépendance compromettante sur le plan financier. La satisfaction des besoins socio-économiques du territoire resta, en conséquence, limitée.

A l'accession du pays à l'indépendance en 1960, le contexte ne se prêta pas à une véritable politique fiscale, capable d'apporter plus de ressources financières au face au défi de souveraineté. Le système fiscal colonial est alors maintenu, avec quelques aménagements jugés nécessaires. Le président Sylvanus Olympio se tourna alors vers une politique d'austérité, pour gagner son pari de l'équilibre budgétaire. Après le coup d'Etat du 13 janvier 1963 qui met fin à son régime, les nouveaux dirigeants ont engagé le Togo sur la voie de la planification économique du développement. Une véritable politique fiscale est alors mise en place pour atteindre l'objectif de ce plan duodécennal (1966-1985), qui fixait le décollage économique du pays à l'horizon 1985. C'est dans cette logique que les régimes de fiscalité directe et indirecte, qui ont servi de base pour les autres dispositions fiscales, ont été organisés, respectivement en 1965 et en 1966, afin de mobiliser plus de ressources financières. Plusieurs redevances, instituées pendant la période coloniale, ont été maintenues et les tarifs ont été réaménagés. Des impôts et taxes nouveaux ont été créés au fil des années. Les premières années ont été concluantes. La part des recettes fiscales est devenue de plus en plus importante dans le budget.

Malheureusement, cette prospérité a fait place aux difficultés économiques qui sont apparues à la fin des années 1970, imposant ainsi de nouvelles dispositions économiques. La refonte fiscale apparaissait, dès lors, comme la voie la mieux indiquée, pour relever le défi du développement. C'est ainsi que par la loi n° 83-22 du 30 décembre 1983, le système fiscal, en vigueur depuis 1965, a connu une refonte. Le but de cette réforme était de combler les lacunes contenues dans l'ancienne législation et de faire face aux besoins financiers du territoire. Dès lors s'ouvre une nouvelle page de l'histoire de la politique fiscale.

Sources et références bibliographiques

I - -Archives Nationales du Togo (ANT)-Lomé

Cercle de Lama-Kara

Dossier n° 47 : Correspondance du service des finances du trésor et des contributions directes. Création des taxes progressives et des taxes des commerçants (1955-1959).

Cercle de Mango

Dossier n° 58 : Perception des taxes directes et indirectes : textes généraux et correspondances (1950-1962).

Cercle de Sokodé

Dossier n° 95 : Perception d'impôt sur le revenu, patentes et taxes sur les armes sur les marchés de Tchamba et de Sotouboua, 1956-1959.

II - Sources imprimées et périodiques

Chambre de commerce, d'agriculture et d'industrie du Togo, 1980, *Recueil fiscal de la République togolaise.*

Direction générale du plan, *Bilan du 1er quinquennal de développement économique et social, 1966-1970.*

Direction générale du plan, *préparation du3ème plan quinquennal de développement économique et social, 1976-1980.*

Direction générale de la statistique, 1973, *Annulaire statistique du Togo 1971.*

Direction générale de la statistique, *Inventaire économique du Togo (1966- 1968).*

Direction générale, la statistique 1967, *Inventaire économique du Togo, année 1966.*

Direction générale de la statistique, 1964, *Compte définitif du budget généralde la république togolaise,* exercice1963.
Haut-commissariat du plan, 1965, *Code des investissements du Togo.*
Indépendant express du 6 février 2016.
JORT n° 169 du 16 aout 1961.
JORT n° 183 du 1er février 1962.
JORT n° 138 du 1er février 1962.
Rapport annuel du gouvernement français à l'Assemblée Générale de l'ONU sur l'administration du Togo sous tutelle de la France, année 1956.

République togolaise, 1977, *Budget général de la République togolaise.*
République togolaise, 1978, *Annuaire économique de la République togolaise.*
République togolaise, 1985, *Code d'investissement et charte des entreprises togolaises.*

II – Bibliographie

Accoh A. (1983), *Les grandes étapes de l'évolution législative de la douane au Togo*, Lomé, UB.
Almeida (d') A. (1982), *La fiscalité au service du développement économique dans les pays du tiers-monde : Cas du Togo,* Lomé, UB.
Awanyo A. (1990), *Les impôts directs en vigueur au Togo sous l'administration Allemande,* Lomé, ENA.
Dogo K. M.(1983), *Togo 2000 (Deux mille) planification togolaise et voie africaine dedéveloppement,* Lomé.
Dramé P. (eds), *Le Tiers-Monde postcolonial : espoirs et désenchantements*, Québec, Presses de l'Université de Montréal, pp.107-132.
Ekpaye T. Y. (1989), *Le système des taxes indirectes intérieures au Togo,* Lomé, ENA.
Gayibor N. L. (dir) 2013, *Le Togo, des premiers âges aux années 1960*, Lomé, PUL.
Kouevi A. (1986), *Le Togo face à la crise économique et financière 1980-1985,* Lomé, UB.

Labante N. (2014), « Les budgets d'un Etat en chantier face aux enjeux de souveraineté : exemple du Togo de 1956 à 1966 » in Demers M. et Dramé P. (eds), *Le Tiers-Monde postcolonial : espoirs et désenchantements*, Québec, Presses de l'Université de Montréal, pp.107-132.

Labante N. (2009), *Pouvoirs publics et investissements privés au Togo et au Sénégal de1946 à la mise sous ajustement structurel (années 1980). Histoire d'une difficile intégration du secteur privé dans les économies dirigées,* Lomé, UL.

Tanai B. (2011), Les *réalisations des plans quinquennaux dans la région centrale au Togo de 1966 à 1980*, Kara, UK.

La condition ouvrière dans une entreprise industrielle : la Société des brasseries du Gabon (SOGRABA) de 1966 à 1993

Clotaire Messi Me Nang
Centre de recherches et d'études en histoire et archéologie
Université Omar Bongo de Libreville (Gabon)
messiclotaire@gmail.com

Résumé

Les travaux sur l'histoire des entreprises au Gabon se focalisent sur la dimension économique de l'entreprise, pour mettre en avant son rôle dans le développement socioéconomique du pays. Ils passent ainsi sous silence les relations sociales au sein de l'entreprise. Le présent article montre que l'histoire de l'entreprise est aussi une histoire sociale qui évoque les hommes au cœur de la production économique. Il s'intéresse aux travailleurs de la Société des Brasseries du Gabon (SOGRABA) dans une séquence historique dominée par la difficile condition sociale des ouvriers, soumis au travail manuel et à la précarité sociale.

Mots clés : Condition ouvrière – Travailleurs de la brasserie – Entreprise industrielle – SOGRABA – Gabon.

Abstract

Works on the history of companies in Gabon focus on economic dimension to highlight their role in the socio-economic development of the country. They thus ignore social relations within the company. This article shows that the history of the companies is also a social oriented, which evokes man at the heart of economic production. The study is focused on the workers of the *Société des brasseries du Gabon (SOGRABA))* in a historical sequence dominated by the difficult social conditions of workers, subjected to manual labor and social insecurity.

Keywords : Working conditions - Brewery workers - Industrial company - SOGRABA - Gabon.

Introduction

Depuis le début des années 2000, le champ d'études de l'entreprise s'est considérablement développé dans les sciences sociales gabonaises. Dans les étagères des bibliothèques des départements d'histoire, de sociologie, de géographie, d'économie, on trouve en effet un grand nombre de travaux sur l'entreprise, qui témoigne de l'intérêt que de jeunes chercheurs accordent à cette thématique. Si cet intérêt est fort louable, en ce sens qu'il permet un élargissement des recherches vers de nouveaux horizons, on note cependant une tendance à analyser l'entreprise uniquement dans sa fonction de production, d'acteur central de la croissance économique et du développement. Il en est ainsi des travaux sur la Société des brasseries du Gabon (SOGRABA) qui mettent en avant la contribution de cette entreprise industrielle dans le développement socioéconomique du Gabon (Nkoghe Mba, 1995 ; Obamba Mba, 2001 ; Moulougui Mihindou, 2006 ; Moumbangou, 2007). Pourtant, le rôle de l'entreprise est multiforme. Elle ne donne pas seulement à voir une histoire quantitative, mais elle montre aussi une histoire sociale qui évoque les hommes au cœur de la production économique. Comme le souligne Asselain (2007, p. 155) « l'histoire des entreprises couvre donc un champ très large, coextensif à celui de l'histoire économique dans son ensemble ». La présente réflexion s'inscrit dans cette dynamique. Elle est une histoire sociale de l'entreprise, qui analyse la condition ouvrière au sein de la SOGRABA. Ainsi, quelle était la condition sociale des travailleurs de la SOGRABA entre 1966 et 1993 ? Quels étaient les facteurs à l'origine de cette condition ouvrière ? La SOGRABA a connu une longue séquence de pénibilité du travail et de vie précaire des ouvriers due à la faible mécanisation de l'outil de travail et à l'absence d'une conscience sociale chez les travailleurs de l'entreprise. Pour étayer cela, je m'appuierai essentiellement sur les résultats d'une enquête orale commanditée par mes soins et réalisée par des étudiants de master 1 histoire au cours de l'année académique 2016-2017. Le tout permet de structurer ce travail en deux grandes parties : la première montre la pénibilité du travail dans la brasserie, alors que la deuxième traite de la précarité des conditions de vie des ouvriers.

I / La brasserie, un lieu de travail rudimentaire

Le marché gabonais des boissons gazeuses et alcoolisées est dominé par la SOGRABA, société anonyme du secteur secondaire de la branche agroalimentaire. La SOGRABA a été créée en 1966 par le groupe français Castel avec un capital départ évalué à 200 millions FCFA (Ayingone Ella, 2006, p. 32). Le projet initial consistait en la fabrication de 50.000 hectolitres de bière et 25.000 hectolitres de boissons gazeuses (Mémorial du Gabon, 1985, p. 153). Dès décembre 1967, le premier brassin est mis en fabrication et le 25 janvier 1968, les premières bières[72] fabriquées par la SOGRABA sont distribuées à Libreville (Mémorial du Gabon, *ibid.*). Mais quelles étaient les conditions de travail des hommes au centre de la production de la célèbre bière gabonais « Régab » ?

La SOGRABA est un vaste cadre divisé en deux compartiments : la direction générale et la brasserie proprement, c'est-à-dire la zone de production de la bière. Dans la brasserie, le travail des ouvriers était rudimentaire depuis le recrutement de la main-d'œuvre jusqu'à la durée du travail, en passant par la formation des travailleurs et l'organisation du travail.

La politique d'embauche de la main-d'œuvre nécessaire à la production était élémentaire. Elle reposait essentiellement sur l'affinité : chaque travailleur déjà engagé devait amener un parent ou une connaissance pour l'introduire à la SOGRABA comme manœuvre. La SOGRABA recrutait ainsi son personnel par la méthode « du bouche-à-oreille » comme en témoigne un informateur :

[72] Parmi celles-ci la célèbre « Régab », bière locale gabonais. L'appellation « Régab » signifie « Régal des Gabonais ».

> Moi, on est venu me proposer à la maison. On était à la recherche d'une personne pour un poste. Après, je suis parti, j'ai été reçu par le chef de la brasserie. Après, il m'a présenté au directeur technique et le même jour j'ai commencé le travail et une semaine plus tard, ils m'ont fait signer une fiche d'embauche. Donc, le recrutement c'était plus de bouche-à-oreille [...][73].

Dans la même veine, Françoise Ada Medame affirme que :

> À notre époque le recrutement était facile [...]. Le recrutement se faisait de bouche à oreille. Moi par exemple, c'est mon grand frère qui m'avait emmené en 1972, car on avait besoin d'une femme pour remplacer une autre qui était gravement malade[74].

Ainsi, les modalités d'entrée à la brasserie se faisaient sur la base des réseaux d'affinité, ou selon un système de « parrainage » comme le montre Moumbangou (2007, p. 39) dans son étude sur la Société des brasseries de la Ngounié. En effet, pour être recruté dans cette entreprise, il fallait au préalable disposer de soutien à l'intérieur de l'usine. Au départ, c'était donc par ce biais que la SOGRABA se pourvoyait en travailleur. Cependant, à partir des années 1980, elle recrutait aussi par voie de communiqué de presse. Il s'agissait d'une annonce faite à la radio ou à la télévision indiquant que la SOGRABA recherchait des travailleurs gabonais. Aussi, ceux qui se présentaient tôt le matin devant le grand portail de l'usine étaient embauchés sans formalité. Un témoin atteste de ce fait en ces termes : « en 1986, c'était une annonce à la radio, car l'État avait demandé la gabonisation [de l'emploi]. Donc, si tu avais la chance que tu arrives au portail, on te prend au pif. Moi, je n'ai pas fait un dépôt de dossier. Donc c'était un simple communiqué [...][75] ».

---

[73] Entretien réalisé avec Jean-Baptiste Bekale, le 23 mai 2016 à Libreville.

[74] Entretien réalisé avec Françoise Ada Medame, le 12 juin 2016 à Libreville.

[75] Entretien réalisé avec Jean de Dieu Mousseliki, le 04 avril 2016 à Libreville.

Il faut dire que ces pratiques de recrutement, par affinité et par communiqué, s'inscrivaient dans un contexte de tension du marché de l'emploi, marqué par l'insuffisance de la main-d'œuvre locale. C'est ce qui explique que les entreprises comme la SOGRABA comptaient dans leurs effectifs plusieurs travailleurs immigrés, en l'occurrence des Camerounais et des Equato-Guinéens, tel que le suggère Françoise Ada Medame qui affirme que « À notre époque le recrutement était facile, car la SOGRABA venait à peine d'ouvrir, mais recrutait plus les Camerounais et les Equato-Guinéens[76] ». Ces méthodes de recrutement avaient donc vocation à faciliter l'embauche des nationaux, d'autant que les autorités gouvernementales avaient lancé à l'époque une politique de « gabonisation » de l'emploi.

Bien que sommaire, cette politique de l'embauche permettait tout de même à la SOGRABA d'enrôler des centaines de travailleurs. Si au démarrage des activités en 1968, l'entreprise comptait 100 travailleurs (Mémorial du Gabon, 1985, p. 331), les effectifs progressèrent très vite pour atteindre le chiffre de 425 travailleurs en 1984 (Mémorial du Gabon, *ibid.*) et 420 au début des années 1990 (Nkoghe Mba, 2006, p. 25). Ces centaines de travailleurs étaient pour la plupart intégrés dans la brasserie sans formation ni qualification. Ils étaient formés sur le tas. Autrement dit, les manœuvres apprenaient leurs tâches directement dans la brasserie auprès des autres manœuvres plus anciennes. « Il n'y avait pas des formations proprement dites, c'était sur le tas, donc en interne. Elle avait une durée d'une semaine par groupe[77] », affirme Monique Obone Nah. Comme le suggère ce témoignage, l'apprentissage était sommaire et rapide. Il durait une semaine, au terme de laquelle le proposé à l'embauche devait montrer de bonnes aptitudes pour intégrer l'usine, sinon il était renvoyé. Il se dégage ainsi l'inexistence d'un plan réel de formation organisé par la SOGRABA afin de se doter d'un personnel exécutant qualifié.

Si le personnel exécutant était peu qualifié, il n'en demeure pas moins qu'il arrivait à s'adapter facilement à l'apprentissage immédiat sur le terrain, où s'effectuait un travail à la chaîne. En

[76] Entretien déjà cité.

[77] Entretien réalisé avec Monique Obone Nah, le 05 mai 2016.

effet, dans la brasserie, on observait une parcellisation du travail des ouvriers, et de leurs gestes. Les ouvriers exécutaient, de façon répétitive, les mêmes opérations monotones et chronométrées. Le travail parcellaire montrait donc l'éclatement ou l'émiettement des tâches, l'activité des travailleurs étant divisée en un grand nombre de répétitions cycliques des tâches n'exigeant pas de prises de décision complexes et importantes. Ainsi, les ouvriers étaient pour la plupart des manœuvres, confinés à des tâches d'exécution. Les tâches étaient interchangeables, car les ouvriers passaient d'une tâche à une autre selon les instructions du chef d'équipe.

Dans la brasserie, le travail était pénible, car la parcellisation, compte tenu de son caractère routinier, générait de l'ennui dans la chaîne de travail. Mais aussi les travailleurs exécutaient leurs tâches à la main. La faible mécanisation du travail occasionna en effet un travail manuel dans la quasi-totalité des différentes étapes de la chaîne de production : la fabrication, l'itinéraire de la chaîne et le laboratoire, comme en témoigne une ancienne de la SOGRABA : « Quand je suis arrivée en 1972, le travail était difficile. Je veux dire pénible, car il était pratiquement manuel dans tous les services et ça demandait beaucoup de force[78] ».

La fabrication était le point de départ de la production. Elle commençait par le stockage, qui consistait à prendre les matières premières dans les conteneurs pour les stocker dans le magasin. Cette tâche était difficile, car les ouvriers devaient porter des sacs de plus 15 kilogrammes. Après cette opération, intervenait celle de la siroperie consistant au mélange des produits pour l'entretien des machines. Cette tâche était aussi pénible, car les ouvriers faisaient ce mélange à la main, faisant de longs mouvements de rotation des bras pour obtenir un bon mélange du produit fini. Puis il y avait la stérilisation, opération consistant à nettoyer les outils de production avant le démarrage de la production : les fûts, les bouteilles et la soutireuse qui soutirait la bière pour la couler dans les futs et les bouteilles. Cette tâche s'accomplissait dans des conditions difficiles parce qu'elle exposait les ouvriers aux risques de contamination aux produits chimiques comme la soude ou le bicarbonate. Le brassage constituait le dernier stade

---

[78] Entretien réalisé avec François Ada Medame, déjà cité.

de l'étape de la fabrication. Il représentait la tâche la plus délicate de la brasserie puisqu'il s'agissait de la préparation de la bière. Cette tâche était difficile, car les ouvriers soulevaient de gros sacs de maïs et de malts pour les vider dans les cuves. Ils chargeaient les trémies (entonnoirs) et branchaient les tuyaux des cuves pour tirer le produit au moment du mélange lors de la préparation de la bière.

L'itinéraire de la chaîne, encore appelé l'embouteillage, était la deuxième étape de la production au sein de la brasserie. C'était le moment où les bouteilles défilaient sur les chaînes pour être remplis de boissons. Selon les ouvriers, c'était la phase de la production la plus épuisante. Dans la période qui court de 1966 à 1993, l'essentiel du travail se faisait à la main, car la SOGRABA n'avait, à l'époque, que deux chaînes pour embouteiller tous ses produits. L'itinéraire de la chaîne commençait par la phase de la dépale, qui consistait à placer les casiers contenant les bouteilles vides sur la chaîne de production. La tâche était difficile, car elle exigeait un gros effort physique pour soulever les casiers, lesquels étaient en bois à cette époque. Après cette phase, les bouteilles passaient à la laveuse pour être lavées. Ce travail se faisait déjà à l'aide d'une machine. Ensuite, les bouteilles arrivaient à la mireuse où les ouvriers en contrôlaient la bonne qualité de propreté. Ils détectaient les bouteilles sales ou celles contenant des corps étrangers pour les retirer de la chaîne de production. C'était une tâche difficile, car la mireuse détruisait la vue des ouvriers. Elle comportait un grand miroir éclairé par deux grandes ampoules. Il fallait donc que les ouvriers restent figés des heures durant devant ce miroir pour déceler les bouteilles impropres. Ce travail manuel était particulièrement déprécié par les ouvriers, car il abimait leurs yeux. Par la suite, les bouteilles allaient à la soutireuse, où elles étaient remplies de boissons, puis étiquetées. Ces deux tâches étaient mécanisées. En revanche, celle du chargement se faisait manuellement. Les ouvriers prenaient les bouteilles pleines sur l'étiqueteuse pour les charger dans les casiers en bois dans un rythme acharné. Enfin, la palettisation fermait l'itinéraire de la chaîne. Elle consistait à ranger les casiers, contenant les bouteilles pleines, sur les palettes. Ce travail était rude pour les ouvriers, il se faisait à la main.

Le laboratoire était la dernière étape de la production. Il avait pour rôle de contrôler la qualité du produit fini. Mais cette tâche n'était pas facile, car elle s'effectuait dans des conditions peu élaborées, comme l'assure Jeanne Obone Bikoro dans les termes suivants :

> En 1982, on faisait les saturations comme ça sans torchons ni serviettes. Ce qui fait que les bouteilles explosaient parfois lors des analyses. Nous là, quand on travaillait à cette époque, c'était à main nue et pourtant on utilisait les produits chimiques[79].

Il faut dire qu'à l'époque, l'entreprise SOGRABA était très peu soucieuse des règles de sécurité au travail. Les ouvriers n'avaient pas l'équipement approprié pour accomplir leurs tâches en toute sécurité dans la brasserie. Chaque ouvrier apportait sa propre tenue depuis la maison. Certains venaient même à l'usine en babouches[80]. La seule exigence était le port du pantalon. On voit bien que l'entreprise n'avait pas de politique de gestion des risques en raison de l'absence de consignes strictes visant à assurer la sécurité du personnel au sein de la brasserie. Un enquêté soutient en effet que « le service qualité n'existait pas en 1988, les instruments de la gestion des risques de travail non plus. [...] il n'y avait pas de politique de gestion de risque d'accident de travail. Il y avait les produits que tu vois bien écrit, il ne faut pas respirer, mais toi tu respires ça[81] ». Tout cela renseigne sur le nombre d'accidents de travail relativement important qui survenaient dans la brasserie, dont malheureusement aucun document statistique de l'entreprise ne permet d'en saisir l'ampleur.

La difficile condition du travail se lisait également à travers le temps du travail. En effet, au sein de la brasserie, la durée du travail était anormalement longue au regard des dispositions légales en matière du travail. Le Code du travail gabonais de 1962, tout comme

---

[79] Entretien réalisé avec Jeanne Obone Bikoro, le 17 mai 2016 à Libreville.

[80] *Idem*.

[81] Entretien réalisé avec Charlie Lekébé, le 23 mai 2016 à Libreville.

celui de 1978[82], stipulait que : « Dans tous les établissements publics ou privés, même d'enseignement ou de bienfaisance, la durée légale du travail des employés ou ouvriers de l'un ou l'autre sexe, de tout âge, travaillant à temps, à tâche ou aux pièces, ne peut excéder quarante heures par semaine[83] ». Or les ouvriers de la brasserie travaillaient largement au-delà de la durée légale du travail fixée à quarante heures par semaine. Selon les informateurs, les ouvriers travaillaient de 7 heures à 19 heures pour ceux en cycle du jour, et de 19 heures à 7 heures pour ceux en cycle de nuit, soit 12 heures de travail par jour. Si l'on prend en compte que la brasserie tournait 24 heures/24 et 7 jours/7 jours, cela donnait au moins 72 heures de travail par semaine en excluant le dimanche. C'est ce qu'exprime cet informateur lorsqu'il affirme que : « Il n'y avait pas d'heure fixe. Un travailleur pouvait arriver à 5 heures du matin pour retourner à 22 heures du soir, voire rentrer le lendemain à 10 heures en cas de manque de remplaçant. C'était vraiment pénible. À l'époque, certains services travaillaient à temps plein, 6 jours sur 7 et d'autres 7 sur 7[84] ». Il s'agissait là d'un rythme de travail effréné qui épuisait les ouvriers, et qui avait un impact non seulement sur la production (l'insuffisance de repos étant un élément de faible productivité du travailleur), mais aussi sur la vie sociale des travailleurs dont la vie familiale était perturbée par la très longue présence à la brasserie.

Il importe enfin d'évoquer les conditions de transport des ouvriers de la SOGRABA. Elles étaient également rudimentaires, et s'ajoutaient à la pénibilité du travail des ouvriers. La SOGRABA assurait le transport de son personnel. Bien qu'à l'époque, cela se fit dans des conditions difficiles pour les ouvriers. D'abord, ils étaient transportés dans des espèces de camions-remorques de mauvais état, loués à des prestataires privés. Ces camions, de marque Berliet, servaient aussi au transport des matériaux de construction. Non

---

[82] Loi n°5/78 du 1er juin 1978 instituant un code du travail de la République gabonaise, *Journal officiel de la République gabonaise* du 28 novembre 1978, pp. 1-27.

[83] Article 111 de la Loi n°88/61 du 04 janvier 1962 instituant un code du travail de la République gabonaise, *Journal officiel de la République gabonaise* du 1er mars 1962, p. 199.

[84] Entretien réalisé avec Jean Baptiste Bekale, le 23 mai 2016 à Libreville.

seulement ils transportaient les ouvriers de la SOGRABA, mais aussi les travailleurs d'autres entreprises. D'où l'appellation *foula-foula*[85] attribuée à ces camions de transport par les ouvriers de la SOGRABA. Ensuite, il n'y avait que deux camions pour assurer le transport de tous les ouvriers. Ce qui causait quelques bousculades, car tous les travailleurs devaient emprunter ces camions au même moment. Surtout que les camions faisaient le ramassage en ligne droite sans heure précise. Ils passaient par les grandes artères de la capitale menant aux sites des entreprises[86]. Ainsi, les ouvriers, qui pour la plupart habitaient dans les quartiers enclavés de la ville, devaient se lever très tôt le matin pour rejoindre les points de ramassage. Sinon, ils devaient se débrouiller, de leurs propres moyens, pour gagner la brasserie.

II / Des conditions de vie précaires des travailleurs

Dans la brasserie, la condition sociale des travailleurs était difficile déjà en raison de la pénibilité du travail et du caractère rudimentaire de l'organisation de la production. Mais, elle l'était ensuite parce que la brasserie gabonaise apparaissait aussi comme un cadre d'exploitation bon marché de la force de travail locale. Les conditions d'existence des ouvriers étaient en effet des plus précaires au regard modicité des salaires, des mauvaises conditions de logement et de couverture sanitaire. Le tout dans un contexte d'absence de conscience sociale des ouvriers, susceptible de permettre une amélioration de la condition ouvrière.

La question du salaire était la pierre d'achoppement dans les relations sociales au sein de la SOGRABA, comme d'ailleurs dans plusieurs entreprises de l'époque. C'était cette question qui suscitait le plus de réprobation de la part des ouvriers. Selon les textes officiels, les salaires étaient déterminés en fonction de la qualification et du rendement du travailleur dans le poste de travail

---

[85] Expression de la langue fang qui signifie « mélange » en français. Les ouvriers soulignaient ici, avec une pointe d'humour, le caractère indigne de ce mode de transport.

[86] La SOGRABA s'est implantée, au départ, dans le quartier Boulevard Léon Mba, actuellement entre l'École Triomphale et l'université Omar Bongo, avant son transfert, en 1987, à Owendo, non loin du port à une vingtaine de kilomètres de Libreville.

qui lui était attribué. Le Code du travail de 1962 stipulait qu'« à conditions égales de travail, de qualification professionnelle et de rendement, le salaire est égal pour tous les travailleurs, quels que soient leur origine, leur sexe, leur âge et leur statut[87] ». Plus tard, la convention collective des entreprises industrielles du Gabon de 1983 précisait que : « le salaire est la contrepartie du travail, il est déterminé en fonction du poste de travail attribué à chaque salarié[88] ».

Pour garantir le pouvoir d'achat des travailleurs, le gouvernement fixait chaque année le salaire minimum interprofessionnel garanti (SMIG). Celui-ci constituait le minimum absolu au-dessous duquel il était interdit de rémunérer les travailleurs[89]. Mais le problème était son taux, car il évolua très peu entre 1966 et 1993, comme le montre le tableau n° 1 ci-dessous. En effet, de 1967 à 1993, le SMIG est passé de 5664 FCFA par mois à 44 000 FCFA, soit une augmentation 38 336 FCFA en 26 ans. Dans le détail, on observe que le SMIG est resté très stable entre les périodes. Il était très faible au départ, entre 1967 et 1971, période au cours de laquelle il augmenta de 1669 FCFA en 5 ans. Puis, il connut une importante hausse en 1977 où il fut fixé à 30 000 FCFA, soit un bon de 22 667 FCCFA en six ans seulement. S'ouvra alors une séquence haussière du SMIG jusqu'en 1985 où il s'établit, durablement, à 44 000 FCFA. De cette année jusqu'en 1993, le SMIG n'a plus été révisé[90].

---

[87] Article 89 de la Loi 88/61 du 04 janvier 1962 instituant un code du travail de la République gabonaise, *Journal officiel de la République gabonaise* du 1er mars 1962, p. 196.

[88] Article 45 de la convention collective des entreprises industrielles du Gabon de 1983, p. 27.

[89] Article 93 de la Loi n°5/78 du 1er juin 1978 instituant un code du travail de la République gabonaise, *Journal officiel de la République gabonaise* du 28 novembre 1978, p. 11.

[90] Le SMIG au Gabon est resté figé à 44.000 FCFA jusqu'en 2006, année au cours de laquelle il a été fixé à 80.000 francs, sans révision jusqu'à ce jour.

Tableau n° 1
Évolution du SMIG au Gabon, de 1967 à 1993

Années	Montants par mois en FCFA
1967	5.664
1968	6.128
1970	7.248
1971	7.333
1977	30.000
1982	35.000
1984	40.000
1985	44.000
1993	44.000

Source : *Journal officiel de la République gabonaise* de 1967 à 1993.

Ainsi, le SMIG, maintenu à un niveau anormalement bas, n'était pas de nature à garantir le pouvoir d'achat des travailleurs. Il laissait plutôt une marge considérable aux employeurs pour pratiquer des politiques salariales non avantageuses pour les ouvriers. À la SOGRABA, la direction s'est réfugiée sur la règle de la confidentialité pour refuser l'accès aux documents permettant de connaître les états de salaires du personnel. Cependant, les témoignages de quelques anciens de la brasserie permettent d'avoir une idée sur les salaires réels versés aux travailleurs. Comme l'indique le tableau n° 2 ci-dessous, ces salaires étaient nettement supérieurs au SMIG. En guise d'illustration, en 1972 Ada Medame gagnait 38 640 FCFA par mois alors que le SMIG était de 7333 FCFA, soit 31 307 FCFA en sus. En 1982, Obone Bikoro était payée, elle, à 67 000 francs par mois à une époque où le SMIG était de 35 000 FCFA, soit un supplément de 32 000 FCFA. En 1986, Nang Assoumou touchait 72 240 FCFA par mois contre un SMIG à 44 000 FCFA, soit 28 240 FCFA de plus. En 1992, le salaire d'Ada Medame évolua, il était maintenant de 96 600 FCFA par mois pour un SMIG toujours fixé à 44 000 FCFA, soit une différence de 52 600 FCFA. Mais alors pourquoi les ouvriers se plaignaient-ils de la modicité des salaires, puisque la

SOGRABA versait des salaires supérieurs aux normes réglementaires ?

En fait, le problème se posait à deux niveaux. En premier lieu, ce qui mécontentait les ouvriers, c'était la variété des salaires à compétence égale sur le même poste de travail. Ils dénonçaient l'arbitraire des responsables de services qui fixaient les salaires, non pas en fonction du rendement, mais selon les réseaux d'affinité. Julien Nang Assoumou donne une idée de cette pratique au sein de la SOGRABA : « l'augmentation du salaire, c'était en fonction de l'appréciation du chef de service approuvé par le directeur technique. C'était avant le mérite ; donc depuis la création[91] ».

Tableau n° 2

Évolution des salaires des ouvriers de la SOGRABA de 1972 à 1992

Années	Salaires mensuels en FCFA	Noms des travailleurs
1972	38.640	Ada Medame
1974	42.000	Mousseliki
1978	48.000	Anonyme
1982	67.000	Obone Bikoro
1986	72.240	Nang Assoumou
1990	85.344	Nang Assoumou
1992	96.6000	Ada Medame

Sources : Entretien réalisé avec Françoise Ada Medame, le 12 juin 2016 à Libreville ; entretien réalisé avec Jean de Dieu Mousseliki, le 04 avril 2016 à Libreville ; entretien réalisé avec Jeanne Obone Bikoro, le 17 mai 2016 à Libreville ; entretien réalisé avec Julien Nang Assoumou, le 07 avril 20116 à Libreville.

En deuxième lieu, le problème était aussi celui du pouvoir d'achat que généraient les salaires distribués aux travailleurs. Ce pouvoir d'achat était faible, car les salaires étaient nettement insuffisants par rapport au coût de la vie. Des enquêtes sur les prix n'ont malheureusement pas été réalisées sur l'ensemble des postes de dépenses des ménages, mais

---

[91] Entretien réalisé avec Julien Nang Assoumou, le 7 avril 2016 à Libreville.

quelques études menées par la direction générale de la Statistique et des Enquêtes Économiques permettent de se faire une idée sur le faible pouvoir d'achat des ouvriers. Le tableau n° 3 suivant montre l'évolution des prix des produits de consommation courante entre 1982 et 1990. La liste n'est pas exhaustive, car les enquêtes sur les prix ne se font pas sur toutes les périodes. Néanmoins, cette liste permet de lire la disproportion entre salaires et prix des produits locaux, en ce qui concerne uniquement le poste de dépense alimentation. Ainsi, en reconstituant la consommation journalière de 6 personnes en 1982 et en 1990, on constate que :

- en 1982 : 4 bâtons de manioc (100 FCFA x 4 = 400 FCFA), 1 kg de poisson-bar (1000 FCFA), piment (50 FCFA le tas), huile de palme (500 FCFA le litre). Théoriquement, le montant dépensé par jour pour un ménage de 6 personnes était de 1950 FCFA, petit déjeuner exclu. Par mois, la dépense du ménage est de 1950 FCFA x 30 = 58.500 FCFA, soit plus des 2/3 du salaire de 67.000 FCFA d'Obone Bikoro au cours de la même année 1982. Sur ce salaire, il ne reste que 8.500 FCFApour tous les autres postes de dépenses : logement, eau, électricité, habillement, éducation, etc.
- en 1990 : 4 bâtons de manioc (150 FCFA x 4 = 600 FCFA), 1 kg de poisson-bar (1200 FCFA), piment (100 FCFA le tas), huile de palme (600 FCFA le litre). De façon lapidaire, le montant dépensé par jour pour un ménage de 6 personnes était de 2.500 FCFA. Par mois, la dépense du ménage était de 2500 FCFA x 30 = 75.000 FCFA, soit à peu près 88 % du salaire que touchait Nang Assoumou en cette année-là.

Tableau n° 3

Évolution des prix des produits locaux entre 1982 et 1990.

Produits	Période et prix moyen au kg	
	1982 (FCFA)	1990 (FCFA)
Riz	375	400
Pain	55	125
Ragoût	1200	1800
Poulet	1100	1300
Bar (poisson)	1000	1300
Sardines fraîches	350	750
Sardines fumées	100 le tas	200 le tas
Maquereau fumé	500 le tas	800 le tas
Bar salé	1500/kg	2500/kg
Sardines en conserve	125	150
Lait concentré sucré 1 kg	1000	1200
Huile de palme	500/L	600/L
Huile d'arachide	650/L	800/L
Orange	850/kg	1615/kg
Atanga – Safous	100 le tas	100 à 200 le tas
Ognon importé	500/kg	1000/kg
Feuilles de manioc	50 le tas	100 le tas
Gombo	50 le tas	100 le tas
Aubergine verte	150 le tas	500 le tas
Feuilles d'oseilles	100 le tas	100 le tas
Manioc en tubercule	250 le tas	500 le tas
Taros	250 le tas	500 le tas
Patates douces	100 le tas	500 le tas
Banane plantain	500 le tas	1000 le tas
Manioc en bâton	100/bâton	150/bâton
Sucre en morceaux	560/kg	650/kg
Ail	200/kg	500/kg
Piment rouge	50 le tas	100 le tas

Source : Ministère de la Planification, de la Programmation du Développement, Direction générale de la Statistique et des Enquêtes Économiques.

Ainsi, on comprend mieux les récriminations des travailleurs de la brasserie qui maugréaient contre la modicité de leurs salaires. Lesquels ne permettaient pas un relèvement du niveau de vie des travailleurs. Au regard des salaires versés par la

SOGRABA à son personnel et compte tenu des charges socioéconomiques auxquelles il était confronté, il ressort que ce personnel se trouvait dans une situation de surexploitation. La recherche de la satisfaction des obligations ne pouvait que conduire les travailleurs dans une situation d'endettement inévitable auprès des services financiers de l'entreprise. En ce sens, il était quasiment impossible d'épargner son revenu dans le but de répondre à des besoins futurs.

Les conditions de logement des ouvriers et leur couverture sanitaire témoignaient également de la difficile condition sociale des travailleurs de la brasserie. La réglementation du travail enjoignait aux employeurs de fournir des logements aux travailleurs ou de consentir une prime subséquente permettant à ces derniers de se loger[92]. Mais la SOGRABA ignorait cette mesure : elle ne logeait pas ses ouvriers ni ne donnait de prime. Seul le personnel expatrié de direction avait ce privilège d'être logé dans l'enceinte de l'entreprise où fut aménagée une petite cité pour les cadres. Un informateur témoigne de cette réalité en ces termes : « SOGRABA ne loge pas le personnel, il n'y a que les cadres qui sont logés. Les cadres ont la prime de logement depuis la création en 1966. Nous les manœuvres on n'a rien à cette époque[93] ».

Il en était de même au sujet de la couverture sanitaire. Les textes officiels obligeaient les entreprises à se doter des structures de santé pour assurer les premiers soins à leur personnel en cas de maladie ou d'accident de travail. « Toute entreprise ou établissement doit assurer un service médical ou sanitaire à ses travailleurs ; les entreprises à plus de 50 salariés doivent avoir une infirmerie[94] », stipulait le Code du travail de 1962. Mais à la SOGRABA, qui comptait déjà à l'époque plusieurs centaines de

---

[92] Article 90 de la Loi 88/61 du 04 janvier 1962 instituant un code du travail de la République gabonaise, *Journal officiel de la République gabonaise* du 1er mars 1962, p. 196.

[93] Entretien réalisé avec Jean Baptiste Bekale, le 23 mai 2016 à Libreville.

[94] Article 137 de la Loi 88/61 du 04 janvier 1962 instituant un code du travail de la République gabonaise, *Journal officiel de la République gabonaise* du 1er mars 1962, p. 201.

travailleurs, il n'y avait pas d'infirmerie. En cas de maladie ou d'accident sur le lieu de travail, les travailleurs étaient dirigés vers les structures hospitalières de la ville. L'entreprise ne prenait en charge que 50 % des frais médicaux. Elle pouvait aussi consentir des prêts pour permettre aux travailleurs de faire face aux frais médicaux de leurs familles, comme en témoigne Jean de Dieu Mousseliki qui affirme que : « […] si ton enfant avait un problème de santé à cette époque, l'entreprise pouvait te faire un prêt et te retirer ça dans ton salaire après[95] ». Toute chose qui achevait de convaincre sur l'exploitation dont étaient victimes les travailleurs de la brasserie.

La SOGRABA était-elle en mesure d'offrir un meilleur traitement à son personnel ? La réponse est positive si l'on regarde le chiffre d'affaires, qui permet précisément de mesurer la santé financière de l'entreprise. Le chiffre d'affaires est, de ce point de vue, un élément très déterminant dans la reproduction sociale, car il permet de réinvestir dans le recrutement d'une main-d'œuvre plus performante ou de rehausser la condition sociale des travailleurs. Le chiffre d'affaires de la SOGRABA n'a en effet cessé de croître considérablement tout au long de la période de cette étude, passant de 11 milliards FCFA en 1983 (Mémorial du Gabon, 1985, p. 331) à 31 milliards en 1993 (Nkoghe-Mba, 2006, p. 35)[96], soit une hausse de 181 % en dix ans. La difficile condition des ouvriers de la brasserie tenait donc, pour une part, au refus des dirigeants de distribuer équitablement les bénéfices générés par l'entreprise. Elle résidait aussi, d'autre part, à l'absence d'une conscience sociale manifeste chez les travailleurs. La conscience sociale est la connaissance de la condition d'exploité du travailleur. Elle implique une action collective visant à obtenir une amélioration de la condition sociale. En effet, à la SOGRABA, les travailleurs ne pouvaient pas s'organiser collectivement pour revendiquer de meilleures conditions de vie et de travail. Le contexte du parti unique de l'époque proscrivait tout regroupement syndical. Seuls les délégués du personnel et les comités du Parti démocratique

[95] Entretien réalisé avec Jean de Dieu Mousseleki, le 04 avril 2016 à Libreville.

[96] Les documents sont muets sur les années 1960 et 1970.

gabonais (PDG) étaient autorisés à porter les réclamations des travailleurs auprès des employeurs, comme l'affirme cet informateur : « En 1988, quand je suis rentré à la SOGRABA, il y avait les délégués du personnel, les chefs et le comité PDG [...]. Mais un novice comme moi, quand je suis arrivé, je ne savais pas qu'il y avait des délégués du personnel[97] ». Comme le suggère cet informateur, se posait ici un problème de représentation des travailleurs. Les délégués du personnel n'existaient que de nom ; ils étaient aphones sur la dure condition des travailleurs. Désignés par les employeurs, ils étaient davantage les collaborateurs complices des dirigeants de l'entreprise. Quant au comité du PDG, il s'occupait surtout de la propagande politique, notamment de la mobilisation des masses lors des fêtes nationales. Jean Baptiste Bekale l'assure en affirmant que :

> C'est quand on fait la grève [en 1994] que je sais qu'il y a même les délégués ici. Donc ils étaient là comme s'ils n'existaient pas, comme des figurants. [...]. Le comité PDG n'était pas là pour nous. Eux, ils s'occupaient seulement de quand peut-être il y a le 17 août [fête de l'indépendance] ou le 12 mars [fête du parti]. Ils étaient là pour la politique[98].

Dès lors, l'ouvrier n'avait d'autre choix, lorsqu'il n'en pouvait plus, que de tenter une démarche auprès du patron pour espérer une amélioration de sa condition d'exploité, parfois en bravant les menaces de licenciement qui pesaient sur lui : « donc quand on avait un problème, nous-mêmes on partait à la direction voir monsieur Palu [directeur de la SOGRABA dans les années 1980]. S'il t'écoute tant mieux, sinon tu laisses ça comme ça. Puisque, si tu boudes, on te licencie. C'était la dictature, on subissait seulement les lois[99] ».

Conclusion

En somme, il appert que la condition sociale des ouvriers de la SOGRABA était difficile entre 1966 et 1993. La brasserie

---

[97] Entretien réalisé avec Jean Baptiste Bekale, déjà cité.
[98] *Idem.*
[99] *Idem.*

apparaissait en effet comme un lieu de travail rudimentaire, où les travailleurs, recrutés selon le système du bouche-à-oreille, étaient soumis au travail manuel à la chaîne. La faible mécanisation de la production rendait pénible l'exécution des tâches, nombreuses et interchangeables. Dans la quasi-totalité des postes de travail, les conditions légales de sécurité n'étaient pas observées, faute d'un équipement de travail approprié. La durée du travail était anormalement longue. Elle dépassait largement les 40 heures réglementaires de travail par semaine. Dans le même temps, les ouvriers étaient soumis à des conditions de vie précaires, notamment en raison de la modicité des salaires qui ne permettaient pas un relèvement du niveau de vie des travailleurs, condamnés au surendettement pour joindre les deux bouts. Le manque de logement et de couverture sanitaire précarisait davantage les ouvriers de la SOGRABA, laquelle s'évertua à ignorer les dispositions du Code du travail en la matière. La difficile condition ouvrière tenait en effet au refus de la SOGRABA de respecter scrupuleusement les droits des travailleurs et de les bénéficier faire des retombées de la bonne santé financière d'une entreprise dont le chiffre d'affaires ne cessait de croître positivement. Mais la situation précaire des ouvriers s'expliquait, pour une bonne part, par l'absence d'une conscience sociale collective des travailleurs. L'émergence de mouvements de revendication au sein de la brasserie au début des années 1990 fut précisément l'élément déclencheur de l'amélioration de la condition sociale des travailleurs de la SOGRABA.

Sources et références bibliographiques

I - Sources imprimées

Loi n° 88/61 du 04 janvier 1962 instituant un code du travail de la République gabonaise, *Journal officiel de la République gabonaise* du 1er mars 1962, pp. 189-209.

Loi n° 5/78 du 1er juin 1978 instituant un code du travail de la République gabonaise, *Journal officiel de la République gabonaise* du 28 novembre 1978, pp. 1-27.

Convention collective des entreprises industrielles du Gabon de 1983.

Ministère de la Planification, de la Programmation du Développement, direction générale de la Statistique et des Enquêtes Économiques, *Évolution des prix des produits locaux entre 1982 et 1999*, Libreville, 2000.

II - Enquête orale

Ada Medame Françoise, 71 ans, retraitée, entretien réalisé le 12 juin 2016 à Libreville.
Bekale Jean Baptiste, 52 ans, caviste (nettoyeur de cuve), entretien réalisé 23 mai 2016.
Lekébé Charlie, 54 ans, manager line (chef d'équipe), entretien réalisé le 23 mai à Libreville.
Mekui Me Ngome Florence, 50 ans, laborantine, entretien réalisé le 08 juin 2016 à Libreville.
Mousseliki Jean de Dieu, 54 ans, manœuvre, entretien réalisé le 04 avril 2016 à Libreville.
Nang Assoumou Julien, 52 ans, mécanicien, entretien réalisé le 07 avril 2016 à Libreville.
Obone Bikoro Jeannette, 57 ans, retraitée, entretien réalisé le 17 mai 2016 à Libreville.
Obone Nah Monique, 49 ans, laborantine, entretien réalisé le 05 mai 2016 à Libreville.

III - Bibliographie

Asselain J.-Ch. (2007), « Histoire des entreprises et approches globales. Quelles convergences ? », *Revue économique*, N° 1, Vol. 58, pp. 153-172.
Ayingone Ella N. (2006), *La production de la qualification du travailleur gabonais : cas des manœuvres de la SOGRABA*, mémoire de maîtrise de sociologie, Université Omar Bongo de Libreville.
Mémorial du Gabon. L'âge de raison (1965-1986), Genève, SIED, 1985.

Moulougni Mihindou S. (2006), *L'importance économique et sociale d'une entreprise. Cas de la SOGRABA*, mémoire de maîtrise des sciences économiques, Université Omar Bongo de Libreville.

Moumbangou V. G. (2007), *Société des brasseries de la Ngounié de 1985 à 2002*, mémoire de maîtrise d'histoire, Université Omar Bongo de Libreville.

Nkoghe Mba R. (1995), *L'impact socioéconomique de l'industrie de boisson dans le développement du Gabon : le cas de la SOGRABA*, mémoire de maîtrise de sociologie, Université Omar Bongo de Libreville.

Obamba Mba J.-S. (2001), *La Société des brasseries du Gabon de 1966 à 1999*, mémoire de maîtrise d'histoire, Université Omar Bongo de Libreville.

Les voies de communication terrestres transfrontalières dans le processus d'intégration économique entre le Cameroun et l'AEF (1920-1960)

Jules Kouosseu
Faculté des Lettres et Sciences Humaines
Université de Dschang(Cameroun)
jkouosseu@gmail.com
et
Ludovic Boris Pountgnigni Njuh
Faculté des Lettres et Sciences Humaines
Université de Dschang(Cameroun)
borisnjuh@yahoo.fr

Résumé

Cet article met en exergue la place que les voies de communication terrestres transfrontalières ont occupée dès l'époque coloniale dans le processus d'intégration régionale en Afrique centrale. Il s'agit de savoir : quel rôle les voies de communication terrestres transfrontalières ont-elles joué dans le processus de construction d'un économique intégré entre le Cameroun et l'AEF entre 1920 et 1960 ? Il ressort de l'exploitation de diverses sources que les voies de communication transfrontalières, matérialisées dans une combinaison route-rail, ont été le principal levier d'articulation du projet d'intensification des rapports économiques entre le Cameroun et l'AEF.

Mots clés : AEF – Cameroun - Voies de communication - intégration économique

Abstract

This paper focuses on the relevance of cross-border land transport facilities during the colonial period. It is therefore to investigate the following which role cross-borderland transport play in the process of economic integration that France launched between Cameroon and the

French Equatorial Africa (AEF) from 1920 to 1960? Evidences show that cross-border land transport facilities, made up of the association of road and railway, were the main switch for the project to intensify economic relations between Cameroon and the AEF.

Keywords: French Equatorial Africa – Cameroon - Cross-border transport facilities - economic integration.

Introduction

Il est commode de situer la genèse du processus d'intégration en Afrique centrale à l'époque coloniale. L'écho est fait des jalons posés par la France via des mécanismes déployés au sein de l'Afrique Équatoriale Française (AEF) créée le 15 janvier 1910 ; puis dans le cadre du projet de création d'un espace intégré regroupant cette fédération et la partie du Cameroun héritée du partage du 4 mars 1916 (Éyélom, 2003). Pourtant, aussi ancien que semble le processus, l'Afrique centrale demeure la sous-région la moins intégrée en Afrique (Commission Économique pour l'Afrique, Union Africaine et Banque Africaine de Développement, 2016). Quelques pistes ont été explorées pour expliquer ce paradoxe. Sans être exhaustif, il y a celle de la « nature théorique » soulevée par Guy Mvelle (2009). Celle-ci ferait défaut, entravant la cohérence politique du processus. Les problèmes rencontrés par les institutions de pilotage constituent une autre voie, suggérant la rationalisation de leur fonctionnement pour favoriser un meilleur déploiement du processus (Nkoa, 2010).

Malgré leur importance et leurs portées, un autre prisme, celui du rôle des technologies et facteurs de production susceptibles de favoriser le processus dans la sous-région mérite de retenir l'attention. Mathilde Njanke Tatchou (2008) et Etienne Koulakoumouna (2012) ont sondé l'apport des infrastructures de transport dans ce domaine en survolant les vingt-cinq dernières années. Mais si « le transport routier demeure le mode de déplacement le plus dominant en Afrique tant à l'intérieur de chaque pays, qu'à l'intérieur des espaces intégrés » (Koulakoumouna, 2012, p. 71) et que les voies de communication terrestres transfrontalières captent environ 80 % du trafic des marchandises intracommunautaires dans cette sous-région (Communauté Économique des États de l'Afrique Centrale – CEEAC, 2007, p. 18), alors cette piste mérite encore d'être explorée du point de vue historique. Les potentialités heuristiques qu'elle présente sont susceptibles d'éclairer les décideurs et favoriser un échelonnement probant des priorités et des projets favorisant l'intégration en Afrique centrale.

Cet article met en exergue la place que les voies de communication terrestres transfrontalières ont occupée dès l'époque coloniale dans le processus d'intégration entre le Cameroun et les différents territoires de l'AEF. La période couverte va de 1920 à 1960. La borne supérieure représente la date de prise par la France, d'une décision administrative portant création du Comité d'Initiative de la Construction des Chemins de Fer de l'AEF et du Cameroun (Norodom Kiari, 2012, pp. 29-30). En 1960, la France passe le témoin au Cameroun et aux anciens territoires de l'AEF, devenus indépendants. À l'aune des documents d'archives et des travaux scientifiques, il s'agit, en s'attardant sur cette fourchette chronologique, de répondre à la question : quel rôle les voies de communication terrestres transfrontalières ont-elles joué dans le processus de construction d'une économie intégrée entre le Cameroun et l'AEF entre 1920 et 1960 ? La méthodologie d'histoire basée sur la collecte, le traitement et l'analyse des données est utilisée à cette fin. Une clarification conceptuelle et théorique sur le rapport entre voie de communication et intégration économique permet de mieux cerner le rôle que le réseau infrastructurel de transport terrestre transfrontalier entre le Cameroun et l'AEF a joué dans le processus d'intégration économique engagé par la France entre ces deux territoires.

I / Voies de communication et intégration économique

Les voies de communication sont des ouvrages construits, aménagés ou codifiés pour servir aux déplacements des personnes et/ou des marchandises. Ce sont des routes, chemins de fer, transports par câbles, voies d'eaux et aériennes, tunnels et pipelines (Frey, 2015) aussi appelés « infrastructures de transport ». Pour une époque où l'une des conventions tacites du commandement était de « diviser pour mieux régner », il semblerait paradoxal de parler de dynamique d'intégration. Un éclairage conceptuel est donc indispensable. Dans cette étude, cela permet de rendre intelligible le lien entre l'intégration économique et les voies de communication terrestres transfrontalières. Cette corrélation soutient que leur existence a été un préalable dans le projet colonial français d'intégration entre le Cameroun et l'AEF.

A / propos de l'intégration économique

Le concept d'intégration a plusieurs significations et interprétations suivant les enjeux, les mécanismes et les leviers considérés comme déterminants pour sa réalisation. En se référant à la définition néofonctionaliste fournie par Ernst Haas (1963, p. 7), l'intégration est le processus par lequel les acteurs politiques, dans des contextes nationaux distincts, sont persuadés de concéder une part de leur souveraineté, privilèges, attentes et activités politiques vers un nouveau centre dont les institutions possèdent ou exigent une préséance juridique sur les États nationaux préexistants. Cette définition, quoiqu'elle souligne à juste titre un élément de base à savoir la volonté politique, ne permet pas de saisir la pluralité des dimensions qui caractérise la mise en œuvre d'un processus d'intégration. Multiforme et multidimensionnel, il peut en effet s'agir d'une entente ou d'une coopération (politique, économique, commerciale, diplomatique, sectorielle, etc.) entre plusieurs pays regroupés au sein d'un espace donné autant que des pratiques d'acteurs économiques constitués en réseaux commerciaux, financiers, culturels ou technologiques (Koulakoumouna, 2012, p. 67). Au cœur de ce foisonnement sémantique émerge le concept d'intégration économique.

Protéiforme à son tour, l'intégration économique peut être considérée comme le truchement qui permet de transformer en réalité palpable les intentions politiques. L'intérêt majeur de l'intégration a en effet toujours été économique : pallier à l'étroitesse des marchés nationaux, compenser la faiblesse des performances économiques, faire face aux mutations permanentes de l'environnement économique, monétaire et financière sont entre autres les motivations qui ont généralement poussé les dirigeants à engager leurs territoires dans un processus d'intégration (N'Kodia, 1999, p. 11). Si l'intégration peut donc s'accommoder plusieurs dimensions (économique, politique et sécuritaire), la dimension économique est fondamentale. Apparaissant alors à la fois comme un processus et un état, l'intégration économique est l'acte traduisant le consentement entre deux ou plusieurs pays sur des objectifs communs et sur les politiques qu'elles se sont assignées, impliquant pour ce faire une liberté de mouvement des facteurs de production et l'absence de toute forme de discrimination (Balassa, 1976, p. 17). Dans cette perspective, un espace est alors dit intégré « si et seulement il enregistre une concentration des flux entre les nations qui le constituent et s'il révèle une coordination institutionnelle instaurant durablement des règles communes » (Tshiyembe, 2012, p. 10). Par ricochet, l'on admet avec Koulakoumouna (2012, p. 68) que « quelle que soit sa forme ou sa dimension, l'intégration régionale implique nécessairement une libre circulation des facteurs de production, ainsi que des biens et des services ».

L'intégration économique renvoie donc, en somme, à l'ensemble des stratégies que déploient deux ou plusieurs gouvernements des territoires géographiquement voisins ou sous l'égide d'une autorité politique centrale pour surmonter les difficultés politiques ou le déterminisme géographique pour favoriser la circulation des facteurs de production, des biens et des personnes. Dans cette étude, les gouvernements et territoires dont il s'agit sont le Cameroun et l'AEF. L'AEF était la fédération des quatre colonies françaises d'Afrique centrale : Gabon, Moyen-Congo, Oubangui-Chari et Tchad. Un territoire de 2 256 700 km^2 dont la rentabilité économique est cependant desservie par sa géographie hétérogène (Norodom Kiari, 2009, pp. 305-306). Ayant hérité du 4/5ème du Cameroun allemand suite au partage de ce territoire avec l'Angleterre le 4 mars 1916, la France comptait « corriger » ce défaut. Le Cameroun français, ouvert sur l'océan et considéré comme le « complément naturel » de l'AEF, devait lui aussi être rattaché (Abwa, 1994, pp. 8-32). L'opération aurait été simple s'il était demeuré un butin de guerre. Sa transformation en territoire sous mandat par la Société des Nations en 1919 perturba cet élan. Ne renonçant pas pour autant à son projet d'intégration, la France créa, comme indiqué plus haut, le Comité d'Initiative de la Construction des Chemins de Fer de l'AEF et du Cameroun. Les infrastructures terrestres de transport furent ainsi envisagées comme socle sur lequel elle compte poser les jalons du projet.

B / Les infrastructures de transport : leviers d'intégration économique

La théorie transactionaliste de l'intégration, aussi appelée « théorie de la communication » dont Karl Deutsch (1954) est le fondateur, présente les voies de communication comme leviers indispensables à l'intégration. Elle postule que des liens entre les sociétés et la base se développent, tendant vers des communautés de sécurité intégrées, grâce à l'accroissement des transactions. (Smouts, Battistella et Vennesson, 2006, p. 294). Pour saisir le rôle des voies de communication dans l'intégration, il convient de déblayer davantage les courants de pensée économique qui s'intéressent à ce processus. Il en est ainsi de la conception libérale de l'intégration qui assimile l'intégration commerciale à la libéralisation des échanges et des facteurs de production au regard de la concurrence mondiale, en réduisant les barrières nationales pour se rapprocher du marché mondial. Le courant protectionniste quant à lui considère l'intégration régionale comme un processus de déconnexion visant à protéger les économies intégrées de la concurrence mondiale, pour protéger un système de production régionale par la mise en place de politiques convergentes (Koulakoumouna, 2012, p. 68).

En ce qui la concerne, la nouvelle économie industrielle met l'accent sur la production et conçoit l'intégration comme la mise en place d'interconnexions par les acteurs en termes de projets sectoriels, de réseaux transnationaux, d'internalisation des relations dans un espace régional. Enfin, l'économie géographique met l'accent sur la dynamique spatiale de l'intégration en la caractérisant par les effets d'agglomération et de polarisation. C'est un processus qui permet d'une part de réduire les distances géographiques et d'autre part, de construire un marché régional compétitif puisque la réduction des distances géographiques favorise le développement des échanges intracommunautaires. Pour que ces échanges soient effectifs, il faut donc construire des infrastructures de communication intégratrice (Koulakoumouna, 2012, p. 68). Au premier plan figurent les routes et les rails, pour ce qui est du transport terrestre. Leur construction est une nécessité qui s'impose dès l'entame de tout processus d'intégration économique.

Celle-ci repose en effet sur cinq étapes : la constitution d'une zone de libre-échange, la création de l'union douanière, d'un marché commun, de l'union économique, et enfin de l'union économique et monétaire (Cincera, sd.). Le premier palier, celui de la constitution d'une zone de libre-échange se traduit par l'abolition totale ou partielle des droits de douane et des limitations en quantité de marchandises ou produits échangés entre les pays engagés dans le processus de création d'un espace intégré entre leurs territoires. Pour faciliter cette étape, l'on associe le plus souvent la seconde étape celle de la création de l'union douanière. Il s'agit de l'adoption d'une politique commerciale commune, marquée par la fixation d'un tarif extérieur commun par rapport aux zones économiques extérieures à la région (sous) région (Ibid.). Le résultat espéré par ce jumelage est une fluidification et une intensification des flux économiques transfrontaliers entre les territoires. C'est du moins ce à quoi la France s'attend quand, par un décret du 7 août 1920, elle rend applicable au Cameroun la législation douanière en vigueur en AEF. En établissant un tarif douanier extérieur commun et unique, elle crée une union douanière entre les deux territoires (Norodom Kiari, 2012, p. 102). Des imbroglios entre le Commissaire de la France au Cameroun et le Gouverneur Général de l'AEF sur le droit de modification des tarifs effritent l'initiative. Un autre décret du 14 décembre 1925 abroge en effet toutes les dispositions du texte du 7 août 1920 (Étoga Eily, 1971, p. 473). À la réalité, la seconde étape du projet d'intégration économique entre le Cameroun et l'AEF, sous les auspices de la France, va demeurer chancelante tout au long de l'époque coloniale. L'union douanière entre le Cameroun et l'AEF est en effet rétablie en décembre 1941, aboli à nouveau en 1952, réinstauré en 1955 et mis en échec par la loi-cadre de 1956 (Norodom Kiari, 2012, pp. 107-123).

Ainsi, le projet français de création d'un espace économique intégré entre le Cameroun et l'AEF se limite, pour l'essentiel, à la première phase de processus. Dans cette perspective, la France accorda plus d'intérêt aux facteurs matériels d'accroissement des échanges qu'aux ressources humaines. En l'occurrence, il s'agissait de créer des voies de communication pour acheminer vers l'*hinterland* les équipements de base d'exploitation et de captation des matières premières et permettant, en retour, d'évacuer les richesses. Les voies de communication ont donc assurément occupé une place importante dans le processus de création d'un espace économique intégré entre le Cameroun et l'AEF.

II / Le rôle des infrastructures terrestres transfrontalières dans le processus de création d'un espace économique intégré entre le Cameroun et l'AEF

Au croisement du fait que l'intégration économique est à la fois le processus et l'état de complémentarité économique recherchée(s) (Balassa, 1976, p. 17) et de l'économie géographique, les infrastructures de transports terrestres créées par la France entre le Cameroun et l'AEF ont effectué un triple apport sur le processus d'intégration économique entre les deux territoires. Le premier va en droite ligne avec les exigences de collaboration et de concertation entre les autorités du Cameroun et de l'AEF tout au long du processus de leur construction. Le second est l'impulsion progressive d'une dynamique centripète aux commerciaux sous-régionaux. Cette dynamique a évolué d'un stade embryonnaire à un niveau plus dense, au prorata de la densification du réseau routier transfrontalier. L'ensemble a soutenu le troisième rôle celui d'avoir servi de base logistique ou matérielle facilitant les flux économiques transfrontaliers entre le Cameroun et l'AEF.

A / Des catalyseurs d'élans de collaboration technique et de conjugaison des efforts financiers

Le réseau infrastructurel de transport sous-régional est un projet dont la conception et la réalisation sont des étapes qui ont suscité une synergie d'action entre les dirigeants coloniaux. Cette dynamique de départ, comparable à l'unanimité au niveau politique sur le bien-fondé des infrastructures de transport comme outils, technologies ou moyens pour créer un espace intégré entre le Cameroun et l'AEF s'est maintenue en se consolidant durant l'époque coloniale. Aux yeux des Français, cela s'est avéré nécessaire, car c'était pratiquement le seul moyen de réaliser ce projet. En effet, le statut international du Cameroun au lendemain de la Première Guerre mondiale était un obstacle. Le fait que le Cameroun soit un territoire sous mandat de la SDN faisait de lui un territoire juridiquement à part, et donc non exclu de toute initiative de fusion politique éventuelle avec les colonies (Oyono, 1992). Le relai que prend l'Organisation des Nations Unies, en transformant le mandat en tutelle le 13 décembre 1946 maintient ce « bouclier » juridique jusqu'au 1er janvier 1960 pour le Cameroun français et le 1er octobre 1961 pour le Cameroun anglais (Abwa, 2010). L'harmonisation des pratiques administratives apparaît à la fois comme un préalable et un état de fait favorisé par le projet et la construction des voies de communication transfrontalières entre le Cameroun et l'AEF. Cette collaboration technique et le consentement mutuel aux dépenses qu'elle a suscité a donné naissance à une chaîne de coordination des travaux de construction. En effet, chaque administration était appelée à fournir des efforts de son côté pour la construction des infrastructures. Une tradition de la concertation politique et administrative a ainsi été initiée autour de la nécessité de construire de voies de communication transfrontalières.

La coordination des travaux de construction a cependant connu une configuration dynamique et évolutive. Durant l'entre-deux-guerres, cette collaboration est trilatérale. Par coordination, l'on entend ici l'ensemble des opérations de conception et de pilotage des projets de construction des infrastructures de transport entre le Cameroun et l'AEF. Compte tenu du fait que le Cameroun n'était pas une colonie française, donc pas une partie de l'AEF, les pourparlers se déroulaient entre le Commissaire de la République française au Cameroun, le Gouverneur Général de l'AEF et le ministère de tutelle – ministère des Colonies, puis de la France d'Outre-Mer à partir de 1946. Au Cameroun comme en AEF, la Direction générale des Travaux Publics dépend des services du Gouverneur Général, Commissaire ou Haut-Commissaire. L'organisation des travaux est ainsi centrée sur l'administration. Elle est la seule adjudicataire des travaux, lance les appels d'offre et sélectionne les entreprises pour l'exécution des projets[100]. Elle réglemente également le recrutement de la main-d'œuvre qui repose sur le système de prestation c'est-à-dire l'obligation faite aux populations de consacrer annuellement 10 jours de travaux gratuits pour la mise en valeur des colonies (Oyono, 1992, p. 67). Dans les deux territoires, la chaîne de travail est donc la même[101]. Les chefs indigènes sont par ailleurs sollicités pour le recrutement. Ils doivent pourvoir des manœuvres robustes et coopératifs, sinon ils seront blâmés en cas de désertion[102].

L'organisation des travaux connaît des modifications dans les années 1940. La concertation s'effectue en effet dans un cadre qui fédère les charpentes administratives, politiques et sécuritaires des deux territoires. Il s'agit du Haut-Commissariat de l'Afrique Française Libre (HCAFL) créé par Charles de Gaulle le 13 novembre 1940. Il sert de créneau pour la planification des travaux jusqu'à son abolition en juin 1942 (Norodom Kiari, 2012, pp. 78 et 83). Cela marque également le retour à la structuration de la chaîne des travaux d'avant la guerre ; c'est-à-dire avec pour tripode de coordination le Haut-Commissaire de la France au Cameroun, le Gouverneur Général de l'AEF et le ministère de tutelle en métropole.

Tout comme l'organisation des travaux, le financement a aussi connu une dynamique évolutive et interactive. Dans un premier temps, le financement des travaux subit la rigueur de la loi de l'autofinancement institué en 1900 pour toutes les colonies françaises (Bouche, 1991, p. 203). Quoique n'étant pas une

---

[100] Service des Archives Nationales du Congo (SANC), GG 519 – Transport, Navigation fluviale sur l'Oubangui : notes, rapports, marché de gré à gré.

[101] SANC, GG 511 – Travail et main-d'œuvre, Travail et main-d'œuvre indigène, Rapport, 8ème partie, 1932.

[102] SANC, GG 521(2) – Transports, Suite T.O. n° 37, Compte rendu à monsieur le Gouverneur, Chef du territoire du Tchad, février 1940.

colonie française, le Cameroun passe sous cette loi en 1921[103]. L'autofinancement implique pour le Cameroun et l'AEF de puiser dans leurs ressources propres pour supporter les charges liées aux travaux d'équipements sur leurs territoires. Dans ces conditions, les droits de douanes, les taxes et les impôts ont été des fonds sollicités pour y parvenir (Dikoumè, 2006, pp. 150-163). À défaut de lever directement les fonds, l'administration donnait une suite favorable au désir de certaines compagnies de transport d'investir directement leurs ressources dans la construction des routes Cameroun-AEF. Tel fut le cas avec la Compagnie Cotonnière Équatoriale Française (COTONFRAN) autorisée à effectuer des travaux de la route Garoua (Cameroun) – Bongor (Tchad) en 1930-1933 pour un coût de 500 000 Francs[104].

Le ralliement du Cameroun et de l'AEF à la France libre en 1940 perturbe leurs rapports financiers avec la métropole. En effet, ils ne sont plus, en théorie, sous le coup de la loi de l'autofinancement. Les deux territoires n'attendent plus une validation métropolitaine de leurs assiettes budgétaires. Cela se décide directement de Brazzaville où l'or est désormais concentré et fondu en lingots. La répartition budgétaire décidée sur cette lancée accorde 40 % au Cameroun et 60 % à l'AEF (Norodom Kiari, 2012, p. 78). Il faut attendre la fin de la guerre pour qu'un changement s'opère. En effet, l'Union française est instituée par la Constitution du 27 octobre 1946. Celle-ci consacre la participation des populations d'outre-mer à la vie politique (Bouche, 1991, pp. 394 et 399). Sur le plan économique et social, la loi du 30 avril 1946 créée le Fonds d'Investissement pour le Développement Économique et Social (FIDES) dont l'objectif est, comme l'indique son nom, de favoriser le financement et l'exécution matérielle des opérations (plans FIDES) destinés au développement économique et social des territoires d'Outre-Mer. C'est ainsi qu'à la faveur du premier

[103] ANY, APA 10020, Rapport annuel de la SDN, 1926.

[104] SANC, GG 521(2) – Transports, Lettres de l'Administrateur Directeur Général de la COTONFRAN à monsieur le Commissaire de la République Gouverneur du Cameroun et à monsieur le Lieutenant-Gouverneur du Tchad, 28 janvier 1933.

plan FIDES (1947-1957), il est prévu une enveloppe initiale de 1 480 000 000 Francs pour l'amélioration des moyens de transport et des voies de communication terrestres, maritimes et aériennes au Cameroun. Celle de l'AEF privilégie également l'équipement économique, 78 % du budget, par rapport à l'équipement social (Étoga Eily, 1971, pp. 503-504).

La dynamique de collaboration technique et de conjugaison des efforts financiers peut ainsi considérée comme partie intégrante de la généalogie des pratiques politiques intergouvernementales d'intégration régionale en Afrique centrale, du moins entre le Cameroun et voisins de l'AEF. Cette collaboration été indispensable à la construction du réseau dont l'avènement a suscité un second apport à la réalisation du projet colonial français de création d'un espace intégré entre ces deux territoires. Il s'agit du fait d'avoir impulsé une dynamique centripète à l'intégration économique dans la sous-région.

B / Des vecteurs d'une dynamique centripète de l'intégration économique

Les voies de commutation terrestres transfrontalières ont généré un schéma nouveau de circulation des biens et de certains facteurs de production. En effet, l'ensemble des territoires qui englobent le Cameroun et l'AEF, jusqu'à la fin du XIXe siècle, gravitaient autour des pôles commerciaux extérieurs du système régional esquissé avec la création des États coloniaux. Une bonne partie du Cameroun occidental commerçait avec l'Afrique de l'Ouest, le Nord et le Tchad avec le Sahel et le Sahara, le Congo et l'Oubangui-Chari avec l'Afrique de l'Est (Ki-Zerbo, 1978 ; Bouimon, 2001). *Grosso modo*, le territoire régional connu de nos jours était caractérisé par une dynamique centrifuge des échanges économiques entre les peuples. L'avènement d'un réseau combiné route-rail constitue à cet égard un tournant majeur dans la cristallisation de l'intégration économique entre l'Afrique Equatoriale Française et le Cameroun. Au lieu d'alimenter les réseaux commerciaux des territoires voisins, les flux économiques peuvent dorénavant circuler à l'intérieur d'une sorte de « circuit fermé » et encadré par une autorité politique unique. La repolarisation des échanges et la dynamique centripète de l'intégration économique entre l'Afrique Equatoriale Française et le Cameroun sont redevables aux infrastructures de transports terrestres transfrontaliers. Comme pour corroborer la théorie transactionaliste de l'intégration, cette dynamique a évolué d'un stade embryonnaire à un niveau plus dense, au prorata de la densification du réseau routier transfrontalier. L'évolution du réseau infrastructurel des transports terrestres entre le Cameroun et l'AEF éclaire cet argument.

Celui-ci est l'émanation d'une planification qui s'est ajustée progressivement en s'adaptant aux nécessités. L'on est passé de la quasi-inexistence de routes viables ou carrossables à la fin de la première Guerre mondiale à un réseau de trois axes composés de plusieurs itinéraires pour un total de six routes transfrontalières (deux par axe) entre le Cameroun et l'AEF. C'est l'aboutissement de la stratégie implémentée par la France pour construire un espace intégrant au sien d'une même juridiction économique : le Cameroun et l'AEF. De 1920 à 1960, cette stratégie a reposé sur une combinaison route-rail et s'articule en deux temps. D'une part, elle consiste à prolonger les voies ferrées laissées par les Allemands pour désenclaver le Tchad et l'Oubangui-Chari ; d'autre part la France engage aussi la construction du chemin de fer Congo-Océan (CFCO) appelée à être le terminal de convergence des routes entre le Cameroun, le Gabon et le Moyen-Congo.

Pour ce qui est du premier projet, au Cameroun, les travaux furent engagés en 1920. Le Chemin de fer du Centre (Douala – Éséka) laissé par les Allemands devait être prolongé jusqu'à Yaoundé, passer par Nanga-Éboko, Deng-Deng, puis Bendéré et Bongor au Tchad (Dikoumè, 2006, pp. 109, 112, 168-169). La France envisageait également de prolonger le chemin de fer du Nord arraché aussi aux Allemands. Cette voie, passant par l'Ouest-Cameroun, devait être prolongée jusqu'au Tchad pour donner accès au Fezzan. Mais à partir de 1922, les tensions entre l'administration coloniale et le sultan Njoya de Foumban (Abwa, 1994, pp. 207-221 et 768-784) empêchèrent son prolongement.

Le chemin de fer du Centre fut inauguré par Théodore Marchand, Commissaire de la France au Cameroun, en mars 1927 (Norodom Kiari, 2012, p. 169). À l'analyse, il prit six ans pour être réalisé à moitié (puisqu'il qu'il est censé aller jusqu'au Tchad). Néanmoins, il mit le port de Douala à la portée de l'Oubangui-Chari et du Tchad et réduit le temps nécessaire pour rallier Yaoundé et Douala. En AEF, le projet ferroviaire du CFCO démarra en 1921, mais se heurta au problème de main d'œuvre ainsi qu'à l'épaisseur de la forêt dense. Il ne fut inauguré qu'en juillet 1934 (Bouche, 1991, p. 193), soit treize ans après le début de la construction de ce réseau de transport destiné à fluidifier les échanges entre le Cameroun et l'AEF.

Face aux difficultés à réunir les ressources humaines, matérielles et financières, aucun projet de construction de chemins de fer interterritoriaux conçus par la France n'eut de suite concrète au-delà des années 1930. Pourtant, la France avait fondé beaucoup d'espoir sur la construction d'un réseau de chemin de fer susceptible de garantir à la fois à l'AEF et au Cameroun une robustesse économique certaine. En effet, l'invention de la locomotive au début du XIXe siècle constitua une révolution majeure dans le domaine du transport terrestre en général et de la mobilité des biens et des personnes en particulier. En favorisant le gain de temps, elle cristallisa des enjeux politiques. Le rail et la route reconfigurèrent les possibilités de connectivité territoriale et de domination économique sur de plus grands espaces. C'est avec ce précepte que les puissances européennes, en quête de matières premières pour l'industrie naissante, et aussi emportées par des élans impérialistes, débarquèrent sur les côtes africaines. L'entreprise coloniale s'apparentait en fait à une vaste opération de logistique consistant à transporter les richesses des territoires colonisés vers les métropoles (Hugon, 2003, p. 14). En Afrique Equatoriale, les chemins de fer s'affirment alors comme un outil de domination dès la fin du XIXe siècle, quand l'Allemagne conçoit son vaste projet d'exploitation de toute l'Afrique médiane dénommé *Mittel Afrika* (Stoecker, 1986, pp. 249-251).

En s'engageant sur les chemins de fer, la France comptait mettre ses territoires d'Afrique Equatoriale et du Cameroun à l'abri de l'attraction qu'exerçaient sur leurs économies les colonies voisines. Dans le cas d'espace, si le CFCO atténua la dépendance vis-à-vis du chemin de fer belge Léopoldville-Matadi, le Tchad demeurait vulnérable à l'égard des voies ferrées anglaises du Nigéria et du Soudan (Dikoumè, 2006, pp. 137-139). La France avait donc vu grand, mais n'avait pas les moyens de sa politique. Tout en s'agençant aux chemins de fer du Centre pour constituer les itinéraires complets (*hinterland* – côte), les routes carrossables, articulées en éventail à partir de Yaoundé, furent finalement les principales voies de communication terrestres transfrontalières qui permirent à la France de créer des couloirs de flux économiques entre le Cameroun et l'AEF.

À côté des chemins de fers, les bases de l'intégration physique et économique entre le Cameroun et l'AEF furent finalement jetées sur trois axes routiers transfrontaliers. Les deux premiers, dont la construction débute en 1924, étaient les axes dits de l'Est et du Nord. L'axe routier transfrontalier Cameroun-Oubangui-Chari (axe Est) comportait deux itinéraires : le premier était la route Yaoundé-Abong-Mbang-Doumé-Bertoua-Batouri-Kentzou (Cameroun) -Gamboula-Berbérati (AEF). Le deuxième était la route Yaoundé-Nanga-Éboko-Bertoua-Garoua-Boulaï (Cameroun) -Babou-Bouar-Baoro-Carnot-Mbaïki – Bangui. L'axe Yaoundé-Bangui fut inauguré le 7 juillet 1928 (Étoga Eily, 1971, 157-158, 438 et 441-443). En Oubangui-Chari, l'axe Est rencontra un réseau de routes assez riche, d'une longueur totale de 4 200 km dès 1927 (Gide, 1927, p. 67).

En ce qui concerne l'axe Nord-Cameroun-Tchad, il s'agissait pour la France de créer un corridor entre Douala à Fort-Lamy (actuel N'Djaména). Inscrite dans le même degré de priorité que l'axe Est, elle visait le désenclavement du Tchad. De 1920 à 1960, il était l'objet d'une série de travaux opérés par tronçons. Il convient à cet effet de préciser que l'axe Nord comportait deux itinéraires : le premier, passant par le Centre Cameroun était constitué de la route Douala-Yaoundé-Bertoua-Garoua-Boulaï-Ngaoundéré-Garoua-Fort-Foureau (actuel Kousseri Cameroun) - Fort-Lamy. Le second itinéraire transitant par l'Ouest Cameroun était quant à lui constitué de la route Douala-Nkongsamba-Bafang-Foumban-Banyo-Ngaoundéré-Garoua-Fort-Foureau et Fort-Lamy. Ngaoundéré apparaissait ainsi comme le point d'intersection des deux itinéraires. Les premiers travaux pour rendre cet axe routier carrossable furent effectués en 1925-1926 sur le tronçon Garoua-Maroua[105]. En pénétrant au Tchad, il se laissait accueillir par des travaux qui avaient été entrepris en prévision de son achèvement, comme la construction du corridor Pogo-Ham[106].

L'itinéraire de l'axe Nord passant par le Centre Cameroun rendu ainsi praticable fut inauguré le 7 juillet 1928. Au niveau local, elle permit à l'administration coloniale d'avoir une mainmise sur les régions traversées et de créer une liaison soutenue entre Maroua, important centre commercial et Garoua son principal exutoire en territoire camerounais. La route Ngaoundéré-Yoko, longue de 500 km, fut achevée en 1928 pour renforcer ce lien avec la région du Centre (Norodom Kiari, 2012, p. 159). Elle accrut par ailleurs l'attractivité du Sud-Est tchadien et permit de gagner en temps et met Fort-Lamy à 4 jours de Douala et renforça ainsi le trafic commercial entre le Cameroun et l'AEF (Kassambara, 2010, p. 303). Toutefois le handicap principal de l'axe en l'état fut qu'il était impraticable en saisons de pluies à cause des débordements des cours d'eau saisonniers. Le projet de route transfrontalière Garoua-Bongor fut conçu et réalisé en 1933 pour surmonter cette difficulté. Elle passait par Figuil et une fois au Tchad desservait Léré, Binder, Fianga, Pala et Bongor. Elle tenait lieu de seconde route transfrontalière entre le Cameroun et l'AEF au niveau du Tchad[107].

Les travaux de construction permettant de boucler le second itinéraire de l'axe Nord, passant par l'Ouest Cameroun, furent amorcés à la faveur de la Seconde Guerre mondiale. Il s'agissait, en effet, d'améliorer cet axe qui était la principale voie d'acheminement de l'effort de guerre du Cameroun (hommes et vivres) vers Fort-Lamy devenu centre de commandement de manœuvres militaires des Alliés en Afrique Equatoriale Française (Tchemo, 2004, p. 57). En territoire camerounais, la

---

[105]SANC, GG 511 – Travail et main-d'œuvre, Travail et main-d'œuvre indigène, Rapport, 8ème partie, 1932.

[106]SANC, GG 511 – Travaux Publics, Rapport de la mission d'études ferroviaires au Cameroun et dans le bassin du Tchad 1932 (par le Docteur H. Delinotte).

[107] SANC, GG 521(2) – Transports, T.O. n° 200 de Bonnecarrère au Gouverneur Général de l'AEF, 13 octobre 1933.

première intervention fut opérée avec la construction de la route Dikoa-Fort-Foureau (100 km) (INS, 1947, p. 6). La seconde démarra le 1er septembre 1943 sur le tronçon méridional de l'axe compris entre Foumban et Banyo. Entravé par l'indisponibilité de la main-d'œuvre et les conditions difficiles de travail, le chantier ne fut conduit à son terme qu'au début des années 1950[108]. La troisième vague des travaux sur l'axe Nord, entre 1948 et 1951, furent enfin effectués sur les routes Maroua-Mayo-Oulo-Pitoa, Garoua-Maroua et Figuil-frontière AEF[109]. Du côté du Tchad, des efforts furent fournis pour l'amélioration de l'axe Pala-Léré jusqu'à la frontière du Cameroun et se traduisirent par la construction des ponts entre Baïbokoum et Moundou et sur le Chari (Kassambara, 2010, p. 411).

De l'analyse qui précède ressort le fait que la France a consacré beaucoup d'énergie pour sortir l'Oubangui-Chari et le Tchad de l'enclavement. Le dédoublement des axes au niveau des frontières résonnait comme une précaution pour garantir en toutes saisons le transit entre le Cameroun et l'AEF. À l'égard du Gabon et du Moyen-Congo qui avaient un accès à la mer, l'attention ne fut pas pareille, même si l'on ne s'était pas éloigné de la nécessité de susciter et de maintenir des conditions matérielles indispensables aux échanges économiques transfrontaliers entre territoires. Ainsi, au lieu de la logique de deux routes par territoire limitrophe comme ce fut le cas avec le Tchad et l'Oubangui-Chari, c'est plutôt un seul axe qui fut construit pour assurer la jonction entre le Cameroun et ses voisins méridionaux de l'AEF. L'axe Sud Cameroun-Gabon et Moyen-Congo avait, en effet, un itinéraire sous la forme d'un « Y » renversé. L'artère principale était connectée au chemin de fer du Centre à Yaoundé et descendait jusqu'à Ébolowa où il bifurquait : le premier itinéraire longeait Sangmélima et Djoum, franchissait la frontière et entre au Moyen-Congo en passant par Souanké, Sembé et en allait jusqu'à Ouesso. Le second itinéraire

---

108 ANY, 1AC 22, Région Bamoun. Rapport annuel 1949, pp. 21 et 83 ; ANY, 1AC/538(9), Construction route Foumban-Banyo, 1950-1951.

109 ANY, 1AC 538(6), Avenant n° 1 au marché du 25 octobre 1948 passé avec Meunier pour la construction de 4 ponts sur la route Garoua-Maroua, 1948-1950.

quant à lui, allait vers le Gabon ; il quittait Ébolowa pour Ambam et se prolongeait jusqu'à la frontière camerouno-gabonaise. Les documents signalent les travaux de construction de la route Yaoundé-Sangmélima dès 1921 (Étoga Eily, 1971, pp. 440-442) ; tandis que ceux de la route Yaoundé-Sangmélima-Djoum-frontière Moyen-Congo s'intensifient en 1932-1933[110]. Pour ce qui est de la route transfrontalière Cameroun-Gabon, ils font état de la période 1929-1933 pour le tronçon Ambam-frontière Gabon. Ils affirment également qu'au-delà de la frontière, la route carrossable continuait sur Bitam, Oyem et Mitzic ; elle fut fonctionnelle dès mars 1933[111].

En se disposant sous forme d'un quadripode dont le nœud se trouve à Yaoundé, *de facto* devenu le « hub » du réseau routier intégrateur, les voies de communication terrestres transfrontalières (combinaison routes-rails) pourvoyait le territoire régional de vecteurs matériels indispensables à la mobilité des biens et des services de production. En considérant que le second itinéraire de l'axe Nord (celui transitant par l'Ouest Cameroun) ne fut complété qu'assez tardivement, le quadripode disposait d'une tige principale qu'est le chemin de fer Douala-Yaoundé. Autour de Yaoundé, se disposaient en éventail trois axes routiers transfrontaliers dont les itinéraires majeurs ont été indiqués plus haut. L'on note en somme qu'au début des années 1950, l'axe Nord restait le plus important en territoire camerounais avec un total de 2 188 km de routes. Il était suivi par l'axe Est qui totalisait un réseau de 813 km au Cameroun. L'axe Sud, qui assurait la jonction avec des territoires qui ne souffraient pas d'enclavement, terminait le podium de trois avec 708 km[112]. La disproportion entre ces longueurs totales trouve des explications aux confins de plusieurs facteurs associés : les difficultés à percer la forêt équatoriale, ce qui n'est pas le cas avec la savane ; les nécessités du désenclavement des territoires

---

[110] SANC, GG 100 – Relations Cameroun-AEF, Route Ouesso – Lingoué – Sembé – Souanké – Cameroun, 1932.

[111] ANY, 2AC 3807, Route Ambam-Gabon, 1929; SANC, GG 521(2) – Transports, Programme routier commun Cameroun-AEF, 1933.

[112] ANY, 1AC 539(11), Territoire du Cameroun – Service du Plan. Signature du Haut-Commissaire, Inventaire des routes, 1952.

aériens qui en souffrent, ce qui n'est forcément le cas pour le Gabon et le Moyen-Congo ; le nationalisme dans le Sud-Cameroun à partir des années 1955, situation non sans incidence sur les réalisations économiques.

Néanmoins, ce quadripode a certes nécessité plusieurs décennies de labeur et de dépenses, mais au finish dota l'inter-espace Cameroun-AEF d'un réseau centripète pour la mobilité des facteurs de productions et des richesses. C'est une expérience inédite qui permit à la sous-région de disposer pour la première fois dans son histoire contemporaine d'une base logistique cohérente à grande échelle.

C / Base logistique des flux économiques transfrontaliers

Au-delà du fait d'être le vecteur d'une polarisation économique nouvelle en Afrique et partant, un facteur d'aménagement du territoire sous-régional, les voies de communication terrestres transfrontalières ont servi de base logistique aux flux économiques transfrontaliers entre le Cameroun et l'AEF. Rappelons en effet que, selon la théorie transactionaliste, les liens intégrateurs se développent avec l'accroissement des transactions (ou des communications) entre les sociétés ou entités territoriales (Smouts, Battistella et Vennesson, 2006, p. 294). Ainsi, les infrastructures de transport terrestres construites entre le Cameroun et l'AEF ont joué un rôle de fluidisation et d'intensification des échanges ; un rôle qui a bien été indispensable pour qu'il eût été possible de parler d'intégration économique entre les deux territoires dès cette époque. Il suffit, pour s'en convaincre, de s'intéresser aux caractéristiques qualitatives et aux dynamiques quantitatives du transport et des échanges entre le Cameroun et l'AEF de l'entre-deux-guerres à la veille des indépendances.

La première caractéristique des flux économiques transfrontaliers favorisés par les voies de communication terrestres Cameroun-AEF était la diversité des produits et une tendance à la spécialisation des couloirs ou des corridors commerciaux. Chaque axe permettait en effet d'évacuer en direction de la métropole un type ou un groupe de richesses données, en fonction du biotope de la zone de départ. Ceux qui empruntaient l'axe Nord en direction du Sud pour se retrouver à Douala provenaient de divers produits agro-alimentaires d'exportation dont le coton, l'arachide, le riz et le bétail. Entre 1948 et 1960, le Tchad exporta, via le Cameroun environ 7 946 têtes de bovins et 13 693 ovins (Kassambara, 2010, p. 526). L'axe Est était le couloir d'acheminement d'un éventail de cultures de rentes développées à l'Ouest de l'Oubangui-Chari : le coton, le riz, le maïs, le tabac, l'arachide, l'huile de palme[113]. Elle captait aussi, en partage avec l'itinéraire Yaoundé-Ébolowa-Sangmélima-Sembé-Ouesso de l'axe Sud, le caoutchouc de la partie septentrionale du Moyen-Congo (Haute-Sangha) et du Sud-Est Cameroun (Étoga Eily, 1971, pp. 157-158, 438 et 441).

L'autre itinéraire de l'axe Sud, avec le Gabon, permettait d'acheminer vers Douala des produits du septentrion gabonais tels que le cacao ou le café. Ces produits venant d'ailleurs s'additionnaient à ceux dont regorgeait le Cameroun pour former un faisceau de richesses toujours plus important en terme de volume au fur et en mesure que l'on s'acheminait vers Douala ou subsidiairement vers Kribi où se trouvait un port secondaire aménagé par les Allemands[114]. L'axe Cameroun-Gabon drainait ainsi sur Kribi un volume total de productions évaluées ainsi qu'il suit en 1929 : Ambam (1500 tonnes), Ébolowa (10 000 tonnes), Akom et Ébenvock (500 tonnes). À son ouverture en 1933, cette route permettait de réaliser une économie globale sur les transports de près de 8,6 millions francs et drainait un supplément de recettes douanières de 12,7 millions francs (Norodom Kiari, 2012, p. 162).

Le second élément à relever concernant le rôle de base logistique qu'ont joué les infrastructures de transport est celui de

---

[113] SANC, GG 511 – Travail et main-d'œuvre, Notes sur la Sangha et l'Ékéla, mai 1944.

[114] Grâce à sa diversité agro-écologique, le Cameroun exporte entre autres : le coton, l'arachide, le riz, le bétail, le cacao, le café, la banane, l'hévéa (ANY, APA 10432, Région du Mandara-Étude demandée par lettre-circulaire n° 6 de M. le Haut-Commissaire de la République, 1936 ; ANY, APA NF81-3, État de la production, de la commercialisation et des exportations-Arrêté du Min. des Travaux Publics, des Transports et du Tourisme, 1951).

l'orientation monodirectionnelle des flux économiques entre le Cameroun et l'AEF. En effet, le réseau infrastructurel de transports terrestres construit par la France entre ces deux territoires s'inscrivit, malgré tout, dans la logique d'une économie de traite qui ne favorisa les exportations les ressources économiques des deux territoires que vers la métropole. Cela signifie, en ce qui concerne notamment les matières premières, que très peu étaient exportées du Cameroun vers les territoires voisins de l'AEF (Tchad, Oubangui-Chari, Gabon, Moyen-Congo). En revanche, celles des territoires enclavés (Oubangui-Chari et le Tchad) étaient constamment en transit sur le sol camerounais pour être évacué par Douala. Un déterminisme auquel échappaient les territoires disposant d'un port (Port Gentil pour le Gabon, Pointe Noire pour le Moyen-Congo) à partir duquel ils pouvaient exporter une grande partie de leurs produits vers la métropole. La configuration réticulaire des infrastructures de transport terrestre avait été conçue à cette fin. En effet, Raphaël Antonetti, Gouverneur Général de l'AEF, relevait à juste titre en janvier 1934, exception faite de l'axe Est Cameroun-Oubangui-Chari que « le réseau routier est constitué par de longues pistes rarement coupées par des transversales »[115].

Cette configuration trahissait l'intention de la France de faire converger le plus directement possible les voies de communication vers les côtes pour garantir les intérêts commerciaux de la métropole. Les statistiques du trafic sur quelques tronçons des axes routiers Cameroun-AEF entre mars et avril 1951 attestent en effet que plus l'on se déplace de l'AEF vers Douala, plus les chiffres sont importants. Au cours de cette période, l'administration coloniale française fit entrer un total de 664 véhicules sur les tronçons Bama-Maroua, Garoua-Maroua et Bénoué-Maroua de l'axe Nord ; 1 356 au niveau du passage de Yoko et les tronçons Yaoundé-Bertoua-Batouri et Bertoua-Abong-Mbang de l'axe Est ; et 1 291 sur les trajets Ébolowa-Mbalmayo, Ébolowa-Ambam et Ambam-Gabon[116]. Or, rien que sur le pont du Wouri, fleuve à l'embouchure duquel se trouve le

[115]SANC, GG 521(2) – Transports, Enquêtes sur les autoroutes, 1934.
[116]ANY, 1AC 539(11), Territoire du Cameroun – Service du Plan. Signature du Haut-Commissaire, Inventaire des routes, 1952.

rot de Douala, c'est un total de 13 574 véhicules environ qui était comptabilisé durant ce même intervalle [117]. Ces statiques prouvent que non seulement les voies de communication transfrontalières créées par la France contribuait à la vulgarisation progressive du transport motorisé au niveau sous-régional comme moyen logistique d'évacuation des matières premières, mais aussi que le trafic devenait intense au fur et à mesure que l'on quittait l'*hinterland* aéfien pour le littoral camerounais, point de départ des matières premières vers la France. La logique d'extraversion commerciale, contre-productive pour la sous-région, qui domine les dynamiques contemporaines de l'intégration économique en Afrique trouverait ses marques depuis cette époque.

Conclusion

En dernière analyse, il ressort que les jalons du processus d'intégration économique entre le Cameroun et l'Afrique Equatoriale Française ont été posés sur les infrastructures de transport terrestre. Le fait que le Cameroun jouisse d'un statut international particulier (mandat, puis tutelle) a, obligé la France à recourir à d'autres artifices et moyens (politiques, administratifs, juridiques et économiques) pour réaliser son projet de fédération économique entre le Cameroun et l'AEF. Entre ces deux entités qui constituent aujourd'hui le noyau central de la Communauté Économique et Monétaire de l'Afrique Centrale (CEMAC), l'intégration a été implémentée au moins d'une triple façon. D'une part, la construction des voies de communication a fourni un objet de collaboration technique et administrative et de prise en charge partagée des dépenses nécessaires au projet de fédération économique. D'autre part, elle a donné une politique nouvelle, centripète, aux courants commerciaux susceptibles d'avoir cours sur l'ensemble du territoire formé par ces deux territoires. Enfin, les voies de communication ont servi de leviers, de base logistique à la circulation des biens, chose qui est un aspect indispensable à tout processus d'intégration économique.

---

[117] Ibid.

Dès lors, en considérant que l'intégration économique demeure « la meilleure réponse à la mondialisation économique et la voie pour l'obtention d'une croissance et d'un développement économique durable » (N'Kodia, 1999, p. 7), l'on peut affirmer que les infrastructures de transport sont en mesure de donner une consistance matérielle au processus d'intégration économique, pour autant qu'ils s'inscrivent, tant soit peu, dans les priorités de dirigeants. L'expérience de la France, brossée dans cette étude, révèle en effet qu'en dépit des contradictions (laissez-passer, loi-cadre, etc.) et du caractère approximatif (pistes essentiellement carrossables) état et les mauvaises conditions de transport, les voies de communication ont cristallisé des dynamiques favorables au processus d'intégration économique entre le Cameroun et les différents territoires voisins de l'AEF. Une intégration cherchant à se donner corps via la réalisation des projets (infrastructures de transport ou toute autre réalisation à caractère communautaire) aurait des chances d'être plus effective, au-delà des discours politiques, somme toute stériles quand ils ne sont talonnés de transformations palpables. Les décideurs contemporains pourraient ainsi accorder plus d'importance au développement des infrastructures de transport tout en prenant, d'emblée, des mesures pour surmonter les obstacles habituels au processus d'intégration en Afrique centrale.

Sources et références bibliographiques

I – Archives

Archives Nationales de Yaoundé (ANY), 1AC 22, Région Bamoun. Rapport annuel 1949.

ANY, 1AC 538(6), Avenant n° 1 au marché du 25 octobre 1948 passé avec Meunier pour la construction de 4 ponts sur la route Garoua-Maroua, 1948-1950.

ANY, 1AC 539(11), Territoire du Cameroun – Service du Plan. Signature du Haut-Commissaire, Inventaire des routes, 1952.

ANY, 2AC 3807, Route Ambam-Gabon, 1929.

ANY, APA NF81-3, État de la production, de la commercialisation et des exportations-Arrêté du Ministère des Travaux Publics, des Transports et du Tourisme, 1951.

ANY, APA 10020, Rapport annuel de la SDN, 1926.

ANY, APA 10432, Région du Mandara-Étude demandée par lettre-circulaire n° 6 de M. le Haut-Commissaire de la République, 1936.

Service des Archives Nationales du Congo (SANC), GG 100 – Relations Cameroun-AEF, Route Ouesso – Lingoué – Sembé – Souanké – Cameroun, 1932.

SANC, GG 511 – Travail et main-d'œuvre, Travail et main-d'œuvre indigène, Rapport, 8e partie, 1932.

SANC, GG 511 – Travaux Publics, Rapport de la mission d'études ferroviaires au Cameroun et dans le bassin du Tchad 1932 (par le Docteur H. Delinotte).

SANC, GG 519 – Transport, Navigation fluviale sur l'Oubangui : notes, rapports, marché de gré à gré.

SANC, GG 521(2) – Transports, Lettres de l'Administrateur Directeur Général de la COTONFRAN à monsieur le Commissaire de la République Gouverneur du Cameroun et à monsieur le Lieutenant-Gouverneur du Tchad, 28 janvier 1933.

SANC, GG 521(2) – Transports, Programme routier commun Cameroun-AEF, 1933.

SANC, GG 521(2) – Transports, Suite T.O. n° 37, Compte rendu à monsieur le Gouverneur, Chef du territoire du Tchad, février 1940.

SANC, GG 521(2) – Transports, T.O. n° 200 de Bonnecarrère au Gouverneur Général de l'AEF, 13 octobre 1933.

II - Ouvrages

Abwa D. (2010), *Cameroun : histoire d'un nationalisme (1884-1961)*, Yaoundé, Clé.

Bouche D. (1991), *Histoire de la colonisation française. Tome second : flux et reflux (1815-1962)*, Paris, Fayard.

Commission Économique pour l'Afrique, Union Africaine et Banque Africaine de Développement (2016), *Indice de l'intégration régionale en Afrique : rapport 2016*, Addis-Abeba/Abidjan, CEA, UA et BAD.

Communauté Économique et États de l'Afrique Centrale (2007), *Vision stratégique de la CEEAC à l'horizon 2025*, Libreville, CEEAC.

Deutsch K. (1954), *Political Community at the International Level*, Garden City, Doubleday & co.

Éyélom F. (2003), *Le partage du Cameroun entre la France et l'Angleterre,* Paris, L'Harmattan.

Gide A. (1927), *Voyage au Congo : carnets de route*, sl.

Hugon P. (2003), *L'économie de l'Afrique*, Paris, La Découverte, 4e édition.

Institut National de la Statistique (1947), *Annuaire statistique du Cameroun. Volume I, 1939-1945*, Paris, Imprimerie Nationale.

N'Kodia C. (1999), *L'intégration économique : les enjeux pour l'Afrique centrale*, Paris, L'Harmattan.

Ndam Njoya A. (1976), *Le Cameroun dans les relations internationales*, Paris, LGDJ.

Norodom Kiari J.-B. (2012), *L'intégration régionale en Afrique centrale (1916-1960) : une analyse des jalons posés par la France*, Paris, L'Harmattan.

Oyono D. (1992), *Colonie ou mandat international ? La politique française au Cameroun de 1919 à 1946*, Paris, L'Harmattan.

Smouts M-C. Battistella D. et Vennesson P. (2006), *Dictionnaire des relations internationales,* Paris, Dalloz, 2e édition.

Tamekamta A. Z. (2011), *Le Cameroun à l'UDÉAC : bilan et perspectives d'une gestion administrative contestée à l'ère du Renouveau*, Paris, L'Harmattan.

Tchemo H. M. (2004), *La Francophonie de sang, 1940 : aperçu sur l'effort de guerre en Afrique centrale (AEF-Cameroun)*, Yaoundé, Clé.

Tshiyembe M. (2012), *Régionalisme et problèmes d'intégration économique : ALENA, MERCOSUR, Union européenne, Union Africaine*, Paris, L'Harmattan.

III - Articles

Balassa B. (1976), « Types of Economic Integration », in Machlup F. (ed.), *Economic Integration: Worldwide, Regional, Sectorial*, Barcelona, International Economic Association, pp. 17-40.

Bouimon T. (2001), « Les échanges commerciaux et culturels entre la région du Tchad actuel et le Nord du Cameroun avant l'arrivée des Européens », in Abwa D. et al. (eds.), *Dynamiques d'intégration régionale en Afrique centrale,* tome 1, Yaoundé, PUY, pp. 83-106.

Cincera M. (sd.), « Économie de l'intégration européenne », https://www.homepages.ulb.ac.be/eie, consulté le 16 mai 2020.

Frey T. (2015), « Voies de communication », *Dictionnaire historique de la Suisse*, http://www.hls-dhs-dss.ch/textes/f/F7958.php, consulté le 22 août 2018.

Haas E. (1963), « International integration. The European and the universal process », in Haas E. et al., *Limits and Problems of European Integration*, The Hague, Springer, pp. 6-36.

Koulakoumouna É. (2012), « Transport routier et effectivité de l'intégration régionale : enjeux et contraintes pour le développement durable au sein de la CÉMAC », *Humanisme et Entreprise*, n° 309, pp. 61-84.

Mvelle G. (2009), « La CÉMAC à la recherche d'une introuvable nature théorique », *Revue Africaine d'Études Politiques et Stratégiques de l'Université de Yaoundé II*, n° 6, pp. 61-79.

Nkoa F.C. (2010), « Marché commun et intégration en Afrique centrale : le défi de la rationalisation des Communautés Économiques Régionales (CERs) », *Enjeux*, n° 42, pp. 68-69.

Norodom Kiari, J.-B. (2009), « À propos de l'échec du projet colonial d'intégration régionale en Afrique centrale : 1916-1960 », *Nka' – Revue interdisciplinaire de la Faculté des Lettres et Sciences Humaines de l'Université de Dschang*, n° 8, pp. 303-318.

Stoecker H. (1986), « The quest for "German Central Africa" », in Stocker H. (ed.), *German Imperialism in Africa: From the Beginnings until the Second World War*, Berlin, Akademie-Verlag Berlin, pp. 249-262.

IV - Thèses et mémoire

Abwa D. (1994), « "Commandement européen" - "commandement indigène" au Cameroun sous administration française de 1916 à 1960 », thèse de Doctorat d'État en Histoire, Université de Yaoundé I.

Dikoumè A. F. (2006), « Les travaux publics au Cameroun sous administration française de 1922 à 1960 : mutations économiques et sociales », thèse de Doctorat d'État en Histoire, Université de Yaoundé I.

Kassambara A. A. (2010), « La situation économique et sociale du Tchad de 1900 à 1960 », thèse de Doctorat en Histoire, Université de Strasbourg.

Njanke Tatchou M. (2008), « Transports et échanges commerciaux dans les pays de la CÉMAC », mémoire de Diplôme d'études supérieures spécialisées (DESS) en Économie des transports et logistique des échanges, Université de Yaoundé II-Soa.

L'évolution des structures du syndicat agricole africain de Côte d'Ivoire (1944-1960)

Joseph Kobi Abo
Département d'Histoire
Université Alassane Ouattara (Côte d'Ivoire)
josephkobi@uao.edu.ci

Résumé :

Créé en 1944, le Syndicat Agricole Africain de Côte d'Ivoire se dota d'un bureau central, l'interface entre les planteurs africains, l'administration et les maisons de commerce. Afin d'être plus proches des paysans et répondre à leurs aspirations, les statuts du Syndicat autorisèrent la mise sur pied des délégations régionales et des points focaux pour la mise en œuvre de ses objectifs. Cette structure s'appuya sur des ressources financières qui émanaient particulièrement des planteurs locaux pour financer les activités en rapport avec leur vie. Ainsi, au vu de ces multiples charges, l'organisation paysanne connut une évolution qui témoigne de son dynamisme, signe de son importance dans la vie économique, voire politique de la colonie.

Mots clés : Syndicat – Paysan – Structure – Délégation - Côte d'Ivoire

Abstract

Created in 1944, the African Agricultural Syndicate of Ivory Coast has set up a central office, an interface between African planters, the administration and trading houses. In order to be closer to peasants and meet their aspirations, the union statutes authorized the setting up of regional delegations and focal points for the implementation of its objectives. This structure relied on financial resources which came particularly from planters, to finance activities related to their live. Thus, in view of these multiple activities, the peasant organization experienced an evolution which testified its dynamism, a sign of its importance in the economic and even political life of the colony.

Keywords : Union – Farmer – Structure – Delegation - Ivory Coast

Introduction

Les cultures d'exportation furent introduites en Côte d'Ivoire au XIXe siècle. Le café connut un début avec Verdier dès 1880. Après la pacification du territoire sous le gouverneur Angoulvant, la culture du café et du cacao s'imposa aux Africains. Pour ce gouverneur comme le note Sawadogo (1976, p.242), il fallait « contribuer à la prospérité de la France en offrant des débouchés pour son commerce et en lui fournissant en retour des denrées coloniales. »

Pour atteindre ces objectifs, plusieurs moyens furent utilisés par le colonisateur, notamment le travail forcé, la répression des masses et d'autres mesures. L'administration coloniale jeta son dévolu sur la Société Indigène de Prévoyance (SIP). Cette institution fut chargée de l'encadrement des paysans africains pour parer à leur « imprévoyance ». Elle ne répondit malheureusement ni à l'attente des autorités coloniales ni à l'aspiration des Africains. Le Syndicat agricole mixte créé en 1937[118] ne sut pas prendre en charge les revendications des Africains à cause de la discrimination en son sein. Ce qui poussa les Africains à créer en 1944 le Syndicat Agricole Africain de Côte d'Ivoire (SAACI), composé exclusivement de planteurs africains. Pour sa bonne marche, le syndicat mit sur pied une structure de fonctionnement afin de mieux répondre aux vœux de ses adhérents. Ainsi, en plus de l'organigramme, le syndicat s'appuya sur les cotisations pour que se réalisassent les objectifs recherchés par le SAACI.

Cette étude projette de révéler comment l'évolution des structures du SAACI impacta le fonctionnement du syndicat, voire la vie des syndiqués.

Pour mieux appréhender l'évolution structurelle du SAACI de 1944 à 1960, il est judicieux d'analyser son fonctionnement à travers son organigramme et recourir à ses ressources financières, fondement de la bonne marche du syndicat de 1944 à 1960, cadre chronologique de notre étude. Si 1944 marque l'année de la création du Syndicat, 1960quant à elle correspond

---

[118] Appelé aussi Syndicat agricole de Côte d'Ivoire, il regroupait les planteurs Européens et les gros planteurs africains.

à la fin de son existence avec la prise du pouvoir politique par ses dirigeants à l'accession de la Côte d'Ivoire à l'indépendance.

Les questions posées plus haut nécessitent de recourir aux sources d'archives de la Fondation Houphouët-Boignyqui mettent un point d'honneur sur les fonds d'archives du Syndicat Agricole Africain de Côte d'Ivoire. En outre, les ouvrages et articles de revues en rapport avec la question ont fait l'objet de consultation. L'étude est orientée selon trois axes. Elle analyse le rôle et l'évolution du comité central, ensuite l'impact des délégations régionales sur l'action syndicale et, enfin, l'examen des finances du syndicat en rapport avec ses objectifs.

I / Le comité central : l'organe de décision et d'orientation du SAACI

Le comité central est l'organe de décision et d'orientation du SAACI. Il se situait au sommet de l'organigramme syndical et était essentiellement composé de grands planteurs africains[119].

A / Les différentes missions du comité central et les objectifs du SAACI

Conformément aux statuts « l'assemblée générale du syndicat désigne par vote au scrutin de liste un conseil d'administration composé de sept membres » (Cf. SAACI, Article 5). Ce principe statutaire confère au comité central issu du vote une légitimité pour la mise en œuvre des objectifs du syndicat. La défense des intérêts des planteurs africains passe par une mobilisation de tous. Par conséquent, le comité central avait pour mission d'œuvrer, par son dynamisme, au regroupement des planteurs africains afin de mieux défendre leurs intérêts. Pour y parvenir, le comité eut recours à des actions d'ensemble pour assoir son autorité. La quête d'un nombre important de syndiqués était destinée à une gestion efficiente des planteurs africains.

À cet effet, une politique volontariste fut engagée par le bureau central pour susciter l'adhésion des planteurs au syndicat.

---

[119] Cette configuration du bureau central et l'origine des membres fondateurs ont fait dire que le SAACI est le syndicat des grands planteurs (Cf. SAACI, Article 4).

Mais cette association de planteurs ayant, pour but la défense des intérêts économiques de ses membres, se heurta à une barrière tribale. Malgré les bonnes intentions du SAACI[120], l'existence des syndicats rivaux et les antagonismes ethniques ne permirent pas au SAACI d'être le seul et unique représentant des planteurs africains de Côte d'Ivoire. Ainsi, comme le soulignent Faure et Médard(1982, p.128), « le pays agni, bien que représentant 53 % de la production du café et du cacao ne fournissait que 10 % des membres du SAACI. » Ces chiffres montrent bien que les planteurs agni étaient insensibles à la propagande du SAACIà cause de la rivalité entre Agni et Baoulé[121].

Cette situation n'empêcha pas le comité central du SAACI de lutter pour une cohésion interne à cause des querelles intestines patentes. À ce propos l'exemple de M'Bahiakro fut une illustration appropriée pour comprendre l'importance de la discipline dans la marche du syndicat et du rôle qui incomba au bureau central pour instaurer l'ordre. Le comité central fut prévaloir son autorité pour que la division ne prospérât pas, malgré le mécontentement des syndiqués de la région[122]. La fermeté du bureau central permit de ramener la cohésion au sein de la famille syndicale. L'action du comité central se justifia par sa volonté de ne pas voir les syndicats rivaux, comme celui des

---

[120] Les intentions du Syndicat, créé en 1944, se résument à la réalisation des objectifs qui sont : la lutte pour la liberté du travail et la revalorisation des prix des produits agricoles.

[121] Les Agni furent essentiellement membres du Syndicat des Planteurs et Éleveurs Africains de Côte d'Ivoire, section syndicale du Parti Progressiste .Ce parti étant solidement implanté en pays agni, il était difficile au SAACI de recruter dans cette région.

[122] À M'Bahiakro, il fut reproché à jean Tanoh de s'occuper plus de ses propres affaires, au lieu de se mettre au service des paysans. Par conséquent, sa révocation était demandée par les chefs traditionnels, tandis que des planteurs étaient opposés à cette destitution qu'ils considéraient comme une conspiration montée par les chefs de cantons. Malgré leur menace de retrait, Edmond Bétis élu auparavant fut confirmé dans ses fonctions de délégué en remplacement de Jean Tanoh par le président du SAACI (Cf. Fondation Houphouët-Boigny, Archives du SAACI : Lettre du Président du SAACI au planteur Jean Tanoh, 22 Juin 1946).

Planteurs et Éleveurs Africains de Côte d'Ivoire, récupérer ce mécontentement pour assoir leur hégémonie dans la région.

Par ailleurs, le comité central, cerveau du SAACI, se voulut le porte-voix des adhérents. Il fut par conséquent chargé de veiller sur les intérêts des membres. (cf. SAACI, Article 5). Il canalisa l'aspiration des planteurs africains pour les porter à la connaissance de l'administration coloniale. Dans la lettre adressée au gouverneur Latrille pour l'approbation du Syndicat Agricole Africain de Côte d'Ivoire, Félix Houphouët-Boigny affirma en 1944 : « Il nous reste donc à assumer nous-mêmes la défense de nos intérêts. Nous examinerons avec l'administration la meilleure façon de maintenir notre production tout en facilitant la liberté du travail[123] ». Par ailleurs, il justifia cette action en ces termes :

> Négligés tour à tour par la Chambre d'Agriculture et par le récent syndicat des planteurs de la Côte d'Ivoire auquel la plupart d'entre eux ont adhéré, les planteurs africains habitant la colonie ont décidé d'assurer désormais eux-mêmes la défense de leurs intérêts. Aussi ai-je l'honneur de solliciter de votre haute bienveillance l'approbation des statuts du Syndicat Agricole Africain de la Côte d'Ivoire qu'ils viennent à cet effet de créer[124].

La volonté de se prendre en charge traduit le ras-le-bol des planteurs africains face aux injustices dont ils furent victimes. Les produits africains furent dépréciés. Le café et le cacao des plantations européennes furent considérés comme provenant de

---

[123] Fondation Houphouët-Boigny, Archives du SAACI : Houphouët Félix, président du Syndicat Agricole Africain de la Côte d'Ivoire au Gouverneur de la Côte d'Ivoire, le 10 juillet 1944.

[124] Le 10 juillet 1944,au lendemain de la Conférence de Brazzaville, le planteur Houphouët Félix, président du SAACI adressa une note au gouverneur de Côte d'Ivoire ,André Latrille. Il décrit les injustices subits par les planteurs Africains pour solliciter la reconnaissance du syndicat et permettre aux planteurs africains de lutter pour la défense de leurs intérêts. (Cf. Fondation Houphouët-Boigny, Archives du SAACI : Houphouët Félix, président du Syndicat Agricole Africain de la Côte d'Ivoire au Gouverneur de la Côte d'Ivoire, le 10 juillet 1944).

cultures entretenues et les produits des Africains furent considérés comme issus de la cueillette. L'exploitation des planteurs africains conduit leurs homologues européens à acheter leurs produits qu'ils firent passer pour leurs productions afin de vendre à un prix élevé. La discrimination s'accentua avec la prime d'entretien. À cet effet, l'Européen recevait 1000f à l'hectare comme prime d'entretien, tandis que l'Africain percevait que 500 francs[125].

La naissance du syndicat exprimait également la ferme volonté des Africains de lutter pour la liberté de travail et la juste rémunération des produits des Africains par les moyens légaux. Elle exclut, par conséquent, en son sein les Européens selon les recommandations des statuts du Syndicat [126] .Ces différentes missions furent exécutées par les bureaux successifs.

B / Les changements dans le fonctionnement du comité central

Le premier bureau mis sur pied le 3 septembre 1944, au lendemain de la création du syndicat, répondait à l'article 5 des statuts. Il était présidé par Houphouët-Boigny, planteur à Yamoussoukro. Dans ce premier bureau, on retrouvait tous les membres fondateurs du SAACI [127], à l'exception de Fulgence Brou[128].La désignation d'Houphouët-Boigny ne fut pas facile. Elle survint à la suite d'âpres discussions, selon les révélations de Marcel Laubhouet :

---

[125] Joseph Anoma, ancien Président du SAACI, ancien ministre de l'agriculture, ancien Grand Chancelier de l'Ordre National né en 1895.Entretien réalisé le 2 mai 1983 à Abidjan-Cocody.

[126] Extrait des statuts du SAACI ; Article 2° : « Pourront faire partie de ce Syndicat les Africains et Africaines d'origine, possédant en Côte d'Ivoire une plantation de cultures vivrières ou industrielles supérieures à celles correspondant à leurs besoins familiaux ».

[127] Les membres fondateurs sont : Joseph Anoma, Felix Houphouët, Lamine Touré, Djibril Diaby, Kouamé N'guessan, Gabriel Dadié, Fulgence Brou et Georges Kassi.

[128] Son âge élevé (62ans) et la fatigue endurée suite aux nombreuses missions (Bobodioulasso, Ouagadougou, Korhogo et Bondoukou) pourrait expliquer sa mise en retrait du bureau. Il fit cependant son entrée au bureau comme trésorier en 1956, en remplacement de Georges Kassi.

Il fallait désigner un président et ce n'était pas facile. Ce fut Houphouët qui demanda à Gabriel Dadié qui était notre Doyen d'accepter cette présidence. Mais Dadié répondit : « Non Houphouët, tu as, quoique jeune, plus d'expérience que nous ; tu es plus assis ; tu as des possibilités ; tu es chef traditionnel ; comme médecin, tu as une bonne réputation ; tu es le meilleur de ta génération et en raison ton honnêteté, tu es très écouté des planteurs, de la plupart des commerçants et des transporteurs. C'est donc à toi que revient l'honneur d'être président. Moi Dadié qui parle plusieurs langues, je serai secrétaire à la propagande ». Monsieur Houphouët, poursuit Monsieur Laubhouet, demanda alors le poste de secrétaire administratif. Mais, lors de notre réunion consultative, le 3 septembre 1944, il (Houphouët) fut élu et acclamé à l'unanimité comme président[129].

Dans ce bureau élu en 1944, on notait la présence de membres qui ne furent pas fondateurs du Syndicat. Il s'agit du prince Kouamé Adingraet Seyni Gueye, comme présidents d'honneur et Marcel Laubhouet, secrétaire général de l'organisation. Mais en 1947[130], Houphouët-Boigny devint président d'honneur et fut remplacé au poste de président du syndicat au profit de Joseph Anoma. Devenu député à l'Assemblée constituante, Houphouët-Boigny ne pouvait pas cumuler les deux fonctions.

La mise sur pied du bureau de 1947 entérina le départ définitif de Kouamé N'guessan du syndicat. Faut-il voir déjà une divergence au sein des fondateurs ? On serait tenté de répondre

[129] En hommage au combat d'Houphouët-Boigny et de ses camarades, M. Loua Diomandé, ministre délégué à la Fonction Publique et à l'Information, avait réuni, à l'occasion de l'inauguration du Boulevard André Latrille à Cocody en 1964,autour du gouverneur français, devant les caméras de la télévision et les micros de la radiodiffusion de Côte d'Ivoire quelques-uns de la geste du syndicat agricole africain et du PDCI (Cf. *Fraternité Hebdo*, n° 250 « La geste du Syndicat Agricole Africain » ,7 février 1964,p.6.)

[130] Bureau élu en 1947 : Houphouët Boigny, président d'honneur, Joseph Anoma, président ; Gabriel Dadié, vice-président ; Lamine Toure, vice-président ; Georges Kassi, trésorier ; Jules Koffi, secrétaire administratif ; Djibril Diaby, secrétaire archiviste

par l'affirmative si l'on se réfère aux propos de Brou Gustave[1]. Celui-ci affirma que Kouamé N'guessan, appelé par Houphouët pour faire le contrepoids au nombre important des Agni, fut qualifié de traître à la cause commune par Houphouët lui-même. Mais Brou Gustave ne dit pas l'objet réel de cette accusation portée contre Kouamé N'guessan[2]. Ce dernier n'a-t-il pas emprunté le chemin de l'opposition à Houphouët-Boigny comme Koba Kouamé, délégué du SAACI à Toumodi et chef des Nanafoués ? La déclaration decelui-ci, devant la commission Damas, après la dure répression coloniale conduit par le gouverneur Laurent Péchoux de 1946 à 1950, donne une idée sur les divergences qui minent le fonctionnement du SAACI :

> Après les élections législatives de 1946, grisé par les acclamations d'une population ignorante et par conséquent inconsciente de ce qu'elle faisait, Houphouët-Boigny s'était laissé entrainer dans les flots d'une ambition sans mesure. Depuis lors j'ai vu l'homme jeter son masque pour prendre son vrai visage que j'ignorais[3].

Le bureau de SAACIconnut une modification en 1956 à la faveur de la démission en 1952 de l'un de ses fondateurs, George Kassi[4]. Après avoir expliqué son rôle dans la mise sur pied et le

---

[1] Brou Gustave, ancien Questeur au Conseil Économique et social, fils de Brou Fulgence, membre fondateur du SAACI. Entretien réalisé 7 février 1984 à Abidjan-Cocody.

[2] L'on retient de ce différent que pendant longtemps le nom de Kouamé Kouamé N'guessan a disparu des publications officielles du Parti Démocratique de Côte d'Ivoire. Cet acte viendrait de la volonté de Félix Houphouët-Boigny qui cependant accorda son pardon plus tard, en nommant Kouamé Odette, la fille de Kouamé N'guessan, au gouvernement de 1986 à 1990

[3] Déposition de Koba Kouamé (Pièce n°2) déposé devant la commission commission d'enquête sur les évènements de 1949-1950 (Cf. *Rapport Damas,* 1950, T2, p. 735)

[4] Bureau élu en 1956 : président d'honneur, Houphouët Boigny ; président, Joseph Anoma ; 1er vice-président, Assamoi Alphonse ; 2e vice-président, Payne Coffi ; secrétaire, Aye Alexandre ; trésorier, Fulgence Brou ; propagande et organisation, Dioulo Joseph, Toto

fonctionnement du syndicat, Georges Kassi conclut en donnant les raisons de sa démission en ces termes :

> L'inculpation, oui, en tant que trésorier du Syndicat, j'ai été inculpé par Monsieur le Procureur pour avoir avancé à Monsieur Houphouët-Boigny des fonds nécessaires lui permettant de faire la campagne électorale de l'année. Inutile de vous dire ici, Monsieur le Président, des ennuis que j'avais eus pour permettre, Monsieur Houphouët-Boigny d'obtenir son mandat de député. Je constate depuis quelques années que je suis à l'écart de tous les mouvements syndicaux, considéré même comme nuisible au sein du syndicat. C'est ainsi que je vous demande de bien vouloir accepter ma démission de trésorier du syndicat à compter du 1er janvier 1952[1].

Après « l'affaire Kouamé N'guessan », la démission de Georges Kassi vint rappeler l'existence des dissensions au sein du SAACI. Ce fait mit à mal la cohésion au sein du syndicat qui ne tarda pas à réaménager son bureau avec la création d'un troisième poste de vice-président en 1957, modifiant ainsi l'article 5 des statuts. Joseph Anoma donne les raisons : « La Côte d'Ivoire étant un pays essentiellement agricole, il fallait une équipe solide pour faire entendre le message du syndicat aux paysans et répondre à l'aspiration de ces derniers »[2]. Certes l'explication est plausible, mais ce réaménagement épousait en

---

Albert, Laubhouet Marcel, Koné François, Français Nobou, secrétaire archiviste, Henri Kouakou.

[1] Une telle démission survint au lendemain de la dure répression coloniale de 1949-1950, du désapparentement suite à cet évènement et surtout de l'appel du stade Géo André en 1951, lancé par Houphouët-Boigny pour une union autour du PDCI dont il est le leader. Ce désistement laisse penser qu'il y'eut désaccord sur la nouvelle orientation politique faite de collaboration avec l'administration coloniale. (Cf. Fondation Houphouët-Boigny, Archives du SAACI : Lettre de démission de Georges Kassi au Président du SAACI, 23 Mai 1952).

[2] Joseph Anoma, ancien Président du SAACI, ancien ministre de l'agriculture, ancien Grand Chancelier de l'Ordre National né en 1895Entretien réalisé le 2 mai 1983 à Abidjan-Cocody.

réalité le contexte du moment, car les dirigeants semblaient avoir mis en veilleuse la lutte politique au profit du combat économique. La composition du gouvernement en 1957 au lendemain de la Loi cadre, savant dosage de planteurs, de militants de divers partis politiques et ressortissants français, conforte cette assertion de collaboration. Pour atteindre les objectifs du Syndicat et être à son écoute, des délégations régionales furent installées à travers tout le territoire.

II / Les délégations régionales et l'exécution du mot d'ordre du comité central

Les délégations régionales s'agrandirent en nombre avec la multiplication des activités syndicales et l'audience du SAACI. Elle fut le signe du dynamisme du syndicat.

A / Missions et implantations territoriales des délégations régionales

Les sections du SAACI, eurent à leur tête, un délégué régional, un homme de confiance de la population, c'est-à-dire un agent de liaison entre le représentant du village et le comité central. Le délégué régional représente en toutes circonstances le président du comité central, coordonne les activités des villages et s'assure de la bonne application des instructions reçues. Il est l'interlocuteur avisé, voire le conseiller du comité central. À ce titre, il suit les activités des producteurs et contrôle la production de sa région.

Sa mission entraina quelquefois des malentendus entre l'administration et les paysans. Ces derniers, à cause de la confiance qu'ils avaient en leur délégué, pouvaient refuser de vendre leurs produits lorsque le chef de délégation était absent. Cette situation conduisit le commandant de subdivision de Bocanda à interpeller les planteurs : « Ce n'est pas un délégué qui dirige ma subdivision, c'est moi qui commande ma subdivision, qui fixe les produits et donne l'ordre de vendre ces produits[1] ». Les propos du commandant

---

[1] Fondation Houphouët-Boigny, Archives du SAACI : Lettre de Toto Albert, délégué régionale de Bocanda au Président du SAACI, 13 mars 1948.

de subdivision de Bocanda montrent la difficile cohabitation entre les planteurs africains et l'administration dont il est le représentant.

Le rôle dévolu au délégué du SAACI fut très important, particulièrement pendant la campagne agricole, afin d'éviter les fraudes de la part des maisons de commerce ou des traitants[1]. Le délégué régional traita directement avec l'administration locale et les maisons de commerce. Il fut chargé de la répartition de l'outillage, des tissus, etc., dont le bureau central a pu entrer en possession. Vu que lesdéléguésn'assuraient pas convenablement leurs fonctions, certains paysans ontquitté le syndicat, notamment des planteurs agni et n'zima de Bingerville, faute de ravitaillement en cartouches de fusil et en pétrole[2].

Compte tenu de l'audience du SAACI, il se rapprocha de plus en plus des autres syndicats[3] et étendit ses ramificationsà travers le pays par la création de nouvelles délégations régionales. A la naissance du SAACI, en effet, il avait été mis sur pieds, dès le 3 septembre 1944, quatorze délégations régionales[4], soit un total de soixante délégations régionales[5] à la date de création du SAACI.

---

[1] La fermeté du délègue de Dimbokro, Koné Samba, dans ce domaine allait lui attirer des ennuis de la part de l'administration lors de la campagne en 1948-1949, pour avoir céder le cacao a un prix dérisoire.

[2] Fondation Houphouët-Boigny, Archives du SAACI : Rapport moral du délégué régional de Bingerville, Danho Claver, 26 octobre 1947.

[3] La Coopérative Bananière et Fruitiers de Côte d'Ivoire (COBAFRUIT) et la Fédération des syndicats des producteurs de café et de cacao dans le territoire d'outre-mer.

[26] Abidjan, Aboisso, Tiassalé, Dabou, Bouaké, Sakassou, Béoumi, Tiébissou, Bouaflé, M'bahiakro, Daloa, Oumé, Dimbokro, Abengourou furent les premières délégations du Syndicat.

[5] Les plus significatives sont les délégations de Dimbokro, Gagnoa, Bongouanou, Agboville, Aboisso et Abidjan à cause de leurs importantes productions.

<u>Carte N° 1</u>

Les délégations régionales du SAACI à la veille de l'indépendance

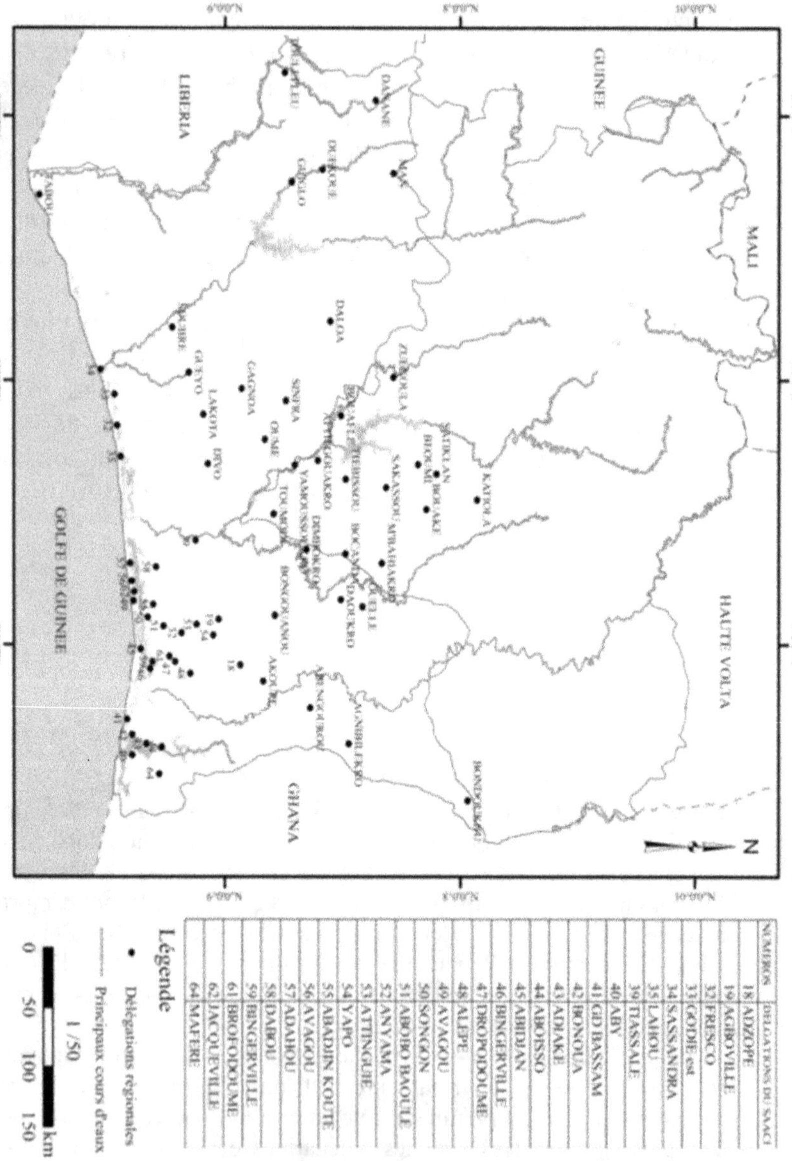

Source: Archives de la Fondation Houphouet- Boigny (Dossiers syndicat Agricole Africain de Côte d'Ivoire)

Conception: Kobi Abo Joseph

Dessin: N'guessan Joel

Les délégations régionales furent implantées dans les régions forestières du pays, zones d'économie de plantation, de cultures pérennes. Le reste du territoire, à l'exception de quelques foyers du centre, fut pratiquement exclu de la présence du SAACI. L'explication est à rechercher dans le fait que des planteurs, membres du SAACI, s'adonnaient exclusivement à la culture du café et cacao pratiquée dans les zones forestières. L'attachement à ces cultures rémunératrices montre une fois encore que le SAACI était le creuset des planteurs africains pour la défense de leurs produits. Ce lien fort entre le syndicat et les syndiqués impacta les activités du SAACI.

B / Rayonnement du SAACI et adhésions des planteurs au syndicat

En 1944, année de la création du SAACI, on dénombrait 1600 adhérents[1]. Ce nombre peu élevé était dû à l'existence du travail forcé qui empêchait les paysans d'adhérer au syndicat. Le S.A.A.C.I. peu connu en ce moment devait faire ces preuves pour obtenir l'adhésion massive des planteurs. L'entreprise ne tarda pas.

Selon l'article 8 des statuts du Syndicat, « Toutes discussions politiques ou religieuses sont interdites à l'intérieur du syndicat ». Cependant, en dépit de l'interdiction de tout débat politique en son sein, les délégations servirent de cercles de discussions et de comités de campagnes de Félix Houphouët-Boigny pour son élection à l'Assemblée constituante[2]. À ce propos René PierreAnouma affirme :

> À l'occasion de ces élections, les premières de l'après-guerre et les premières auxquelles participent les Africains, celui qui n'était alors que président du Syndicat agricole africain, et potentiel candidat à constituante, Houphouët Félix, écarte d'emblée toute possibilité de liste commune avec les Européens. Deux raisons justifiaient cette position radicale : le souvenir des pratiques discriminatoires, racistes et vexatoires en honneur

[1] *Annuaire du PDCI*, Abidjan SII, 1978, p. 93.

[2] En l'absence de parti politique national, la candidature d'Houphouët-Boigny à l'Assemblée consultative du 21 octobre 1945 fut portée par le Syndicat Agricole Africain de Côte d'Ivoire.

dans le Syndicat agricole mixte dominé par les colons et la dynamique qu'engendrait alors le Syndicat agricole africain (Anouma, 2013, p. 33).

La création du Parti Démocratique de Côte d'Ivoire fut véritablement le point de départ de la dérive statutaire et de la multiplication des délégations régionales. En effet, avec la naissance du PDCI, les délégations régionales du syndicat constituèrent les premières structures de base du parti. Leurs responsables devinrent par conséquent secrétaires de sections[3].

En 1946, l'abolition du travail forcé par l'Assemblée nationale française constitua un élément de propagande important pour l'adhésion des planteurs au SAACI. Mais le nombre de 21 626 membres [4]avancé par les responsables devait être accepté avec prudence. D'abord parce que le SAACI ne pouvait prétendre regrouper effectivement tous les paysans africains, car il faut tenir compte des mouvements rivaux comme le syndicat des planteurs et éleveurs africains en Côte d'Ivoire qui menait des activités parallèles.

Aussi, si l'on tient compte de la forte répression coloniale exercée sur les militants du PDCI, dont le SAACI est la branche syndicale, on peut avancer que la période de 1949-1950 ne fut pas profitable à l'adhésion des syndiqués. Il est donc utile de faire remarquer que depuis 1946, deux ans après la création du SAACI, la bataille économique des planteurs africains se doubla d'un combat politique avec la création du Parti Démocratique de Côte d'Ivoire. Ce changement dans l'orientation de la lutte conduisit l'administration à réprimer les masses paysannes. Ainsi, avec les événements de 1949, des paysans désertèrent le camp du PDCI, affilié au SAACI. Les opposants du SAACI s'en réjouirent.

---

[3] À Dimbokro, Koné Samba Ambroise fut à la fois délégué régional du syndicat et secrétaire de section du PDCI. Ce qui justifie la forte répression dont il fut l'objectif lors des événements de 1949-1950.

[4] Fondation Houphouët-Boigny, Archives du SAACI ; Lettre du Président du SAACI au Directeur de la Caisse de Crédit Agricole Mutuel de la Côte d'Ivoire,12 mars 1947.

La création de nouvelles délégations alla aussi de pair avec l'accroissement du nombre d'adhérents. La masse de syndiqués, encadrée par les délégations régionales, permit à ces dernières de se mettre à leur écoute. Les activités du syndicat et le contexte colonial fait d'injustices furent des catalyseurs pour le recrutement des planteurs au SAACI. Cette effervescence eut une incidence sur les finances du Syndicat.

III / Des contributions financières pour des missions diverses

Pour le SAACI, la réalisation de ses activités nécessitait d'énormes moyens financiers. Pour ce faire, la recherche des ressources financières se justifiait par la volonté des planteurs de lutter pour une main-d'œuvre libre et réclamer un juste prix pour leurs produits agricoles.

A / Les manœuvres financières pour le recrutement d'une main d'œuvre libre

Les statuts du SAACIà leur article 11 stipulaient : « La cotisation annuelle est fixée à cent francs. Elle doit être versée dans les trois premiers mois de l'année ». Les recettes du SAACIfurent constituées par les cotisations des adhérents et des dons. En effet, selon l'article 12, « Le syndicat peut accepter des membres bienfaiteurs dont le montant des dons peut être supérieur ou inférieur à cent francs »[5]. Selon Joseph Anoma[6], « ... il fallait de l'argent. Nous fixâmes les cotisations à cent francs par an, ce qui était pour l'époque une petite fortune… que seuls les grands planteurs de café et de cacao, que nous étions pouvait payer ». Par ailleurs, 10 % des cotisations furent ristournées à la délégation régionale[7]. Il faut cependant séparer les ressources du

---

5 Les montants indiquent clairement que la création du syndicat répondait à l'aspiration des grands planteurs de café et de cacao, cultures industrielles très rémunératrices.

6 Anoma Joseph, 1977, « Le combat du syndicat agricole » in *Revue de l'Institut Africain de Recherches Historiques et politiques,* n° 1, p. 24.

7 Après 1947, la cotisation passa à 200 francs et 20 % constituaient la ristourne de la délégation.

syndicat de celles de la coopérative[8], laquelle était une société constituée avec des actions souscrites par les sociétaires ; la caisse du syndicat, elle, était alimentée par les cotisations et celle de la coopérative par son capital social[9].

Les fonds du SAACI servirent particulièrement aux activités du syndicat. Dès 1944, le syndicat s'attaqua au problème de la main-d'œuvre. La caisse syndicale supporta pour l'essentiel les missions de ses membres. Ce qui advint à cette époque quand le SAACI rencontra le Morho Naba, ses ministres et des chefs de la Haute-Volta pour leur proposer les bases du volontariat en s'inspirant du métayage en vigueur en Gold Coast. Le résultat de cette mission ne se fit pas attendre. Il permit, deux mois après, l'embauche de 2500 volontaires dans les cercles de Koudougou, Ouagadougou, Tenkodogo et Kaya et environ 1000travailleurs à Korhogo pour les adhérents.

Le syndicat finança par la même occasion, en décembre 1944, le séjour de Félix Houphouët-Boigny, président du syndicat, accompagné de Messieurs AnomaJoseph et Laubhouet Marcelà Dakar pour exposer au Haut-commissaire les conditions de travail du planteur africain. À cette rencontre, il fut débattu de l'urgence d'une propagande active en faveur du volontariat avec pour conséquence la tenue d'une conférence sur le travail le 19 décembre 1945. Elle fut animée par le gouverneur Digo[10].

Dans le même contexte, Houphouët se rendit dans la région de Korhogo en compagnie de Dadié, Anoma, Lamine Toure, Djibril Diaby, tous membres fondateurs du syndicat, pour le recrutement de volontaires. L'opération coûta 200 000 francs au Syndicat et se solda par le recrutement de 900 travailleurs. Le problème du volontariat fut l'objet de plusieurs réunions avec les

[8] La coopérative avait été créée le 16 mars 1945. Elle se nommait'' les Planteurs Africains de Côte d'Ivoire'' ou PAC. C'était la section commerciale du SAACI.

[9] Le capital social de la coopérative s'élevait à 1 000 000 de francs. Il exista entre les deux organismes un compte courant qui se solde par un débit et crédit.

[10] C'est au cours de ce voyage que Lamine Gueye sur la demande de M. Houphouët avait accepté d'être l'avocat-conseil du syndicat et a effectué un voyage à Abidjan en janvier 1945.

chefs du Nord et de la Moyenne Côte d'Ivoire. Des dons furent offerts aux chefs traditionnels des localités concernées. Ces gestes visaient à rompre leur méfiance afin de faciliter le recrutement des travailleurs.

Ces missions financées pour le recrutement de la main-d'œuvre en Moyenne et Haute Côte d'Ivoire répondaient à un souci : le syndicat entendait libérer ses membres du travail obligatoire pour qu'ils se consacrent à leurs plantations. L'arrêté du 31 mai 1945 réglementant le recrutement forcé fut considéré comme une aubaine pour le recrutement libre. La décision prise libéra environ 2000 petits planteurs africains[11]. Elle fut renforcée par la loi Houphouët-Boigny qui abolit le travail forcé en 1946. Subséquemment, le SAACI finança la participation d'une délégation du syndicat à Bamako au Congrès de Bamakoen février1947 sur les questions économiques (intensification de la production de cultures, main d'œuvre volontaire).

L'importance accordée au recrutement des travailleurs faisait partie del'un des objectifs de la création du syndicat. Dès lors, les Africains se rendaient compte que le travail était un élément fondamental pour accroître leurs productions et bénéficier d'un prix rémunérateur à même de leur permettre d'améliorer leurs conditions de vie. La quête d'une vie meilleure préoccupait les planteurs africains de telle sorte qu'ils étaient amenés à contribuer financièrement aux activités politiques de leurs leaders syndicaux.

B / Opérations budgétaires du SAACI et éveil politique

Créé en 1946, le grand livre des mouvements de carnets de cotisation permit le contrôle financier des sections. Jusqu'à cette époque, le contrôle des délégations se révélait impossible en ce qui concerne l'utilisation des imprimés mis à la disposition des délégués régionaux pour la perception des cotisations. Il facilitait, à la fin de l'année, un bilan d'exercice qui se condensait dans le tableau ci-dessous.

[11]Annuaire du PDCI,*op cit.*, p. 129.

Tableau n° 1
Récapitulatif de l'exercice comptable du SAACI de 1946 à 1958 (en FCFA)[12]

Année	Caisse	Recettes	Total en caisse	Dépenses	Bénéfices
1946	3 930 395	1 755 852	5 686 247	2 584 529	3 101 718
1947	3 101 718	1 255 000	4 356 718	3 118 887	1 237 831
1948	1 237 831	711 183	1 949 014	1 174 848	774 166
1949	774 166	100 450	874 616	508 389	366 227
1950	366 227	987 172	1 353 399	708 412	644 987
1951	644 987	1 532750	2 177 737	1 354 165	823 572
1952	823 572	234 426	1 057 998	885 021	172 977
1958	172 977	149 908	322 885	143 269	143 269

Source : Tableau établi à partir des registres compatibles et des notes officielles du SAACI.

Au compte de l'année 1946, il y avait plus de dépenses que l'année qui a suivi. Les dépenses de 1946 s'expliquaient par d'intenses activités de l'époque. En 1946, le SAACI entreprit des tournées de sensibilisation après l'abolition du travail forcé dans tout le territoire, surtout dans les zones de production de café et de cacao afin que les paysans africains n'assimilassent pas la « loi Houphouët-Boigny » à la paresse. Sur 2 584 529 francs dépensés, 1 622428 francs avaient été consacrés aux missions diverses : les frais occasionnés par la mise sur pied du PDCI y sont inclus. Nulle part on n'a trouvé le montant exact alloué au PDCI. Les responsables du SAACI craignaient d'attirer l'attention de l'administration coloniale qui les accusait souvent d'utiliser l'argent d'une coopérative à des fins politiques. Mais avec la création du PDCI et sous le couvert de ce parti, 150 000

[12] Le tableau commence en 1946 parce que cette date correspond à l'année de création du Grand Livre des mouvements de carnets de cotisations et des encaissements des cotisations tenues par agence. Il facilite le contrôle des sections qui jusqu'à cette époque était impossible. Le grand Livre nous a donc permis de vérifier certains de nos chiffres. Pour savoir l'utilisation faite des cotisations, une analyse budgétaire des opérations a été faite. Elle a été fondée sur les balances de début et de fin d'exercice.

francs avaient été dépensés par le SAACI comme frais de participation au congrès du RDA de Bamako en octobre 1946. Outre le financement des activités politiques, le SAACI avait consacré en 1946, 369 648 francs au recrutement de la main-d'œuvre dans le nord du pays.

En comparant 1948 à 1949, on remarque une régression des ressources disponibles en caisse qui passent de 1 237 831 francs à 774 166 francs. Il en est de même pour la situation financière de l'exercice 1950 où les fonds disponibles s'élevaient à 366 227 francs. Cette chute des ressources financières était due au fait qu'il y avait eu beaucoup plus de sorties d'argent que d'entrées en caisse. La forte répression des masses menée par l'administration coloniale ne permit pas au SAACI de percevoir les cotisations de ses adhérents. Les planteurs africains étaient plus soucieux de se soustraire des brimades de l'administration coloniale. Malgré la diminution des recettes, le SAACI se devait de respecter ses engagements. Ainsi la décision del'assemblée générale de 1945, confirmée par celle du 4 janvier 1948, tendant à allouer une subvention de 200 0000 de francs à Houphouët-Boigny pour le dédommager des frais énormes consentis pour la propagande syndicale (voiture, camion, carburant, missions diverses, frais personnels) avait été respectée.

En confrontant le bilan de l'exercice de 1951 à celui de1952, il apparaît en caisse au 31 décembre 1951 un montant égal à 644 987 francs. Les 823 572 francs en caisse en fin d'exercice 1952 sont supérieurs à la caisse du 31 décembre1951. Ce qui n'explique pas la rentabilité du syndicat. Ce montant a quelque peu évolué par rapport à celui de l'année précédente. Même si les recettes de 1952 sont supérieures à celles de 1951, des dépenses énormes sont à constater en 1952. À la fin de l'exercice 1952, le SAACI avait un solde positif de 172 977 francs. Au 31 décembre 1958, ce solde passe à 143 269 francs. Cette nette baisse du solde fut constatée avec la formation du premier gouvernement de 1957 et l'entrée officielle dans la vie politique des principaux dirigeants syndicaux à savoir Joseph Anoma, président du Syndicat et Jean Delafosse, président de la Coopérative des planteurs.

Il ressort de cette analyse que les bons résultats du combat du SAACI avaient favorisé les entrées d'argent dans les caisses du syndicat. Mais cette embellie financière ne doit pas faire oublier les nombreuses dépenses effectuées. La situation morose vécue par les planteurs lors de la répression coloniale de 1949 contribua certes à une baisse des entrées des cotisations, mais ne créa aucunement un bilan négatif à la caisse du SAACI. Durant toute l'existence du SAACI, les paysans ne voyaient pas l'intérêt de verser de l'argent au parti et de payer la cotisation du SAACI dans la mesure où à leurs yeux le parti et le syndicat servaient la même cause. Cette appréhension amenait les paysans, après avoir payé leur carte de parti, à se montrer réticents dans l'acquittement de leurs cotisations syndicales.

Conclusion

Le fonctionnement du Syndicat Agricole Africain de Côte d'Ivoire répondait aux besoins des planteurs africains. Né pour combattre les injustices dont ils étaient l'objet, le SAACI retint les leçons des affres de la colonisation à travers la Société Indigène de Prévoyance et le Syndicat Agricole Mixte. Sa création constitua une réaction aux discriminations entre planteurs européens et africains. Partant, le SAACI s'appuya un organigramme dont l'épine dorsale fut le bureau central avec pour démembrements les délégations régionales. Elles permirent d'appréhender le poids du syndicat et la vitalité des planteurs africains qui apportèrent leurs contributions financières pour la réalisation des objectifs du Syndicat. Au bilan, on note une évolution qui indique le dynamisme de l'organisation. Cependant, force est de reconnaitre que ce changement est fonction des combats menés par le Syndicat et du contexte politique de l'époque coloniale, où il fut difficile de dissocier l'économie de la lutte pour l'émancipation politique. Ce fait semble avoir galvanisé les Africains dans leur opposition au système colonial.

Références bibliographiques

I – Sources d'archives

A – Documentsimprimés

Fondation Houphouët-Boigny, Archives du SAACI : Lettre du Président du SAACI Félix Houphouët, au planteur Jean Tanoh, 22 juin 1946.

Fondation Houphouët-Boigny, Archives du SAACI : Lettre du Président du SAACI, Félix Houphouët, au Gouverneur de la Côte d'Ivoire, 10 juillet 1944.

Fondation Houphouët-Boigny, Archives du SAACI : Observation sur le rapport d'expertise de la comptabilité du SAACI en 1946.

Fondation Houphouët-Boigny, Archives du SAACI : Lettre du Président du SAACI au Directeur de la Caisse de Crédit Agricole Mutuel de la Côte d'Ivoire, 12 mars 1947.

Fondation Houphouët-Boigny, Archives du SAACI : Lettre de Toto Albert, délégué régionale de Bocanda au Président du SAACI, 13 mars 1948.

Fondation Houphouët-Boigny, Archives du SAACI : Rapport moral du délégué régional de Bingerville, Danho Claver, 26 octobre 1947.

Fondation Houphouët-Boigny, Archives du SAACI : Lettre de démission de Georges Kassi au Président du SAACI, 23 mai 1952.

Fondation Houphouët-Boigny, Archives du SAACI Statuts du Syndicat Agricole Africain de Côte d'Ivoire, approuvés par arrêté n°3035 du 8 août 1944.

B – Sources orales

Anoma Joseph, ancien Président du SAACI, ancien ministre de l'Agriculture, ancien Grand Chancelier de l'Ordre national né en 1895 Date de l'entretien : 2 mai 1983 à Abidjan-Cocody.

Brou Gustave, ancien Questeur au Conseil Économique et social, fils de Brou Fulgence, membre fondateur du SAACI. Entretien réalisé 7 février 1984 à Abidjan-Cocody.

II - Bibliographie

Anoma J. (1977), « Le combat du syndicat agricole », *Revue de l'Institut Africain de Recherches Historiques et politiques (RIARHP),* n° 1, pp.16-26.

Anouma R. P. (2008), *Aux origines de la nation ivoirienne 1893-1960*, Volume III, Paris, L'Harmattan.

Annuaire du PDCI, Abidjan SII, 1978.

Damas L.G.(1963), *Rapport n° 11348 sur les incidents survenus en Côte d'Ivoire,* Abidjan, Imprimerie Nationale de Côte d'Ivoire.

Fraternité–Hebdo, n° 250, « La geste du Syndicat Agricole Africain », 7 février 1964, pp.6-8.

Faure Y. A. et Médard J.F. (1982), *État et bourgeoisie en Côte d'Ivoire*, Paris, Éditions Karthala.

Sawadogo A. (1975), *Le développement de l'agriculture en Côte d'Ivoire : étude géographique,* Doctorat d'Étatès-lettres, Université de Paris X.

Le mouvement coopératif agricole au Gabon (1937-2018)

Léon Modeste Nnang Ndong
Faculté des Lettres et Sciences Humaines
Université Omar Bongo de Libreville (Gabon)
ndongleo@hotmail.com

Résumé

Dans le cadre de la politique de mise en valeur économique et social au Gabon, l'administration coloniale préconise la mise en place des Sociétés Indigènes de Prévoyance puis des coopératives agricoles pour permettre aux indigènes de se regrouper et de développer leurs exploitations. Après l'indépendance du Gabon en 1960, les pouvoirs publics décident de rompre avec le système coopératif au profit de l'agro-industrie. L'échec sur système agro-industriel, conduit le gouvernement à remettre en place des organisations coopératives pour développer le secteur agricole. Cependant tout semble indiquer que depuis la colonisation ce système n'a pas produit des résultats probants au Gabon. Analysant la question sur la longue durée, cet article tente de comprendre pourquoi ces associations n'ont pas favorisé l'émergence d'une agriculture moderne et productive au Gabon.

Mots clés : Coopérative – Economie – Agriculture – Développement-Gabon

Abstract

In the Framework of the economic and social implantation policy of Gabon, the colonial administration advocated for forethought indigenous associations and agricultural cooperatives to enable indigenous populations, gather to develop their exploitations. After Gabon's independence in 1960, public authorities decided to break from the cooperative system in favor of the agro-industry. Government's failure in the agro-industrial sector led to a reestablishment of cooperative societies, to develop the agricultural sector. However, everything seems to indicate that since colonization, this system has not produced convincing results in the country. Analyzing this issue over a long period of time, this paper attempts an understanding of why these societies have not favoured the development of a modern and productive agricultural system in Gabon.

Key words : Cooperative - Economy - Agriculture - Development - Gabon

Introduction

En 2014, le gouvernement gabonais lance un programme de développement économique et social dénommé « Gabon des Réalisations Agricoles et des Initiatives des Nationaux Engagés » (GRAINE). Il s'agit d'un programme d'accompagnement dans les démarches de création et de développement des coopératives agricoles sur le territoire national, pour l'émergence d'une nouvelle génération d'agriculteurs compétents, productifs et solidaires. Autrement dit, ce projet propose aux populations un cadre d'accompagnement et de suivi pour la mise en œuvre et le développement d'une activité agricole, industrielle, au sein des coopératives.

Si cette initiative est louable, il reste qu'elle n'est pas la première du genre au Gabon. En effet, depuis 1937, de nombreux projets sont initiés pendant la colonisation pour booster le développement agricole. Ainsi peu avant la Deuxième Guerre mondiale, l'administration coloniale met en place une économie sociale et solidaire à travers les Sociétés Indigènes de Prévoyance (SIP). L'objectif est de donner à l'économie africaine les moyens de surmonter sa médiocrité en permettant aux indigènes d'accéder aux financements bancaires grâce à la garantie collective que représentent les SIP. En 1946, dans le cadre de la politique de mise en valeur des colonies françaises, et devant le peu d'engouement des indigènes face aux SIP, l'administration coloniale change de stratégie en créant des organisations coopératives [13] pour permettre aux indigènes de produire et d'écouler leurs produits et d'intégrer ainsi l'économie moderne grâce au soutien financier des banques.

---

[13] Après la Conférence de Brazzaville, l'administration coloniale créa des Sociétés Africaines de Prévoyance dans certaines colonies françaises d'Afrique. Mais cette organisation paysanne n'a pas été mise en place au Gabon. Les recherches aux Centre d'Archives d'Outre-mer d'Aix-En Provence en France et aux Archives Nationales du Gabon ne font état de l'existence de cette structure dans le territoire du Gabon. Il en est de même des travaux réalisés sur la mise en valeur économique et sociale au Gabon menés par Raymond Prats (1955) et GouédardAllogo Obame (2004).

De 1960 à 1985, les pouvoirs publics abandonnent le système coopératif, au profit de l'agro-industrie. En 1985, c'est le retour aux organisations agricoles paysannes avec la mise en place des Opérations Zonales Intégrées (OZI) qui sur la forme étaient différentes des coopératives, mais dans le fond, fonctionnaient de la même manière. Il en est de même du projet d'Appui au Paysannat Gabonais (APG) mis en place au cours de la décennie 90.

À son arrivée au pourvoir en 2009, le président Ali Bongo décide, dans le cadre du programme GRAINE, de revenir sur le système coopératif qui, visiblement, a conduit à l'impasse. Une question se pose alors : quel bilan peut-on faire des organisations agricoles paysannes au Gabon depuis la période coloniale jusqu'aux années d'indépendance ? Pour répondre à cette interrogation, nous formulons deux hypothèses : premièrement, le système coopératif n'a pas permis au Gabon de disposer d'une agriculture productive ; deuxièmement, cet échec est imputable non seulement au poids des activités extractives dans l'économie, mais aussi à l'absence d'une culture ou d'une éducation coopérative au Gabon.

Pour soutenir ces hypothèses, nous nous appuyons sur les documents d'archives, complétés par des éléments bibliographiques qui constituent d'importantes contributions à la connaissance du mouvement coopératif africain. Ces travaux apportent des éclairages sur le contexte dans lequel est né le système coopératif en Afrique, ses objectifs, ses péripéties, son rôle dans l'organisation des paysans et les obstacles ayant limité son efficacité. Les informations ainsi obtenues permettent d'articuler cette réflexion en trois axes : la présentation du mouvement coopératif pendant la période coloniale, la poursuite de ce système après l'indépendance, enfin la synthèse de la pratique coopérative au Gabon durant les deux périodes.

I / La création des structures communautaires au Gabon : Sociétés Indigènes de Prévoyance et coopératives agricoles (1937-1960)

Pour comprendre l'origine des coopératives et d'autres associations agricoles au Gabon, il faut remonter à la période coloniale. En effet, l'accès au crédit des populations indigènes est très limité. Hormis pour un petit nombre « d'évolués », le crédit est systématiquement refusé aux Africains du fait qu'ils ne disposent pas de garantie individuelle exigée par les banques. Cette situation freine toute évolution de l'économie africaine par opposition à l'économie capitaliste. À côté d'entreprises coloniales européennes prospères, l'économie africaine végète. Il y a donc urgence à rechercher les conditions de contact entre les deux économies superposées. Il faut surtout donner à l'économie africaine les moyens de surmonter sa médiocrité en substituant à la garantie individuelle inexistante, une garantie collective permettant aux couches paysannes gabonaises de pouvoir bénéficier de crédits bancaires. Dès 1937, l'administration coloniale met en place une nouvelle forme d'économie basée sur la solidarité avec la création des SIP et en 1946 des coopératives.

A / Les Société Indigènes de Prévoyance : instruments de développement économique (1937-1946)

Jusqu'en 1937, les Africains sont exclus du monde des affaires, en particulier de la fonction commerciale largement monopolisée par les Européens. Les autochtones sont en même temps contraints d'entrer dans le système de l'économie monétarisée. La plupart des Gabonais n'ont que deux alternatives : travailler à la production des matières premières pour l'exportation ou devenir salariés. Dans le premier cas, les paysans se trouvent dans une dépendance totale, non seulement vis-à-vis de l'administration coloniale qui détermine le montant des impôts, mais également du réseau commercial qui fixe le prix d'achat de leur production et auprès duquel ils s'endettent pour acquérir les marchandises dont ils ont besoin. Leur outillage et leurs techniques ont généralement peu changé. Dans le second cas, plusieurs emplois salariés sont possibles dans l'exploitation forestière, ou pour certains, dans l'administration coloniale ou les entreprises commerciales.

Par ailleurs, seules les entreprises disposant d'importants capitaux peuvent intervenir au Gabon dans les domaines de l'exploitation minière et l'industrie forestière. L'administration coloniale est persuadée que les autochtones peuvent mettre en valeur le sol gabonais avec des cultures d'exportation et vivrières dont l'urgence s'impose. Les Européens hésitent à s'investir leurs capitaux dans le domaine agricole, car les entreprises européennes craignent de ne pas disposer d'une main-d'œuvre nécessaire, celle-ci préférant, les chantiers miniers et forestiers et les centres urbains. Le seul moyen de fixer les indigènes à la terre consiste à en faire des paysans modernes. La région du Woleu-Ntem plaide en faveur de cette thèse. Les pouvoirs publics l'ont bien compris en créant, en AEF, un service de paysannat[14]. Mais la difficulté majeure dans la mise en place d'une véritable économie indigène réside dans le financement des activités paysannes. Pour résoudre ce problème et en l'absence d'un crédit spécial agricole, il faut substituer à la garantie individuelle inexistante en milieu africain, une garantie collective permettant aux autochtones de bénéficier de financement de la part des organismes de crédit.

Le développement du crédit en milieu indigène suppose la création de structures intermédiaires. Les autorités métropolitaines pensent que le succès rencontré dans certaines régions, par des formules de crédits fondées sur une responsabilité solidaire et illimitée des emprunteurs, peut conduire à développer le système de groupement des producteurs tels que les Société Indigène de Prévoyance. L'administration coloniale inaugure alors une nouvelle forme d'économie, basée sur la solidarité et l'entraide.

Conçues selon le principe des « silos de réserve » ou de « grenier familiaux », les Sociétés Indigènes de prévoyance sont des instruments d'épargne collective qui vise à mettre les Africains à l'abri des disettes. Elles consistent à passer l'imprévoyance de l'indigène qui, sans souci de l'avenir, consomme toute la récolte sans conserver même les semences nécessaires à la campagne agricole de l'année suivante (Suret Canale 1962, p. 68). Les SIP sont exclusivement africaines, destinées aux agriculteurs. Il s'agit d'une épargne forcée. Leur

[14]ANG, carton 55 : Affaires économiques, dossier sur la création et la mise en place des Société Indigènes de Prévoyance au Gabon, année 1937.

activité est régie par le décret du 14 janvier 1937[15]. Un arrêté du 26 mars 1937 en détermine les mesures d'exécution. Ces deux textes sont modifiés par le décret du 5 avril 1940[16]. Selon ces textes, les SIP sont des organismes para-administratifs, obligatoires dont le président du Conseil d'administration est le chef de région ou de département. Elles jouissent de la personnalité civile et de l'autonomie financière. Les activités de ces organisations sont limitées à une circonscription territoriale et orientées vers certaines productions telles que le cacao, le café, la banane, le palmiste, le riz et les cultures vivrières. Les cotisations sont obligatoires pour tous et perçues en même temps que l'impôt.

Pour leur pérennité, l'administration coloniale a mis en place un fonds appelé le Fonds Commun des SIP. Il s'agit d'une caisse autonome qui leur accorde des prêts dans la réalisation de certaines opérations effectuées par les agriculteurs indigènes : le regroupement des commandes, les achats, le paiement des fournisseurs, la vente des récoltes et le transport. Toutes ces actions visent à améliorer l'économie africaine. Pour ce faire, les SIP interviennent dans plusieurs directions à la fois. Elles ont une action agricole consistant en l'achat de matériel, en l'octroi des prêts de semences, en l'introduction de cultures et en la création des marchés[17]. De cette action agricole, découle une action commerciale : l'organisation des marchés, pour permettre aux planteurs de retirer le maximum de leur récolte. Leurs actions sont possibles grâce au Fonds Commun qui peut consentir des prêts à court terme, remboursables à la prochaine récolte. Avec le développement du Fonds, les prêts commencent à avoir de la consistance à l'exemple de ceux octroyés à la SIP de Tchibanga entre 1937 et 1942 :

---

[15] *Journal Officiel de l'AEF*, 23 mars 1940, p. 287.
[16] *Journal Officiel de l'AEF*, 15 mai 1940, p. 344.
[17] ANG, carton 70 : Affaires économiques, note sur les Sociétés les Sociétés Indigènes de Prévoyance, 1938.

Tableau n° 1

Prêts accordés aux indigènes par la SIP de Tchibanga (en francs)

Années	Prêts en espèce
1937	33 000
1939	27 000
1940	33 500
1941	31 000
1942	22 500

Source : ANG, carton 57 : dossier sur prêt avals accordés par les SIP ; 1937-1943

L'exemple de Tchibanga montre bien que si les SIP ne sont pas des organisations prestigieuses, leur rôle est bienfaisant dans la mesure où elles améliorent la production et détournent les indigènes des activités de cueillette. Elles favorisent la constitution d'une paysannerie africaine moderne dans certaines localités. Même si les avances accordées par le Fonds commun sont des crédits que le fonds reçoit lui-même de la Caisse Centrale de la France d'outre-mer, il reste que grâce à cette garantie collective, les Africains parviennent à développer leurs exploitations grâce à ces crédits. Ces organisations paysannes ont-elles rempli le rôle qui leur a été assigné ?

Sur la base des sources disponibles, les SIP servent de caution à leurs membres pour des affaires de toute nature. Les modalités de leur intervention nécessitent de nouvelles études du fait que la possibilité d'étendre leurs prérogatives dans le cadre de la nouvelle politique agricole et rurale, suscite des réticences de la part de certains responsables administratifs. Raphaël Saller, par exemple, reconnait que ces structures se sont révélées, dans la plupart des cas, sans grand intérêt pour les producteurs autochtones, qui témoignent d'une désaffection croissante pour cette formule d'association [1]. En effet, non seulement elles constituent des associations obligatoires pour tous les imposables d'une subdivision territoriale, mais, en plus, il s'avère que, dans certaines régions, ces sociétés permettent à leurs administrateurs de disposer d'une sorte de « caisse noire légale », qu'ils utilisent

[1] ANG, carton 211 : Affaires économiques, procès-verbal de réunion, 25 avril 1947.

à des fins éloignées des intérêts des paysans (AlocoObame, 2004, p. 263). Outre leur caractère obligatoire et le fait d'être dirigés par l'administration coloniale, le fonctionnement des SIP donne lieu à des critiques de la part des autorités coloniales et surtout des maisons de commerce qui les accusent de « concurrence déloyale » dangereuses pour la survie de l'activité commerciale.

À ces critiques s'ajoutent de plus fondamentales à savoir l'orientation des activités de ces organisations davantage vers le commerce que vers la production. Tendance que traduisent l'insuffisance de certains choix de culture et l'équipement de certaines sociétés avec du matériel adéquat. Cette tendance ne tarde pas à susciter la réaction des établissements de commerce.

Au lendemain de la Seconde Guerre mondiale, des questions se posent donc sur leur gestion et leur efficacité à produire des résultats. Par vote d'une résolution du 22 août 1947, le Conseil de la République invite le gouvernement à ordonner la suppression des Sociétés Indigène de Prévoyance en Afrique noire et leur remplacement par des coopératives. Le 22 octobre 1947, le ministre de la France d'outre-mer (FOM) en fait état aux représentants des pays d'outre-mer :

> Il est certain qu'après avoir, pendant plusieurs années, joué le rôle qui leur était assigné, les SIP révèlent actuellement certaines déviations et plus généralement une fâcheuse inadaptation aux aspects nouveaux de la vie africaine. Je considère dès à présent, qu'il n'y a que des avantages partout où des coopératives ou de syndicats de producteurs librement constitués auront donné des preuves suffisantes de vitalité et de bon fonctionnement, à substituer ces organismes aux sociétés indigènes de prévoyance et à leur transmettre progressivement leurs attributions et leurs biens... » (Prats, 1955, p.230)

Avec la mise en place du Fonds d'Investissement pour le Développement Economique et Social (FIDES) en avril 1946, on réclame que celui-ci porte un effort particulier sur l'amélioration de l'agriculture autochtone. Dans la mesure où l'économie du Gabon est essentiellement agricole, le rôle du FIDES doit consister à associer aux cultures vivrières traditionnelles, des cultures productives. Autrement dit, toute action, dans le domaine agricole, comporte un double volet : aider à la modernisation des cultures vivrières et introduire des produits d'exportation (Valette, 1994, p. 231). L'on pensa alors promouvoir et développer l'organisation coopérative, en dehors des SIP, tout en soulignant la nécessité du maintien d'un système de caution mutuelle, dans la mesure où les opérations seraient financées au moyen de prêts bancaires.

B / Les coopératives agricoles : fondements de la politique de mise en valeur économique et sociale (1946-1960)

Dans le cadre du plan de développement économique et social des territoires d'outre-mer initié par la France au lendemain de la Seconde Guerre mondiale, une sollicitude particulière doit être consacrée à l'Afrique Equatoriale Française (AEF). L'apparition de cette préoccupation traduit toute une évolution dans le contexte mondial de l'époque (Michel, 1993). Les Africains ont modifié leur comportement dans le sens d'une plus grande organisation et d'un désir plus vif de progrès. Le discours de Georges Peter, ouvrant le 1er février 1944 les travaux de la commission de l'économie impériale de la Conférence de Brazzaville, évoque déjà la mise sur pied d'un plan décennal qui permet aux colonies d'affronter après la guerre, le marché mondial (Marseille, 1984, p. 344). Mais si l'on annonce ainsi une réforme profonde de la politique économique d'avant-guerre, on évoque aussi la volonté d'associer les Africains à la gestion de leur territoire.

En 1946, la nouvelle politique économique annoncée n'est plus seulement verbale puisqu'avec l'avènement de l'Union française, des mesures sont prises. En décidant de financer l'équipement de l'AEF, la métropole affirmait aussi en même temps la nécessité de faire participer les autochtones à la gestion des affaires les concernant, par une représentation des populations dans les assemblées tant locales que métropolitaines. La France initie alors des programmes de développement économique et social dans ses colonies, dont le Gabon. Cette intervention dans la vie économie par la planification devient une nécessité dans une période où il est unanimement accepté que les économies des territoires d'outre-mer et celle de la métropole en crise doivent être complémentaires. L'outil de cette politique de développement est le FIDES. Ce dernier, en plus de la mise en place des infrastructures de communications, doit financer les opérations relevant des secteurs de développement rural et social. Cela se traduit au Gabon par les actions de modernisation agricole.

La nouvelle organisation de la production agricole locale est tournée vers la création des structures communautaires : les coopératives. Pour accompagner ces organisations paysannes, la Caisse Centrale de la France d'outre-mer (CCFOM) met en place en 1949, un organisme de crédit social : le Crédit de l'AEF (Chazel et Poyet, 1956, p. 933).

Pour les autorités coloniales, la mise en place des coopératives constitue un facteur non négligeable de progrès social, et aussi un élément important dans l'amélioration des conditions locales de production, une transformation profonde des conditions techniques de production. Contrairement aux SIP, les coopératives sont des structures communautaires librement constituées. Dans les textes, la libre adhésion et l'administration par les coopérateurs sont les deux principes de ces associations. Libérée de la tutelle administrative qui a tendance à déterminer les choix des agriculteurs dans une région, les coopératives disposent d'un conseil d'administration constitué exclusivement des membres de la structure. De ce fait, elles peuvent librement s'orienter dans les activités mieux rémunérées. L'organisation coopérative a pour but, entre autres, de permettre aux indigènes d'acquérir de moyens importants par la mécanisation rationnelle de l'exploitation communautaire. Se lancer dans la voie du machinisme suppose un groupe ayant souscrit un capital social et présentant des garanties telles que les organismes bancaires puissent l'aider. L'individu, ou le cercle familial, ne peut prétendre à cela dans la société africaine. Seules les coopératives sont en mesure d'aider les paysans à contracter un crédit bancaire pour le développement d'une exploitation agricole. L'objectif est d'engager une politique de paysannat, en donnant aux indigènes semences, matériel, encadrement et crédits financiers pour en faire des paysans modernes (AllogoObame, 2004, p. 261.)

À partir de 1947, on assiste à l'essor des organisations coopératives, aussi bien à Libreville qu'à l'intérieur du territoire.

La coopérative des jardiniers est créée par la mairie de Libreville. Le but recherché est l'accroissement de la production des jardiniers indigènes afin de ravitailler Libreville et ses environs en fruits et légumes. Cette coopérative constitue un capital de 10 000 francs CFA, le montant de l'action étant de 200 francs. Mais le nombre d'adhérents est en augmentation progressive comme le montre le tableau suivant.

Tableau n° 2
Evolution du nombre d'adhérents à la coopérative des jardiniers de Libreville (1947-1949)

Années	Nombres d'adhérents	Production légumes (entonne)
1947	44	7,7
1948	92	11
1949	108	10,4

Source : Prats (1955, p. 332)

La progression du nombre d'adhésions à la coopérative des jardiniers de Libreville ainsi que l'indique le tableau 2, laisse présager un certain engouement pour une coopérative de production agricole. Pendant quelques années, cette coopérative parvient à approvisionner le marché de Libreville en dizaines de tonnes de légumes. Les encouragements et le soutien du service de l'agriculture constituent un élément capital dans la réussite de cette coopérative. L'action de cette coopérative permet le règlement d'un certain nombre de difficultés d'exploitation et de vente en organisant le travail de défrichement et de plantation, en résolvant les problèmes de transport et du stockage. Mais le plus important reste le fait que l'organisation collective à laquelle se pose le problème des équipements, permet à la coopérative de bénéficier d'un crédit bancaire de l'ordre de 5 millions de francs CFA de la part du Crédit de l'AEF[1]. Autrement dit, les fonds prêtés permettent aux coopérateurs d'acheter du petit matériel de culture, de grouper leurs commandes de graines sélectionnées,

[1] ANG, carton 2560 : service de l'Agriculture, note sur les coopératives au Gabon, 1953.

leurs transports, d'employer quelques manœuvres pendant la période de gros travaux.

C'est surtout dans le Woleu-Ntem que l'organisation coopérative connait un grand succès au lendemain de la Seconde Guerre mondiale. En effet, l'administration coloniale incite de nombreux planteurs de cacao et de café à se regrouper au sein d'une coopérative (*Ekama*). En 1948, la coopérative des planteurs de cacao du Woleu-Ntem obtient dans le cadre du plan décennal de l'AEF, un crédit d'environ 30 millions de francs CFA. Ce qui permit de développer les plantations 15 à 80 hectares autour de plusieurs villages de la région et de distribuer environ 2, 5 millions de plants de cacaoyers en 1953 [1]. Le regroupement des planteurs au sein d'une structure coopérative permet le développement de la culture du cacao dans cette région du Woleu-Ntem. Les résultats sont intéressants et témoignent du bien-fondé d'une structure coopérative. Le tableau suivant montre l'évolution de la production du cacao dans cette région entre 1947 et 1956 :

Tableau n° 3

Evolution de la production du cacao dans le Woleu-Ntem entre 1947 et 1956 (en tonnes)

Années	Production
1947-1948	1596
1948-1949	1336
1949-1950	2484
1950-1951	2219
1951-1952	2214
1952-1953	2690
1953-1954	2557
1954-1955	2362
1955-1956	2563

Source : Prats (1955, p. 144.)

Les chiffres du tableau indiquent une évolution de la production du cacao dans le Woleu-Ntem en dents de scie entre 1950 et 1956. Mais si l'on compare avec les données d'avant-

[1] ANG, carton284 : rapport service d'agriculture, département du Woleu-Ntem, 1949.

guerre qui se situent autour de 654 tonnes en 1939, on peut parler d'évolution de la production du cacao dans cette région. Ces efforts sont le résultat de la nouvelle politique agricole mise en place dans le cadre du plan de développement économique et social de l'AEF.

En dépit des efforts déployés par l'administration coloniale, le mouvement coopératif connait des difficultés importantes. En effet, par ignorance des mécanismes bancaires, les planteurs font très peu appel aux organismes de crédits[1]. De même, à la moindre baisse des cours du cacao ou au non-versement par l'administration coloniale, des primes d'encouragement aux planteurs, les paysans abandonnent leurs plantations. Ils quittent la coopérative[2]. Si la baisse des prix du cacao dépend de la conjoncture mondiale, le non-versement des primes s'explique par le caractère ponctuel de cette opération qui vise à motiver le planteur à travailleur davantage. Malheureusement, les indigènes prennent ces primes comme un salaire. D'où leur mécontentement lorsque ces primes ne sont plus versées. Cette situation peut être aussi la conséquence des détournements de fonds par les responsables des coopératives.

S'agissant justement de la gestion des fonds mis à la disposition des coopératives, il est établi que plusieurs prêts sont accordés à ces organisations pour des raisons qui ne sont ni d'ordre économique ni d'ordre financier. Les bénéficiaires de ces prêts tendent souvent à les considérer comme des dons et les utilisent à des fins personnelles[3]. D'ailleurs une enquête sur la situation réelle de ces coopératives est diligentée et confirme les soupçons de malversations dans les crédits alloués aux structures agricoles paysannes[4]. Conséquence, à l'instar des SIP, les coopératives agricoles ne satisfont pas les paysans qui se retrouvent devant une situation difficile. Ils doivent en plus de l'impôt de capitation dû à l'administration, payer leur cotisation

---

[1] Nous faisons référence aux coopératives mises en place par l'administration coloniale. Les organisations créées par les particuliers sont restées marginales au Gabon.

[2] ANG, carton 189 : Dossier relatif aux coopératives, 1948-1950.

[3] *Ibid.*

[4] *Ibid.*

à la coopérative et continuer de payer l'ancienne cotisation à la SIP[1].

Par ailleurs, la tutelle fédérale s'avère être une source d'inégalité dans la répartition des fonds alloués. En effet, la situation favorable d'un certain nombre de coopératives, conduit les territoires à réclamer une équité dans le traitement des demandes et d'une manière générale, une politique agricole et rurale qui bénéficie à tous. Les parlementaires de l'AEF, membres du comité directeur du FIDES, dénoncent cette situation estimant que la répartition géographique des aides du Crédit est peu équitable et ne tient pas suffisamment compte des besoins de la fédération[2]. Leurs propos s'appuient sur les chiffres donnés sur le tableau ci-dessous.

Tableau n° 4
Répartition par territoires des prêts du Crédit de l'AEF en 1954
(en millions de francs CFA)

Territoires	Nombre	Prêts directs	Prêts sur avals	Total des crédits	Rapport au total général des crédits en %
Gabon	121	106	27	133	16,69
Moyen-Congo	620	324	83	407	51,07
Oubangui Chari	138	111	45	156	19,57
Tchad	52	74	27	101	12,67
Total	931	615	182	797	100 %

Source : ANG, carton 308, affaires économiques, procès-verbal du comité directeur du FIDES, juin 1954.

Le tableau retrace l'ensemble des opérations effectuées par le Crédit de l'AEF, pour ses principaux secteurs d'intervention : artisanat, habitat, commerce, agriculture et industrie. Les prêts agricoles représentent le tiers environ du total des opérations

[1] ANG, carton 860, affaires économiques, rapport du comité directeur du FIDES, 27 novembre 1951.

[2] ANG, carton 308, affaires économiques, procès-verbal du comité directeur du FIDES, juin 1954.

réalisées en 1954. Ce qui est mis en cause ici c'est la répartition territoriale des prêts. Sur environ 931 crédits accordés, 620 ont bénéficié au Moyen-Congo, pour une valeur de 407 millions de francs CFA, soit 51 % du total des crédits. Il en est de même pour les prêts sur avals. Une telle répartition, trop en faveur du Moyen-Congo, constitue la base des critiques et des réticences des élus des autres territoires à l'instar de celui du Gabon. Jean Hilaire Aubame qui considère à juste titre que les opérations de paysannat financées par le Crédit de l'AEF participent des travaux d'intérêt local. Elles nécessitent, par conséquent, l'intervention des territoires dans la préparation, l'orientation et l'exécution des programmes[1].

Si à l'évidence, certaines difficultés évoquées ici ont poussé les autorités coloniales à suspendre les opérations coopératives déjà entamées, dans la plupart des cas, elles se sont poursuivies sous la pression des responsables locaux jusqu'à l'indépendance en 1960.

II / L'évolution des coopératives agricoles : continuité ou rupture du système (1960-2018) ?

Dès l'indépendance, les autorités du Gabon manifestent un grand intérêt pour le système coopératif, gage d'un développement du secteur agricole. Le 25 janvier 1961, le chef de l'Etat, prend un décret portant statut des coopératives au Gabon[2]. Ce texte définit les conditions de création et de fonctionnement des organisations coopératives. D'autres textes viennent compléter le dispositif réglementaire de 1961. Il s'agit notamment de l'ordonnance n° 40/70/Pr du 6 juillet 1970 instituant les groupements de producteurs, les groupements de producteurs à vocations coopératives et les sociétés coopératives. Le décret 0976/PR/MINAGRI du 15 octobre 1970 fixe les modalités d'application de l'ordonnance. À travers ce dispositif législatif, on s'attend à une véritable politique de promotion des mouvements coopératifs au Gabon. Or, tout comme l'okoumé a subjugué le destin de la colonie du Gabon, le pétrole celui de la

---

[1] ANG, carton 308, affaires économiques, procès-verbal du comité directeur du FIDES, juin 1954.

[2] *JORG*, du 15 février 1961, pp-12-17.

jeune république. En effet, d'heureux auspices ont présidé à l'indépendance du Gabon : la république naissante se réjouit de trouver dans sa « corbeille », outre les produits de la forêt, ceux tout fraîchement extraits du sous-sol. Depuis 1957, le Gabon exporte du pétrole, l'uranium en 1961 et le manganèse en 1962 (Pourtier, 1989, p. 189). Avec le boom pétrolier et minier, les représentants de l'agro-business et les bureaux d'études spécialisés dans le développement ont soudainement fait leur apparition sur la scène gabonaise pour proposer leurs services et arracher leur part du pactole (Monferrer Dante, 1985, p. 58). Dès lors, le modèle agro-industriel s'impose au Gabon pendant près de deux décennies. Au début des années 80, avec la crise économique qui touche le secteur pétrolier, et surtout devant l'échec de l'agro-industrie, les autorités gabonaises revoient leur stratégie en revenant sur un système agricole communautaire. Ce retour au système coopératif a-t-il permis au Gabon de bénéficier d'une agriculture productive ? L'analyse des différentes opérations réalisées jusqu'en 2018 fournit des éléments de réponse.

A / L'agro-industrie : la rupture temporaire avec le système coopératif

De l'indépendance jusqu'en 1980, la modernisation du secteur agricole devait faire l'objet d'investissement pour son développement. Cependant, selon le plan intermédiaire (1963-1965), et surtout le premier plan quinquennal du Gabon (1966-1970), les autorités ont plutôt mis l'accent sur les secteurs miniers et forestiers dans la mesure où ils constituaient les principales sources de revenus pour sortir le pays du sous-développement. Sur cette période, une place importante a été accordée aux autres secteurs au détriment de l'agriculture non seulement en termes d'investissements de l'Etat mais également ceux venant de l'extérieur [1]. Cette situation a eu pour

[1] Direction générale de l'Agriculture, rapport sur l'état des lieux du secteur agricole et rural au Gabon, 1976. Selon ce rapport, de 1966 à 1970, les investissements dans l'agriculture s'élèvent à 677 millions de francs CFA contre 18527 millions pour le secteur forestier et 27400 millions pour le secteur minier.

conséquence la détérioration de la structure traditionnelle. On a assisté alors à un exode rural massif des populations rurales qui allaient désormais travailler dans les chantiers forestiers et miniers du pays, privant ainsi le pays d'une main-d'œuvre agricole villageoise à même de travailler la terre afin d'approvisionner les centres urbains en denrées alimentaires.

Cependant au cours de cette même période, le Gabon a connu une forte croissance économique due essentiellement aux revenus du pétrole. Ce qui a permis, entre autres, d'importer la quasi-totalité des denrées alimentaires dont le pays avait besoin. Mais les prix des produits vivriers importés augmentent considérablement, ils constituent une charge lourde pour l'économie du pays. Le gouvernement s'oriente alors vers une agriculture intensive et mécanisée capable de fournir au pays l'essentiel des produits vivriers. C'est le début de l'agro-industrie. Celle-ci démarre en 1975 avec la création d'une plantation de canne à sucre dans le Haut-Ogooué. Cette orientation prend le contre-pied de l'agriculture traditionnelle, itinérante, familiale et dépourvue de tout outillage. Ce choix qui découle d'une logique technocratique, vise à faire table rase du passé. Le système coopératif hérité de la colonisation est abandonné. Dans ces conditions, l'action à entreprendre s'articule autour d'un certain nombre de plantations agro-industrielles, seules capables d'offrir aux populations des emplois[1]. C'est dans ce sens que les sociétés suivantes sont créées : la Société sucrière du Haut-Ogooué (SOSUHO), en 1977, la Société industrielle d'Agriculture et d'Elevage de Boumango (SIAEB) pour la production des poulets, la Société de Développement de l'Agriculture et de l'Elevage du Gabon (AGROGABON) spécialisée dans la production d'huile de palme et l'élevage de bœufs, en 1981, la Société de Développement de l'Hévéaculture (HEVEGAB), etc.

[1] Il ne s'agit pas des sociétés coopératives, mais des sociétés anonymes avec l'Etat gabonais comme actionnaire majoritaire. Le reste des actions revenait aux entreprises privées comme Elf Gabon. Les produits issus de l'agro-industrie étaient destinés au marché local, le surplus exporté éventuellement.

Les réalisations agro-industrielles qui voient le jour sont conformes aux orientations fixées par les pouvoirs publics. Elles introduisent l'organisation industrielle du travail dans le domaine de l'agriculture. Ces structures agro-industrielles créent près de 5 milles emplois et réalisent un transfert non négligeable d'hommes et de femmes vert le salariat (Pourtier, 1989, p. 292). Cela a pour conséquence le dépeuplement des villages. Pendant que des dizaines de milliards de francs prélevés sur la rente pétrolière sont consacrés aux opérations agro-industrielles, l'agriculture villageoise ne bénéficie pas d'une grande sollicitude de la part des pouvoirs publics. Plus de dix ans après, le secteur agro-industriel connait des difficultés. Il ne donne pas des résultats escomptés. Les pouvoirs publics tentent de rectifier le tir en revenant sur une agriculture communautaire à travers trois projets dont le fonctionnement repose sur les coopératives.

B / Retour à l'agriculture communautaire : les coopératives

Au début des 80, les pouvoirs publics font le constat de l'échec de l'agro-industrie. Quelle politique faut-il alors mettre en place pour favoriser l'agriculture paysanne et familiale ? Comment améliorer l'approvisionnement alimentaire des centres urbains et le relèvement du niveau des revenus ruraux ? Pour les autorités, la solution reste le retour à une agriculture rurale fondée sur la solidarité communautaire. Trois grands projets communautaires marquent ainsi la période postindépendance : les « Opérations Zonales Intégrées » (OZI), le projet d'Appui au Paysannat Gabonais (APG/FIDA) et le programme « Gabon des Réalisations Agricoles et des Initiatives des Nationaux Engagés » (GRAINE).

Concernant le projet OZI, C'est un concept qui voit le jour dans le cadre du cinquième plan de développement économique et social du Gabon. Les OZI sont initiées dans plusieurs localités du pays :

- Dans la province de l'Ogooué-Maritime, à FernanVaz pour y développer la production de la banane plantain afin d'approvisionner les marchés urbains de la capitale économique (Port-Gentil) ;

- Lébamba/Ndendé (province de la Ngounié), pour produire de l'arachide dans la perspective d'alimenter une huilerie qui doit être installée dans cette région ;
- Médouneu (province du Woleu-Ntem), l'objectif est la production de légumes et pomme de terre en vue de ravitailler les marchés de Libreville, la capitale ;
- Mouila et Léconi (province du Haut-Ogooué et Ngounié), ces opérations s'appellent Centre de Promotion Rurale (CPR). Il s'agit des cultures vivrières, le maraîchage et l'élevage avicole. La stratégie est basée sur la recherche appliquée, la vulgarisation des techniques agricoles améliorées, la diversification des activités de production avec l'élevage et la pisciculture ;
- Lastourville (province de l'Ogooué-Lolo), il est question de mettre en place une plantation pilote de 25 hectares de cacao et 13 hectares de café.

L'idée des OZI n'est pas nouvelle, un certain nombre de ces projets reprennent d'ailleurs des opérations qui ont un long passé et un lourd passif : les coopératives. Le concept d'OZI est basé sur le même principe que les coopératives. En effet, les deux systèmes ont pour objectif l'encadrement des paysans en vue de développer leur production. À l'instar du mouvement coopératif, les OZI préconisent une stratégie de développement agricole compatible avec le milieu traditionnel. Ils impliquent l'encadrement de plus de 5 mille paysans regroupés en associations ou sociétés coopératives (BekaleB'Eyaghe, 2013, p. 129). L'OZI effectue mécaniquement tous les travaux de préparation des sols et fournit les semences de départ, l'amendement et les engrais. Dans le cadre du plan intermédiaire 1980-1982, les OZI bénéficient d'environ 13 millions de francs (MagnagnaNguéma, 2005, p. 40).

En 1989, le bilan des OZI est mitigé. En dehors de Lébamba qui a pu produire des résultats intéressants dans la culture d'arachide[1], l'ensemble des opérations initiées en 1984-1985 se solde par des échecs. La production d'arachide par l'OZI de cette

[1] Rapport de FAO sur les OZI dans le sud-est de la Ngounié : conclusions et recommandations du projet, 1991.

localité est en augmentation constante de 1986 à 1989 à travers le tableau ci-après.

Tableau n° 5
Production d'arachide par l'OZI de Lébamba 1986-1989 (en tonnes)

Années	Production
1986	278
1987	475
1988	547
1989	763

Source : Rapport de FAO sur les OZI dans le sud-est de la Ngounié : conclusions et recommandations du projet, 1991.

Lébamba est un exemple intéressant qui témoigne du bien-fondé des OZI dans la mise en valeur rurale. Avec 2063 tonnes d'arachides en quatre ans, il est envisagé l'installation d'une usine de production d'huile d'arachide dans la Ngounié. Mais, cette usine ne voit pas le jour en raison de la réduction des budgets initiaux. Au-delà des questions de budget, les OZI sont confrontées à plusieurs difficultés : impossibilité d'évacuer la production vers les grands centres urbains faute d'infrastructures routières, le manque d'engouement des paysans face au projet, le choix des cultures imposé, l'impréparation des paysans au projet (certains paysans vendaient toute leur production sans mettre de côté des semences pour la prochaine saison de culture). Faute donc de semences, les paysans abandonnent les OZI. Autrement dit, les projets mis en place dans le cadre des OZI, l'ont été dans l'impréparation totale. Les villageois n'ont pas été suffisamment formés pour se prendre en charge. En plus, beaucoup dénonçaient la dépendance technologique et commerciale créée par le projet. En définitive, les OZI ont été abandonnées au bout de quelques années.

Sans véritablement tirer des leçons de cet échec, le gouvernement initie au début des années 90, un autre programme communautaire avec l'appui du Fonds International pour le Développement Agricole (FIDA) dénommé, Projet d'Appui au Paysannat Gabonais (APG/FIDA). Ce projet intervient dans un contexte difficile. En effet, la baisse du prix du baril du pétrole en 1985 plonge le Gabon dans une des plus graves crises de son histoire. Elle a précipité la faillite de plusieurs entreprises, réduisant ainsi au chômage la plupart de leurs employés. Cette situation perdure jusqu'en 1990, année au cours de laquelle viennent s'ajouter les revendications d'ordre politique. Pour faire face aux mouvements de contestation, le gouvernement initie une série de réformes sociales, économiques et politiques. Sur le plan économique, le Gabon envisage la diversification de son économie restée trop dépendante du pétrole. Cette diversification passe par le développement du secteur agricole. C'est dans ce sens que les pouvoirs publics sollicitent les partenaires extérieurs, notamment le Fonds International de Développement Agricole (FIDA). Ce partenariat se traduit en 1993 par la mise en place et le financement du projet Appui au paysannat Gabonais (APG).

Cofinancé donc par le FIDA et gouvernement gabonais, l'APG est mis en œuvre sur 7 ans à partir de 1990. Mais pour des raisons techniques, le projet se réalise en 1993-1994. Comme les programmes précédents, le projet est réparti dans trois provinces du pays : Estuaire, Woleu-Ntem, Ogooué-Ivindo. Son extension à la province du Moyen-Ogooué est prévue à la cinquième année. Le programme se fixe plusieurs objectifs dont les deux principaux sont :

1. Engager un processus de développement fondé sur l'intégration des paysans dans un dispositif de recherche-action permettant d'étudier et de mettre au point des techniques améliorées de production, de transformation et de commercialisation adaptées aux conditions locales ;
2. Promouvoir des structures associatives et des institutions de base capables de redynamiser les activités rurales et de prendre en charge un processus de développement autogéré[1].

Le projet doit initier un développement agricole durable auprès de 3300 petits exploitants, des actions de recherche-développement de vulgarisation, d'appui à la commercialisation et à la transformation des produits locaux. Le projet doit également promouvoir la création de groupements paysans, d'associations ou de coopératives villageoises et un système

[1] Ministère de l'Agriculture, Projet APG /FIDA, Note de présentation, avril 1993.

financier de proximité. Enfin, le projet entend apporter un appui important en formation, en conseils, en animation et en logistique aux bénéficiaires. Le gouvernement estime à 18 000, le nombre de personnes devant bénéficier directement des actions du projet. Le financement du projet est estimé à 4 milliards de francs CFA par an répartis entre le FIDA et l'Etat gabonais (MagnagnaNguéma, 2005, p. 47.).

Durant les quatre premières années, le projet prend forme avec la mise en place des coopératives dans les provinces concernées, la distribution des semences et des équipements agricoles aux paysans impliqués dans le projet. Un accent particulier est mis sur la culture du manioc et de la banane. Dans chaque province concernée, un centre de formation aux techniques agricoles est mis en place. Mais à la cinquième année du projet, les difficultés apparaissent : l'Etat gabonais peine à assurer sa part de financement, les provinces non concernées à l'origine, intègre le projet, le programme ne suscite plus d'engouement, les paysans ne parviennent pas écouler leur production, l'accompagnement à la commercialisation prévu n'est pas effectif, les paysans non préparés au système coopératif, incapacité des exploitants à entretenir leurs plantations, etc. En 1999, le FIDA exprime ses réticences face au projet. Les financements tarissent progressivement[1].

Comme on peut le constater, à l'instar des OZI, le programme d'appui au paysannat gabonais préconise les coopératives agricoles comme base du développement et de la modernisation de l'agriculture gabonaise. Encore une fois, les résultats sont décevants. Le projet n'a pas permis au Gabon de disposer d'un véritable groupe d'exploitants agricoles capables de mettre sur le marché des denrées alimentaires nécessaires à la consommation locale. Le fait, pour des raisons politiques, d'intégrer des provinces autres que celles initialement prévues dans le projet, a détourné celui-ci de ses objectifs.

---

[1] Avec l'assainissement des dépenses publiques consécutif au programme d'ajustement structurel imposé au Gabon par le FMI et la Banque mondiale, le Gabon met fin au financement du secteur productif. Cela se traduit par la baisse drastique des subventions du projet.

Devant l'échec du projet APG/FIDA, le gouvernement lance en 2014, le programme GRAINE, fruit d'un partenariat entre l'Etat gabonais et le groupe privé OLAM. Projet ambitieux, Graine est un programme structurant dont la première phase doit s'achever en 2019. Mais pourquoi ce énième projet ? En effet, le gouvernement gabonais fait le constat habituel que le secteur agricole est toujours embryonnaire, faisant du Gabon un pays fortement dépendant d'importations alimentaires [1]. Selon le gouvernement cette situation résulte de plusieurs facteurs : populations rurales peu nombreuses (14 %), système foncier défavorable à un accès sécurisé à la terre, coût élevé de la main-d'œuvre, manque d'attractivité des jeunes pour l'agriculture[2].

L'objectif du programme est donc de faire passer la contribution de l'agriculture au PIB de 5 à 20 % en 2020, tout en réduisant de 50 %, les importations. Pour ce faire, l'Etat gabonais signe un partenariat avec le groupe singapourien OLAM (Etat gabonais, 51 %, OLAM 49 %). Le projet est piloté par une entreprise de droit gabonais, SOTRADER (Société Gabonaise de Transformation Agricole et de Développement Rural) qui se charge de l'aménagement des terres industrielles et vivrières, les plantations et la construction de trois usines de transformation de l'huile de palme (volet palmier à huile). Conformément à son objet social, la SOTRADER fournit un soutien complet aux coopératives, de la préparation des terres et à la commercialisation des produits. Elle fournit aussi à crédit l'investissement initial, l'équipement et les intrants nécessaires pour le développement de l'exploitation. Elle assure enfin, l'encadrement et l'assistance technique, matérielle et financière des coopérateurs et garantit le rachat de l'ensemble de la production.

Comme les programmes antérieurs, le projet GRAINE repose essentiellement sur le soutien apporté à la création des

---

[1] Rapport du Ministère de l'Agriculture sur la politique agricole au Gabon, 1994.

[2] Direction générale du Trésor (Gabon), note sur le programme Graine, publié le 13 août 2019. Site http//www.tesor.economie.gouv.fr, consulté le 8 octobre 2019.

coopératives agricoles et industrielles [1] au travers de la distribution des parcelles de terre, des semences aux agriculteurs et la mise en place des modalités propres de préfinancement pour faciliter l'accès aux équipements[2].

L'objectif de la première phase du projet est d'intégrer 70 000 ha de plantations villageoises et industrielles, répartie entre une filière export composée de palmier à huile (62 000 ha) et la filière domestique sur 8000 ha (banane plantain, manioc, piment, tomate). Entre 2011 et 2017, l'investissement d'OLAM a atteint 500 milliards de francs CFA dont 4 % pour le projet GRAINE depuis 2014[3]. Le programme est officiellement en cours dans les 9 provinces du pays. Les deux premières années effectives du programme (2014-2016) ont été consacrées à l'aménagement de 1500 ha de terres cultivables et à l'adhésion des petits exploitants agricoles. Les premières récoltes vivrières ont eu lieu en 2017, avec près de 1200 tonnes de banane et de manioc[4].

Selon un rapport du Ministère de l'Agriculture en charge de ce programme, le bilan du démarrage est plutôt mitigé. Il est loin des objectifs initiaux. La SOTRADER a dû faire face à des difficultés importantes qui n'avaient pas été mesurées au préalable : problèmes d'acceptation globale au plan local, difficultés de gestion du foncier rural, création ex-nihilo des coopératives, défaillance du système de Crédit Agricole, etc.

Au total, environ 16 mille petits exploitants inscrits au programme sur près de 800 coopératives pour exploiter un peu plus de 7000 ha de terres aménagées jusqu'en 2017. En 2018, il ne reste que 210 coopératives.

---

[1] Un arrêté est pris le 13 février 2012 en application des dispositions de la loi n° 023/2008 du 10 décembre 2008 de l'Acte uniforme de l'Organisation pour l'Harmonisation en Afrique du Droit des Affaires du 15 décembre 2010. Ce texte fixe la composition du dossier et la procédure d'immatriculation des Sociétés coopératives en République Gabonaise.

[2] Ministère de l'Agriculture, chargé du programme GRAINE, note sur le projet, 22 juin 2015.

[3] *Ibid.*

[4] Ministère de l'Agriculture, chargé du programme GRAINE, rapport d'activité 2017-2018.

Si le PIB national apparait en hausse de 3,9 à 6, 1 % entre 2013 et 2017, la contribution du programme Graine à cette augmentation reste marginale, car imputable aux investissements du groupe OLAM dans ses propres plantations de palmiers à huile[1].

Eu égard aux résultats décevants obtenus avant la fin de la première phase du programme, les pouvoirs publics décident de le reformater concomitamment au soutien accordé par la BAD au secteur agricole au Gabon.

En définitive, le Projet GRAINE connait le même sort que les autres programmes initiés depuis l'indépendance du Gabon : l'échec. Mais pourquoi ce système agricole a-t-il conduit à l'impasse ?

II / La pratique coopérative au Gabon : un bilan mitigé

Mise en place depuis la colonisation, des structures coopératives sont considérées comme des instruments de développement économique et social. Près de 80 ans après, ces organisations paysannes n'ont pas permis au Gabon de disposer d'une agriculture productive. Au-delà des problèmes de fonctionnement et de financement des organisations agricoles paysannes, deux principales raisons expliquent cet échec : la subordination de l'économie gabonaise à l'activité extractive et l'absence de culture coopérative.

A / Une économie gabonaise subordonnée à l'activité extractive

Depuis la période coloniale, l'économie gabonaise est tournée vers le secteur extractif : exploitation forestière, minière et pétrolière. Le développement de ces activités s'est fait au détriment de l'agriculture. De 1937 à 1960, en dehors du Woleu-Ntem où un certain nombre de coopératives agricoles sont couronnées de succès, dans d'autres régions, les structures mises en place ont été des opérations sans lendemain. Ces échecs ne sont pas imputables au système coopératif en tant que tel. Il y a

---

[1] Ministère de l'Agriculture, chargé du programme Graine, rapport 2017-2018.

dans la colonie du Gabon un manque d'engouement des populations africaines vis-à-vis des coopératives. L'exploitation minière et forestière exerce une domination telle que colons et indigènes se détournent de la terre. Ces deux activités stérilisent le développement agricole. Les chantiers forestiers et miniers exercent une telle attraction que, malgré les incitations au travail de la terre, les paysans préfèrent aller exercer un travail salarié. Selon Lasserre (1955, p. 137.), il y a en 1953 un peu plus de 15 mille travailleurs africains sur les chantiers forestiers du Gabon. La législation du travail mise en place après la Seconde Guerre mondiale permet un meilleur contrôle de l'emploi, et ce chiffre peut être retenu comme significatif. Pour la période antérieure à 1940, en revanche, on doit se contenter d'approximation : 16 000 à 25 mille travailleurs selon les années. On peut donc raisonnablement considérer que l'économie forestière a absorbé jusqu'au quart de la force de travail masculine de tout le territoire. C'est la raison pour laquelle Pourtier (2005, p. 173.) présente les chantiers forestiers comme étant des « dévoreurs d'hommes ». Cette tendance se poursuit jusqu'à l'indépendance et risque de compromettre l'avenir du système coopératif au Gabon.

Après l'indépendance, c'est quasiment le même constat, les activités paysannes sont négligées au profit du secteur forestier, pétrolier, minier et de l'agro-industrie. Ces secteurs séduisent les populations rurales en offrant des salaires importants. Un recensement effectué en 1970 montre une forte concentration démographique dans les chantiers forestiers et miniers à savoir, 10 374 femmes et 13 725 hommes (Pourtier, 1989, p. 179). La même tendance est observée dans le secteur pétrolier en plein essor après 1960 à Port-Gentil dans l'Ogooué-Maritime. Du fait de l'activité pétrolière, la population de Port-Gentil est passée de 20 000 habitants en 1960 à 60 000 en 1985. Près de la moitié de cette population provient des autres régions. En 1968, Port-Gentil draine aussi une importante population étrangère de l'ordre de 6634 individus constitués de Français, Américains et Africains, venus profiter de la manne pétrolière (Pourtier, 2005, p. 245).

Au-delà de l'atteinte de l'autosuffisance alimentaire, l'agro-industrie a été érigée en lieu de redistribution de la rente pétrolière, à travers les emplois procurant des revenus stables et les avantages matériels auxquels elles permettent d'accéder. Dans ces conditions, quel est l'intérêt des populations à se consacrer à l'exploitation de la terre même si elle se fait dans un cadre communautaire ? Sinon, comment comprendre qu'un système qui a donné des résultats intéressants dans d'autres pays, a du mal à décoller au Gabon ? Il y a lieu, pour les autorités, de changer les mentalités des populations qui doivent prendre conscience de la nécessité pour le Gabon de disposer d'une agriculture capable d'assurer son autosuffisance alimentaire.

B / L'absence d'une culture coopérative

Le système coopératif mit en place en Afrique en général, au Gabon en particulier, par l'administration coloniale, a peu ou pas de lien avec les institutions et les pratiques transmises par la tradition, selon laquelle les chefs et les anciens encadrent et éduquent les jeunes afin de leur faire assimiler les valeurs et les principes de la communauté. Un ensemble de procédés s'est répandu dans le monde rural pour moderniser les cultures et développer les produits destinés à l'exportation. Cependant, l'ancrage culturel de ce modèle s'est fait dans un contexte d'adaptation et de rejet. Le système coopératif imposé par le colonisateur ne peut réussir tant que celui-ci n'est pas apte à remplir les mêmes fonctions que les structures anciennes qu'il est chargé de remplacer (MakouatsaBoupo, 2019, p. 4.). Autrement dit, le système coopératif transmis aux paysans gabonais est totalement détaché des techniques traditionnelles en matière agricole. Les villageois qui intégraient la coopérative s'éloignaient en quelque sorte de leur famille pour adhérer à une structure destinée à la production agricole moderne. Ceux qui refusaient, étaient contraints par la force d'y intégrer. Dans ce cas, les paysans se sentent exploités par l'administration coloniale et certains notables qui contrôlent la coopérative. On peut donc comprendre pourquoi, sous la colonisation, ce système est resté impopulaire.

Après 1960, au regard de l'échec de l'agro-industrie et de l'exode rural, les pouvoirs publics reprennent ce système dans l'objectif d'amener les paysans à prendre conscience de leur place dans le contexte socio-économique du pays en les organisant pour tirer profit de leurs efforts productifs. Cependant, les paysans adhèrent à ces structures pour accéder à des services et aux aides de l'Etat sans véritablement assimiler les rudiments de la culture du développement et de la culture coopérative. C'est dire qu'au Gabon, les populations n'ont pas encore la culture de se mettre ensemble. L'Etat met en place des mécanismes pour encourager les populations à se prendre en charge. Mais pour bénéficier de ces avantages, l'administration exige le regroupement en coopérative. Cela signifie que l'idée de se regrouper ne vient pas des populations, mais plutôt de l'administration.

Conclusion

Pendant la période coloniale au Gabon, les associations agricoles, Sociétés Indigènes de Prévoyance, coopératives, sont des instruments de mise en valeur économique et sociale. La mise en place de ces instruments a pour but de dynamiser la production agricole coloniale. Le regroupement des paysans au sein des structures associatives participe de cet objectif, car cela permet de mutualiser les forces et les moyens afin d'obtenir un meilleur rendement. Certaines de ces coopératives ont obtenu des résultats intéressants, notamment dans la culture du Cacaoyer dans la région du Woleu-Ntem. Mais dans l'ensemble le mouvement coopératif n'a pas permis au Gabon de devenir une « terre agricole ».

Après l'indépendance, le problème est celui de la poursuite de ce système de coopérative ou de son abandon. De 1960 à 1985, grâce à la manne pétrolière, le Gabon décide de se lancer dans l'agro-industrie susceptible de conduire le pays vers l'autosuffisance alimentaire. Plus de vingt ans après, les autorités font le constat que l'agro-industrie gabonaise est un échec. Non seulement, les entreprises agro-industrielles connaissent des difficultés de tout genre, mais aussi, elles ne sont pas parvenues à fournir aux populations des denrées alimentaires nécessaires à la consommation. Un retour à l'agriculture villageoise est donc nécessaire.

De 1985 à 2018, l'Etat remet en place des projets agricoles communautaires. Il s'agit de l'encadrement des populations rurales au sein des coopératives afin d'y développer un certain nombre de cultures destinées à ravitailler le marché national en produits vivriers. En dépit d'importants moyens financiers et matériels dégagés, ces programmes se soldent par des échecs. Au-delà des erreurs de gestion, des problèmes de financement, le manque de préparation et de formation des populations à la culture coopérative a conduit tous ces projets dans l'impasse. De la période coloniale à nos jours, l'agriculture est restée une activité marginale en raison de l'attrait exercé par les activités extractives sur les populations villageoises qui y voient la possibilité d'être salariés.

Sources et bibliographie

I-Sources d'archives

1. Archives Nationales du Gabon (ANG)

ANG, Fonds de la Présidence de la République, carton 2560, Affaires économique, service de l'Agriculture, note sur les coopératives au Gabon, 1953.

ANG, Fonds de la Présidence de la Républiquecarton284, Affaires économique, rapport service d'agriculture, département du Woleu-Ntem, 1949.

ANG, Fonds de la Présidence de la République, carton 211, Affaires économiques, procès-verbal de réunion, 25 avril 1947.

ANG, Fonds de la Présidence de la République, carton 703, Affaires économiques, note sur les Sociétés les Sociétés Indigènes de Prévoyance, 1938.

ANG, Fonds de la Présidence de la République, carton 55, Affaires économiques, dossier sur la création et la mise en place des coopératives au Gabon, année 1937.

2. Sources imprimées

Ministère de l'Agriculture, chargé du programme GRAINE, note sur le projet, 22 juin 2015.
Ministère de l'Agriculture, chargé du programme GRAINE, rapport de synthèse 2017.
Ministère de l'Agriculture, rapport sur la politique agricole au Gabon, 1994.
Ministère de l'Agriculture, projet APG /FIDA, note de présentation, avril 1993.
Journal Officiel de l'AEF, 23 mars 1940.
Journal Officiel de l'AEF, 15 mai 1940.

II-Bibliographie

AllogoObame G. (2004), *La France et la mise en valeur de l'Afrique noire. Etude de la contribution de la France au développement économique et social de l'AEF, 1946-1959*, thèse doctorat histoire, Université de Provence.

Anonyme (2011), Le droit OHADA des sociétés coopératives, Paris, L'Harmattan.

BekaleB'Eyeghe F. (2013), *Souveraineté alimentaire en Afrique subsaharienne. Le cas du Gabon*, Paris, L'Harmattan.

Boyer M, (1935), *Les Sociétés indigènes de prévoyance, de secours, de prêts et mutuelles agricoles en Afrique occidentale française*, Paris, Donnant-Montchrestien.

Chazel A. et Poyet H. (1965), *L'économie mixte*, Paris, PUF, Que-sais-je,

Coquery-Vidrovitch C. (1984), éd, *Les sociétés paysannes du Tiers Monde*, Paris, l'Harmattan.

Lasserre G. (1955), « Okoumé et chantiers forestiers du Gabon », *Cahiers d'outre-mer*, avril-juin, pp.119-160.

Magnan Nguéma V. (2005), *L'agriculture du Gabon : entre décolonisation et ajustement structurels (1960-2000*), Paris, Karthala.

MakouatsaBoupo N. M. (2019), « La transmission du savoir au sein de deux coopératives du Gabon », in Michel Sot (sous dir.), *Pratique de la médiation des savoir*, Paris,

Editions du Comité des travaux historiques et scientifiques.
Mamadou Dia (1952), Contribution à l'étude du mouvement coopératif en Afrique Noire, Paris, Présence Africaine.
Monferrer D. (1985), « L'introduction de l'agriculture capitaliste en Afrique et ses conséquences : cas du Gabon », in *Politique alimentaires et structures sociales en Afrique Noire*, Coll. Tiers Monde, Paris, PUF.
Prats R. (1955), *Le Gabon, la mise en valeur et ses problèmes*, thèse de doctorat en droit, Université de Montpellier.
Pourtier R. (1989), *Le Gabon, Tome 2, Etat et développement*, Paris L'Harmattan.
Valette J. (1994), *La France et l'Afrique. L'Afrique subsaharienne de 1914 à 1960*, Paris SEDES.
Suret Canale J. (1962) *Afrique noire. L'ère coloniale 1900-1945*, Paris, Editions Sociales.

Evolution et impacts socio-économiques des foires commerciales et carnavals de Bouaké de 1963 A 2002

Jacob Brindoumi Atta Kouamé
Université Alassane Ouattara (Côte d'Ivoire)
jacobkouame@gmail.com

Résumé

Pour assurer la prospérité de la ville de Bouaké, les autorités communales ont instauré en 1963 les foires commerciales et culturelles. Unique en son genre, les foires commerciales et culturelles de Bouaké attiraient divers exposants et acheteurs venus des différentes villes de la Côte d'Ivoire, du Mali et du Burkina Faso. Jusqu'en 1980, ces foires, organisées régulièrement, ont suscité un réel engouement de la population et une mobilisation effective des entreprises de Bouaké et d'Abidjan. Elles ont contribué à l'accroissement des activités commerciales et des infrastructures d'hébergement, de loisirs et de santé, à l'agrandissement de la ville et aussi à rehausser l'image de Bouaké. Par conséquent, elles ont constitué un des facteurs de développement de la ville de Bouaké. Mais à partir de 1980, la crise économique et le départ du maire initiateur affectent durement l'organisation des foires. Les entreprises confrontées à des difficultés financières sont de moins présentes aux différentes semaines commerciales. En outre, les nombreux visiteurs achètent très peu de marchandises. Enfin, la mairie suspend ses appuis financiers à l'organisation de cette activité à partir de 1995. La reprise des foires à partir de 1994 est stoppée par la crise militaro-politique de 2002 qui a consacré la partition du pays en deux zones.

Mots clés : Foire – Commerce – Bouaké – Culture - Industrie - Commerçants

Abstract

To ensure the prosperity of the town of Bouaké, municipal authorities established trade and cultural fairs in 1964. Unique in its genre, the trade and cultural fairs of Bouaké attracted various exhibitors and buyers from different countries and cities in the country, mainly from Abidjan, Mali and Burkina-Faso. Until 1980, these fairs organized regularly, attracted a real influx of the population and an effective mobilization of companies in Bouaké and Abidjan. They have contributed to the increase of commercial activities and accommodation infrastructure recreation and health, expansion and enhancement of the image of Bouaké. As a result, they constituted one of the development factors of the town. But from 1980, the economic situation and departure of the initiating Mayor, severely affected this economic and cultural activity. Companies facing financial difficulties were less likely to be present at different business weeks. In addition, many visitors bought very few goods. Finally, the Town Hall suspended its financial support to the Organization of this activity from 1995. The resumption of fairs in 1994 was halted by the political crisis of 2002, which consecrated the partition of the country in two zones.

Key words : Fair – Trade – Bouaké – Culture - Industry - Traders

Introduction

Bouaké, chef-lieu de département, est située à 7°4' de latitude nord et à 5°0' de longitude ouest. Capitale politique, administrative et économique du Gbêkê, la ville se localise au centre de la Côte d'Ivoire. Elle est à 360 km d'Abidjan au Sud, 240 km de Ferkéssédougou au nord, 383 km de Bondoukou à l'Est et à 515 km de Danané à l'Ouest. En outre, elle est un carrefour de grands axes routiers et ferroviaires lui permettant d'être en contact avec d'autres villes de la Côte d'Ivoire et des pays frontaliers. Créé au milieu du XIXe siècle par les baoulé faafoué après avoir expulsé les sénoufos et les gourode la zone (Gbodjé, 2016, p.27), Bouaké a toujours été un centre commercial à cause de la présence de malinké rompus aux techniques du négoce.

Avec la création du poste français en 1898 et l'arrivée du chemin de fer en 1912, Gbêkekro amorce un décollage économique à cause du renforcement de l'activité commerciale, de l'imposition de la culture intensive du coton et plus tard de la création de la filature Gonfreville. Jusqu'à l'indépendance de la Côte d'Ivoire en 1960, Bouaké demeure le second centre commercial et industriel du pays avec un tissu industriel assez modeste. Pour promouvoir et accroître le poids économique de Bouaké, le maire DjiboSounkalo[1] et les autorités de la ville instaurèrent les foires commerciales et culturelles à partir de 1963. Malgré la crise économique des années 1980, les foires sont régulièrement organisées jusqu'au déclenchement de la crise socio-politique muée en rébellion armée. Durant ces trente-huit (38) ans, comment les foires commerciales ont-elles contribué au rayonnement économique de Bouaké ? Au regard de l'émergence économique prônée par les autorités gouvernementales actuelles, n'est-il pas nécessaire de ressusciter les foires commerciales de Bouaké ?

Vu l'importance des foires commerciales de Bouaké de 1963 à 2002, la pérennisation des foires commerciales et carnavals pourraient impulser le développement économique de la ville de Bouaké et celui de la Côte d'Ivoire. A cet effet, notre objectif consiste à montrer la dynamique des foires commerciales et leurs implications socio-économiques entre 1963 et 2002. Pour y parvenir, nous avons eu recours à une documentation composée essentiellement de documents d'archives, d'articles, des travaux scientifiques et d'enquêtes orales. Les recoupements, la

---

[1] Djibo Sounkalo, né le 16 août 1909 á Boutilmit (Mauritanie), était instituteur de formation et planteur de profession. Ce grand compagnon de lutte d'Houphouët-Boigny a été le premier et vénéré maire de la ville de Bouaké (1956-1980). Elu député pour le 4 décembre 1958 á l'Assemblée constituante, il sera constamment réélu á l'Assemblée nationale (1960-1980). Vice-président de l'Assemblée nationale (1958-1960), puis successivement membre des commissions de L'Intérieur, des Domaines et des Finances. Membre du mythique Syndicat agricole africain en (1944). Il était inspecteur de l'enseignement primaire de classe exceptionnelle, lorsqu'il prend sa retraite, dans ce domaine (1968). La politique et le PDCI-RDA le happent en 1946. Conseiller territorial (1946), réélu en 1951, secrétaire général adjoint du PDCI de Bouaké, sénateur de la communauté (1958), membre du Bureau politique, conseiller économique et social (1960-1965), président du Conseil d'administration de la Fédération cotonnière d'Afrique et de Madagascar. Il meurt le jeudi 24 mai 2001.

comparaison des informations et l'analyse ont permis d'élaborer le plan suivant : les années glorieuses des foires de Bouaké, les foires en crise et les effets socio-économiques des foires à Bouaké.

I / Les années glorieuses des foires commerciales et carnavals de Bouaké (1963-1980)

Au cours des décennies 1960 et 1970, la ville de Bouaké a connu une célébrité en raison de son carnaval. Cette activité économique et culturelle attire de nombreuses populations venues des autres régions de la Côte d'Ivoire et aussi des pays voisins.

A / Les facteurs de l'instauration des foires commerciales et culturelles

Ville carrefour située à la lisière de la forêt et de la savane, la ville de Bouaké était un centre commercial important pour la Côte d'Ivoire et la sous-région. En effet, Bouaké était une zone de transit pour le commerce du cola, du poisson séché, du bétail, des produits vivriers et des esclaves (Sirven, 1972, p.100). Ala fin du XIXe siècle, le village de Kotia-Koffikro, proche de Bouaké, est devenu un marché de vente des captifs de guerre de Samory Touré et de Mory Touré (Brindoumi, 2015, p.263-268). Avec l'arrivée du chemin de fer en 1912 et l'installation des maisons de commerce[2], l'activité commerciale se renforce davantage à Bouaké. La capitale du centre devient un marché d'évacuation et de redistribution des marchandises.

Par ailleurs, Bouaké est accessible grâce aux infrastructures routières, ferroviaires et aéroportuaires dont elle dispose. La ville est reliée aux autres localités de la Côte d'Ivoire, et aux pays limitrophes du nord par des voies bitumées. Elle est par excellence un grand carrefour routier de la Côte d'Ivoire, car se trouvant à peu près à égale distance des autres régions. En outre,

---

[2] Les premières maisons de commerce à Bouaké sont la Compagne Française de l'Afrique de l'Ouest (CFAO), la Compagnie Commerciale de Côte d'Ivoire et la Compagnie de Kong.

Bouaké est dotée d'une gare ferroviaire inaugurée en 1912[3]. Ce chemin de fer avait pour mission d'assurer l'évacuation des productions agricoles et pastorales du nord vers Abidjan et l'approvisionnement de Bouaké en produits européens. Par ailleurs, la mise en place des commissariats de police, de l'escadron de gendarmerie et d'un bataillon militaire permet d'assurer la sécurité de la ville.

En plus des infrastructures routières, Bouaké est la deuxième ville industrielle de la Côte d'Ivoire. Son industrialisation démarre en 1921 avec la création de l'usine de Gonfreville[4]. Le phénomène d'urbanisation s'accélère à partir de 1945 avec la création des sociétés FIBAKO, SARI, SAMELA, LBTP, SOLIBRA et SODECI. Entre 1960 et 1975, le tissu industriel de Bouaké se renforce avec la création de TRITURAF, SOCITAS, SETECI, IVOIREMBAL, Filature et Tissage, SIMA, SIBM, AGID-CI, STAR-AUTO, SICTA, SIBAGREC et CNBF[5]. La présence de ces différentes industries constitue un atout réel pour le développement de Bouaké et aussi pour le succès des foires commerciales.

En outre, la ville de Bouaké abrite aussi des centres de recherche depuis l'époque coloniale, notamment l'Institut de Recherche Agronomique Tropicale et des cultures vivrières (IRAT), l'Institut de Recherche sur le Coton et es Textiles (IRCT), l'Institut d'Elevage et de Médecine Vétérinaire des pays Tropicaux (IEMVPT), le Centre de Recherche Zootechnique (CRZ) et l'Association pour le Développement de la Riziculture en Afrique de l'Ouest (ADRAO). En plus des industries, des

---

[3] Le chemin de fer dont les travaux de construction ont commencé le 12 janvier 1904 après la signature du décret du 06novembre 1903, arrive à Bouaké en 1912. L'inauguration de la gare de Bouaké a eu lieu du 14 au 15 mars 1913 en présence de William Ponty, gouverneur général de l'AOF et d'autres personnalités coloniales dont le commandant Thomasset directeur du chemin de fer, le député français Le Hérissé et le gouverneur Gabriel Angoulvant (Gbodjé, 2016, p. 114-117).

[4] ERG, 1971, *Gonfreville, cinquante ans d'industrie en Afrique (1921-1971)*, Pero/Milan, Poligrafico G. Colombie SPA Brochure, p. 25.

[5] Ministère du Plan et de l'Industrie, 1984-1985, *Répertoire des industries et des activités de Côte d'Ivoire*, Abidjan, p. 50.

infrastructures routières et des instituts, Bouaké dispose d'une forte communauté malinké spécialisée dans le négoce.

Les Malinkés, appelés communément « Dioula » représentent environ 44 % de la population de Bouaké (Aloko, 2001, p.161). Ils sont très actifs dans le commerce. Leur forte présence à Bouaké permet à Jean Tricartcité par Mathieu (1977, p.60) d'affirmer que « Bouaké, c'est la métropole du commerce dioula en Côte d'Ivoire ». Elle assure la fonction de transit des produits importés et des produits en provenance des pays du nord. Le tableau n° 1 ci-dessous indique la composition des ethnies à Bouaké.

Tableau n° 1

Composition ethnique de la population de Bouaké (en %)

Ethnies	1958	1969	1975
Baoulé	23,1	24,1	24
Dioula (ethnies du nord)	57,7	52,4	53
Ethnies de forêt (Krou, lagunaire)	2,7	12	17
Autres (Européens, Libanais)	6,5	4,6	6

Atta (1978, p.103).

Ce tableau montre que la population de Bouaké était dominée par les Dioula[6] qui représentaient plus de 50 %. Ancienne ville de garnison et centre commercial important, Bouaké a surtout attiré les commerçants dioulas. C'est pourquoi, Sirven (1972, p.34) la qualifie d'« une ville mandingue au cœur du pays baoulé ». Ceux-ci constituent, en effet, la majorité de sa

[6] Dioula, c'est communément tout individu d'origine nordique ivoirien ou non, en principe musulman parlant un dialecte mandingue et portant le boubou. Le groupe dioula comprend aussi des ethnies très différentes : Malinké, Bambara, Haoussa, Jerma, Ouolof, Peulh, Senoufo, et même des gens ordinaires d'autres ethnies de Côte d'Ivoire converti à l'Islam. Le dioula s'adonne généralement au négoce, au colportage et à certaines formes d'artisanat. En Côte d'Ivoire il se trouve que la majorité des commerçants et des transporteurs sont dioula. Par conséquent, pour la masse ivoirienne, le dioula c'est le commerçant ou le transporteur (Atta, 1978, p. 103).

population. Parmi ce groupe dioula, l'on y note la présence d'une forte communauté malienne et voltaïque. La population baoulé originaire de la région a toujours été faible et malgré son urbanisation, de plus en plus importante, Bouaké reste encore une ville étrangère à sa région (Atta, 1978, p.103). La forte présence des Dioulas est liée à la libération des esclaves[7] du marché de Kotia-Koffikro en 1898 et surtout l'arrivée du chemin de fer à Bouaké. Les Baoulé ne forment que le quart de la population totale ; leur nombre n'a sensiblement augmenté qu'à partir de 1960. Ils habitent dans les différents villages et campements qui entourent la ville. Toutefois, le tableau n° 1 indique une sensible diminution des populations du nord au profit de celles de la forêt. Cette poussée des migrants originaires du Sud est principalement d'ordre professionnel (mutation de fonctionnaires, scolarités...) et aussi aux foires commerciales.

B / La création des foires commerciales de Bouaké

L'instauration des foires en Côte d'Ivoire remonte à l'époque coloniale avec la première foire d'exposition agricole du 4 au 5 avril 1926 à Bouaké, à l'issue duquel les producteurs de meilleurs cotons recevaient des primes en espèce[8] et en nature[9]. Cette initiative s'est poursuivie avec le Gouverneur Dieudonné Reste, qui, voulant relancer l'économie coloniale après la crise de 1930, estimait que l'attribution de la prime aux meilleurs producteurs pouvait stimuler la production en quantité et en qualité du coton. Il voulait par là susciter chez l'Africain l'appât du gain et développer en lui l'esprit d'excellence.

---

[7] Ces esclaves sont des captifs de guerre de Samory qui étaient vendus au marché de Kotia Koffikro. Les premiers esclaves furent libérés entre 1898 et 1903 lors de la conquête de Bouaké par les Français. Ils sont alors installés au nord de Bouaké dans un espace qui fut appelé quartier Liberté (Brindoumi, 2015, p. 267).

[8] La prime en espèce est de 5 000 francs.

[9] 1 RR 67a Cabinet du gouverneur, *Circulaire à messieurs les administrateurs des cercles de Baoulé, Dimbokro, Séguéla, Daloa, Bouaflé, Man, Odienné, Korhogo, Dabakala, Abengourou (pour Bondoukou) au sujet des instructions concernant la campagne cotonnière 1926-1927*, Bingerville 29 mars 1926.

Après l'indépendance, les autorités communales, en accord avec la Chambre de Commerce et d'Industrie réinstaurèrent les foires. Le Comité Permanent de la Foire Internationale de Bouaké (CPFIB[10]) composé des membres de la Chambre de Commerce et d'Industrie de Bouaké fut créé à cet effet. La première édition qui eut lieu du 26 janvier au 4 février 1963fut placée sous le signe de la coopération internationale. Elle a enregistré la participation de pays européens, africains, asiatiques et américains[11]. Devant ce nombre impressionnant de pays invités, les autorités communales voulurent offrir aux opérateurs économiques l'occasion de mieux connaître les potentialités économiques en vue d'éventuels investissements à Bouaké. Le volet commercial était animé par diverses entreprises locales dont la liste figure dans le tableau n° 2 ci-dessous.

[10] Ce comité est dirigé par Jean Pierre Lallemand, secondé par N'guessan Paul. Le secrétariat est assuré par A. Moutiez. Il dispose d'un bulletin de liaison, *La Gazette* de la foire (CPFIB, 1963, p.1).

[11] Les Etats présents sont : France, Allemagne, Grande-Bretagne, Belgique, Luxembourg, Suisse, Canada, Etats Unis d'Amérique, Israël, Libéria, Maroc, Haute-Volta, Cameroun, Algérie, Cambodge, Congo Léopoldville, Congo, Mali, Tchad, Togo, Sénégal, Niger, Rwanda, Gabon, Dahomey, Guinée, Madagascar, Tunisie, Ghana, Haïti (*Abidjan matin*, du 26 janvier 1963, p. 6).

Tableau n° 2
Liste des entreprises présentes à la foire de Bouaké en 1963

Domaine d'intervention	**Entreprises présentes**
Les commerçants de Bouaké	Diverses activités commerciales
Industries automobiles	Bouaké pièces auto, CAA, Renauld, CACOMIAF, CICA auto, CICA, CICA AULIC, COLAS, COMAF, SARI
Entreprises diverses	PEYRISSAC, SABM, SACRA, SAEAC & SIMOMONS, SAFRIC, SAFICOCI, SAMELA, SCOA, SIDE, SOBOCI, SOCIETE A. PIERRE TRECHE, SOCOPAO, SOPA, SOSIK & ABARNOU, STOCKVIS, TAHIRI ABSALAM, MANUTENTION AFRICAINE, MASSEYE & FERRAS, DIETHELM & POCCILO, SOCIETE AFRICAINE RADIOELECTRIQUE, BAO, BARADERIE
Industries du bois	SCIERIES DU BANDAMA, SCIERIES DU BAOULE
Compagnies pétrolières	AGIP
Compagnies de transport aérien	AIR-FRANCE, UAT, AIR-AFRIQUE
Industries extractives	SAREMCI, SODIAMCI
Industries alimentaires	BLOHORN, BRACODI, CAPRA, Comité Nationale de propagande du café, MIPA
Industrie textile	ERG, Ficellerie de Bouaké
Maisons de commerce	CFAO, CFCI

Source : Ouattara (2018) p.147.

Cette première édition fut placée sous la présidence du Président Félix Houphouët-Boigny. La présence de ces nombreuses entreprises et de 250 000 visiteurs témoignait du succès de la première édition des foires. Ce succès encouragea les autorités municipales à entreprendre de nouvelles initiatives.

Le but des foires commerciales était à la fois économique et culturel. En effet, la foire commerciale était une plate-forme d'échange pour les commerçants, les industriels et les consommateurs. A cet effet, Hoppé (1990, p.4) affirme que « la semaine commerciale est l'occasion propice pour tous les industriels et commerçants de réaliser les chiffres d'affaires bien au-dessus de la moyenne ». En outre, elle était une occasion de promouvoir les produits commerciaux locaux. Pour Coulibaly (2002, p.6), la foire commerciale était aussi un cadre d'incitation des Ivoiriens à l'activité commerciale.

En plus des industriels, on notait la présence de commerçants de produits vestimentaires, des produits cosmétiques, des vendeurs d'appareils électroménagers et électroniques. En outre, il y avait et des restaurants et des « maquis » [12]permettant aux exposants ou aux visiteurs de s'alimenter ou consommer de la boisson. La dernière catégorie des exposants était constituée d'industriels. Il s'agissait des industries de Bouaké et d'Abidjan, de la SODECI, la CIE et les sociétés de téléphonie.

Jusqu'en 1980, les foires commerciales étaient organisées par un comité constitué des représentants de la Chambre de commerce et de la mairie. Le maire Djibo Sounkalo était souvent présent aux différentes réunions de son organisation. Ce comité bénéficiait d'une subvention de la mairie et payait une caution d'un million de FCFA ou plus à la municipalité (Traoré, 2014, p.74). Cette somme correspondait au droit d'occupation du domaine public. L'espace était divisé en plusieurs stands par le comité d'organisation qui les vendait aux exposants. Plusieurs types de jeux étaient présents aux foires commerciales. Il s'agissait des jeux de hasard (dé, mini casino, cartes, toupie…), des jeux pour enfants, le concours Miss carnaval, des concours de danses et la tombola, dont le tirage au sort avait lieu le jour du carnaval. Enfin, le dernier groupe d'exposants faisait partie du comice agricole. Le comice agricole était une association privée qui venait à la foire pour enseigner les techniques agricoles, exposer les outils agricoles et les meilleures semences. Le but du

---

[12] Sortes de restaurants informels très courants en Côte d'Ivoire.

comice agricole était de promouvoir la modernisation de l'agriculture ivoirienne.

C / L'institution des foires carnavals

La nouvelle initiative des autorités communales fut l'institution du carnaval dès 1964. Le maire DjiboSounkalo (1988, p.33) justifiait la création du carnaval en ces termes :

> Nous avons trouvé que seul Abidjan à cette époque-là, était super animé. Pourtant, Abidjan ne constituait pas la Côte d'Ivoire. Nous avons voulu décentraliser un peu les manifestations de défoulement, créer quelque chose pour amuser en obligeant les Abidjanais à venir eux aussi découvrir l'arrière-pays.

Pourfaire de Bouaké une ville attractive au niveau touristique, artistique et musical, le maire et ses fidèles compagnons [13] montèrent le projet de carnaval. Les premières éditions connurent un véritable succès selon le témoignage du maire DjiboSounkalo (1988, p.33) : « Dès les premières années, tout Abidjan s'est rué sur Bouaké pour vivre la fête. Nous étions fières et heureux d'avoir trouvé quelque chose pour égayer notre jeunesse et la maintenir en place ». Selon Ouattara (2018), le succès de cette dernière édition du carnaval s'explique par deux raisons essentielles. La première est qu'elle rappelait la commémoration populaire du 14 juillet à l'époque coloniale. La seconde est que l'édition de 1964 constitua un test avant la célébration du quatrième anniversaire de l'indépendance de la Côte d'Ivoire prévue à Bouaké.

Pour assurer une meilleure organisation, le comité associa le carnaval à la foire commerciale à partir de l'édition de 1966 (Ouattara, 2018, p.149). La première semaine était consacrée au

---

[13] Lamine Fadiga vice-président de la chambre de commerce, Lapurge Berget, Mansil, Darbon, Tidori, Lotto Nomel directeur du service des transports routiers, Denis Yacoli président des associations des jeunes de Côte d'Ivoire, madame Moreau, Guy Lapouge, Coulibaly Bakary, Djéni Kobina et les représentants des différentes sociétés et maisons de commerce de Bouaké (Mohamed, 1970,p.4).

volet commercial et la seconde aux festivités du carnaval. Le carnaval constituait « une fête de mi-carême, avec un accent mi-sacré, mi-païen emportant durant les folles journées les foules vers un monde de gaieté et de couleur, loin des problèmes et des soucis du monde quotidien » (Koné, 1965, p.4). Une tombola était organisée en vue d'inciter les visiteurs à l'achat de marchandises. En outre, des remises étaient faites sur les différentes marchandises. Au cours de la décennie 1970, les organisateurs introduisirent deux innovations majeures, à savoir : le concours Miss carnaval en 1972 et le village des artisans en 1978.

La foire culturelle était organisée autour de trois grands espaces. Le premier espace, qui constituait la première étape du carnaval, était le village du carnaval ou le village *Gbêkêkro* situé entre le bâtiment EECI et le palais du carnaval. Cet espace abritait le concours gastronomique entre les différents restaurants et « maquis », les jeux et les danses traditionnelles. Le concours culinaire avait pour objectif de promouvoir la gastronomie traditionnelle ivoirienne. En plus des danses traditionnelles, le village du carnaval accueillait aussi les animations de l'Orchestre de la Fraternité Ivoirienne (OFI) qui était un célèbre groupe musical local des années 1970 et 1980.

Le deuxième espace était constitué par la piscine municipale. Ici, au lendemain du village du carnaval et pendant une journée très animée, les festivités se terminaient la nuit par l'élection de Miss carnaval, le bal masqué et le concours de travestis. L'entrée au bal était impérativement conditionnée par le port du masque. Le port du masque favorisait le contact entre les différentes couches sociales et professionnelles (Traoré, 2014, p.74). Certaines candidates du concours Miss carnaval venaient d'autres villes telles qu'Abidjan, Bouaflé, Gagnoa, Dabou, Béoumi, Sakassou, Yamoussoukro, Botro (Akrou, 1987, p.15).

Le dernier espace était celui des festivités populaires dans les rues de la ville. Ces festivités concernaient la course de relais, le cyclisme ou le défilé de chars. Le défilé de chars était une occasion de faire la promotion des activités de la ville. En tête du cortège royal se trouvait la fanfare du troisième bataillon, suivi des chars du service civique, du complexe télévisuel et les majorettes du Collège d'Enseignement GénéralKoko. Le reste du cortège se composait de la fanfare du collège Saint Viateur, les gymnastes du CEG de Koko et enfin le « père » du carnaval.

II / Les foires commerciales et culturelles éprouvées par les crises : 1980-2002

Malgré la crise économique des années 1980 et 1990, les autorités communales maintenèrent l'organisation régulière des foires commerciales et culturelles. Mais des réformes introduites et les effets de la conjoncture favorisèrent la désagrégation progressive des foires jusqu'à leur suspension en 2002.

A / Les foires commerciales face à la crise économique

La crise économique des années 1980 a fortement ébranlé les différentes foires commerciales et culturelles. En effet, elle a réduit le pouvoir d'achat de la population confrontée au chômage et à des licenciements abusifs. Cette crise, provoquée par la chute des prix des matières premières agricoles sur le marché mondial, provoqua aussi l'appauvrissement du monde paysan. Par conséquent, les différents stands de la foire commerciale accueillirent de nombreux visiteurs, mais très peu d'acheteurs (Akrou, 1986, p.15). Le plus souvent, les visiteurs n'avaient plus les moyens financiers nécessaires pour s'offrir les marchandises proposées par les exposants.

Ces derniers, également frappés par la crise, connaissaient d'importants déficits associés avec des conditions de participation de plus en plus difficiles à remplir. C'est ainsi que le prix des stands est passé de 70 000 FCFA en 1984 à 85 000 FCFA en 1985 (Kakapé, 1987, p.14-15) et à 90 000 FCFA en 1993 (Hoppé et Kouamé, 1993, p.16). Entre 1984 et 1993, les stands des « maquis » étaient fixés à 50 000 FCFA alors que les propriétaires devaient dépenser au minimum 300 000 FCFA pour les aménager (Ibid., p.10). Ce coût élevé pour la préparation de l'espace était en défaveur des propriétaires des « maquis ». Contrairement aux éditions des années 1970, la première journée était celle qui permettait aux commerçants de réaliser des chiffres d'affaires record. En 1987, le « maquis » Mass Doli réalisa un chiffre d'affaires de 300 000 FCFA le premier, mais les jours suivants ses recettes n'excédèrent pas 100 000 FCFA (Akrou, 1987, p.11). Face à la faiblesse des achats, les « maquis » connurent un bilan négatif au cours de l'édition de 1991. Amenan Thérèse, par exemple, se retrouva avec un déficit de 200 000 FCFA et une ardoise de boisson évaluée à 120 000 FCFA (Hoppé et Sylla, 1991, p.11), soit un total de 320 000 FCFA. Cette situation suscita le découragement de certains commerçants qui devinrent de plus en plus peu motivés à participer aux foires commerciales.

La crise a favorisé la fermeture des industries et grands magasins de commerce participant aux foires commerciales de Bouaké. Cette fermeture a réduit l'activité des exposants à cette activité et certaines maisons y ont carrément interrompu leur participation. Pendant la période de crise, le nombre de stands a chuté, passant de 112 en 1985 à 100 en 1987 (Akrou, 1987, p.11) en dépit d'une légère hausse en 1993 où le nombre de stands a atteint 120. Pour la survie des foires, les organisateurs initièrent des réformes à savoir la suppression de certaines activités des foires culturelles. Il s'agit du concours des travestis, le défilé des chars, le bal masqué et le sport. Cette suppression des activités importantes des foires culturelles était également liée aux difficultés financières découlant de l'arrêt des subventions de la mairie (Traoré, 2014, p.91). La foire culturelle fut définitivement supprimée en 1995.

B / L'échec des réformes du maire Konan Blédou Michel (1980-1990)

En 1980, Konan Blédou Michel succéda à DjiboSounkalo à la tête de la mairie grâce à sa victoire aux élections municipales. Dès son arrivée, il constata que les foires commerciales et culturelles faisaient la part belle aux exposants venus d'ailleurs. Jusqu'en 1980, très peu d'innovations furent cependant apportées à l'organisation des foires. D'année en année, la foire se caractérisa par sa monotonie (Kakapé, 1980, p.8). Dans son discours à la cérémonie d'ouverture de la XVIIe édition en 1981, le président du comité d'organisation, Kouakou Kan Célestin - cité par Akrou -dénonçait la léthargie en ces termes :

> Ce carnaval a très vite sombré dans une monotonie agaçante et demeure immuable, spécifique à un groupuscule d'organisateurs qui lui ont jalousement fermé les portes sur la population entière. Aujourd'hui retranché dans une atmosphère étouffante, le carnaval de Bouaké veut éviter l'asphyxie en s'oxygénant un peu. L'esprit du renouveau qui envahit notre pays et le vent de démocratisation qui souffle sur toutes nos régions, sont ses atouts. Le carnaval a donc besoin de peau neuve, de se faire une nouvelle santé, et de retrouver une nouvelle identité Akrou (1981, p.12).

La piscine municipale devenue vétuste, le bal masqué et l'élection de Miss carnaval furent abandonnés. Les organisateurs déplacèrent ces deux importantes cérémonies au stade municipal dès 1982. En outre, la création du village *Gbêkêkro* ou village artisanal la même année permit aux artisans de se faire connaître tout en vendant les atouts touristiques de Bouaké (Ouattara, 2018, p.222). Parmi ces artisans, l'on peut citer les tisserands, les potières d'Adissakassou et les sculpteurs. Des concerts et des danses traditionnelles y furent également organisés. A côté du village touristique, se dressait l'espace gastronomique appelé « village maquis ».

Ces nouvelles mesures, bien que porteuses d'espoir limitèrent néanmoins la portée du carnaval de Bouaké. Jadis ouvert à toute la nation et au monde entier, le carnaval devint régional, réduit à la simple limite de Bouaké. Seule la culture locale fut exaltée. Par conséquent, le carnaval attirait de moins en moins de personnes. L'avènement du phénomène de *paquinou*[14] dans les villages contribua à ravir les festivités à Bouaké, car les deux évènements se tenaient presque à la même période (février-mars). A partir de 1985, la conjoncture économique devenant de plus en

---

[14] Paquinou, terme baoulé, est la forme païenne de la fête chrétienne Pâque en pays baoulé de la Côte d'Ivoire. Au cours de cette période, l'on assiste à la ruée des baoulé résidant dans les différentes régions vers leurs différents villages. Il s'agit des travailleurs des centres urbains (fonctionnaires et travailleurs du secteur informel) et des paysans ayant immigrés dans les zones forestières. C'est une occasion de retrouvailles entre les membres d'une même famille et aussi de discussion sur les projets de développement du village.

aigüe, les autorités ne parvinrent pas à constituer un budget[15] conséquent pour l'organisation des foires. Elles préférèrent davantage investir dans les infrastructures socio-éducatives en vue de préserver leur image. Leur but était de gagner la bataille des élections municipales. En 1987, la semaine commerciale faillit ne pas être organisée du fait de la faiblesse du budget (Ouattara, 2018, p. 244-245).

C / Les tentatives de relance des foires de Bouaké de 1991 à 1999

Démarrée en 1987, la réforme des foires commerciales est mise mis en œuvre à partir de 1994. En effet, à partir de cette année et malgré la crise économique, certaines industries parvinrent à se relancer graduellement (Akrou, 1987, p.15). Après concertation avec les autorités administratives et politiques, les organisateurs maintinrent la foire commerciale en l'étendant sur deux semaines. Pour les organisateurs, le maintien des foires commerciales visait à « attester de la santé florissante des activités de distribution à Bouaké, affirmer le caractère de pérennité et de permanence de la semaine commerciale, rendre un hommage à la politique de libéralisme, relever les défis de la mauvaise conjoncture » (Kakapé, 1987, p.14-15). Au niveau du carnaval, le budget était désormais constitué par l'apport de la mairie, le ministère du Tourisme, les entreprises et les exposants à la foire commerciale.

Avec la relance économique, les entreprises furent de plus en plus présentes aux semaines commerciales. Le nombre de stands connut une hausse en passant de 100 en 1987 à 120 en 1993. Le réengagement de certains employés mis au chômage technique permit d'accroître le pouvoir d'achat de la population et par conséquent la hausse du chiffre d'affaires des exposants.

D / La suspension des foires carnaval de Bouaké

L'engouement suscité par la reprise des foires fut éphémère. Des évènements malheureux entachèrent sérieusement la survie de la foire. Avec la suppression des subventions de la mairie à

---

[15] Le budget annuel du carnaval est estimé entre 150 et 200 000 000 FCFA (Ouattara, 2018, p. 223).

l'organisation des foires commerciales, les organisateurs, ne pouvant plus supporter les coûts, adoptèrent une nouvelle formule de la foire carnaval de Bouaké en 1999. Cette nouvelle formule consistait en la combinaison des deux foires en une activité qu'ils baptisèrent « Carnaval de Bouaké ». La durée du dit carnaval était fixée à deux semaines. Certaines activités furent supprimées à savoir le défilé à travers la ville, le concours de Miss et le bal masqué. En outre, les organisateurs alternèrent les danses traditionnelles et la culture moderne. A l'édition de 2000, les organisateurs réinstaurèrent le sport, notamment le cross populaire[16].

Malgré ces efforts de relance cependant, certains évènements vinrent hypothéquer voire condamner définitivement les foires carnaval de Bouaké. Il s'est agi d'abord de l'incendie du grand marché, en avril 1998 (Janin, 2001, p.178), qui a engendré d'énormes pertes matérielles pour les commerçants et poussé la mairie à arrêter ses subventions à la foire commerciale en 1999. Ensuite il y a la crise socio-politique de Côte d'Ivoire, amorcée le 19 septembre 2002, qui a véritablement porté le coup de grâce à l'organisation des foires commerciales. En effet, l'occupation de la ville de Bouaké par des rebelles a suscité la fermeture des entreprises, des administrations, des hôpitaux, des écoles et le ralentissement de l'activité économique. Pire, les locaux de la mairie furent fermés et les autorités communales arrêtèrent leurs activités. D'où la suppression de l'organisation des foires carnaval après l'édition de 2002.

III- L'impact des foires commerciales sur le développement de Bouaké

Facteur de brassage et de cohésion sociale, les foires commerciales de Bouaké ont eu un impact certain. En effet, non seulement elles ont constitué une source de revenus pour l'économie locale, mais elles ont également entrainé l'immigration de nombreux commerçants dans la région.

[16] Catalogue foire carnaval de 2001.

A / La foire, source de revenus

Les intérêts financiers générés par les foires furent importants. Certes la faiblesse des données ne permet pas d'établir des statistiques sur une longue période pour évaluer la portée financière réelle ; néanmoins les chiffres sommaires de la Chambre de Commerce permettent de comprendre les gros intérêts financiers en jeu. En effet, à la date du 15 décembre 1962, c'est-à-dire plus de deux mois avant la tenue de la foire internationale de 1963, le Comité d'organisation dressa son bilan et annonça un bénéfice de 11 889 000 FCFA (Ouattara, 2018, p. 173). Les frais de participation des entreprises locales, régionales et nationales n'étaient pas compris dans ce montant. Le tableau n° 3 ci-dessous présente les recettes sur une période de cinq ans.

Selon ce tableau et en dépit de la légère baisse des recettes en 1971, l'on note une forte croissance entre 1970 et 1975. Les recettes ont quintuplé en cinq ans en passant de 1 025 000 FCFA à 5 652 000 FCFA. De même, les dépenses quintuplent en passant de 545 200 FCFA en 1970 à 2 995 790 FCFA en 1975. Ces entrées de devises provenaient de la vente des tickets pour le bal masqué qui s'élevait à 3 000 FCFA l'unité en 1980 (Kakapé, 1980, p.8), la vente de la boisson, des stands [17]et des tickets de tombola. A l'édition de 1980, les organisateurs ont vendu 3 000 tickets pour le bal masqué (Ibid.).

Tableau n° 3

Bilan financier du carnaval de 1970 à 1975 (en FCFA)

Années	Recettes	Dépenses	Bénéfices
1970	1 025 000	545 200	479 800
1971	600 0	1 045 000	- 444 150
1972	1 214 000	748 000	466 000
1973	2 094 880	1 329 499	765 381
1974	3 950 000	1 785 640	2 164 360
1975	5 652 000	2 995 790	2 656 210

Source : Chambre de Commerce de Bouaké, cité par Ouattara (2018, p.193).

[17] En 1985, le prix des stands variait entre 50 000 FCFA et 85 000 FCFA en 1985 et 50 000 FCFA à 90 000FCFA en 1993 (Hoppé et Kouamé, 1993, p. 16).

Au-delà, les autres secteurs d'activités profitaient de la forte affluence aux foires pour réaliser des chiffres d'affaires importants. Il s'agissait des transports en commun urbains et interurbains, des hôtels, des restaurants et des « maquis ». A l'hôtel Harmattan par exemple, les prix des chambres connurent une hausse en passant de 5 000 FCFA à 7 000 FCFA, voire 10 000 FCFA (Ouattara, 2018, p.198). Le taux d'occupation des hôtels atteignait les 100 % alors qu'en période ordinaire, il oscillait entre 40 et 60 %.

La foire commerciale enregistra une participation exceptionnelle des acteurs entre 1970 et 1980. Les industries de Bouaké y participaient activement pour faire la promotion de leurs produits. Elles accordaient une remise sur leurs marchandises dans l'optique d'écouler une importante quantité. Ces rabais des prix attiraient une foule chaque jour (Mohamed, 1970, p. 4). Les clients et les spectateurs provenaient des villages et villes environnants, ainsi que d'autres villes du pays, dont Abidjan. En outre, à l'époque glorieuse, d'illustres personnalités du pays et quelques fois des Européens (dont principalement des Français) participaient aux activités des foires commerciales et culturelles. On estimait entre 5 000 et 10 000, le nombre de visiteurs quotidiens[18].

Au niveau socio-politique, la foire permit la rencontre de diverses personnes de cultures et d'ethnies différentes. Cet aspect socio-culturel, bien perçu par les autorités communales, favorisa l'instauration du carnaval. Le carnaval était le lieu privilégié pour réaliser le brassage des différentes cultures du terroir à travers les danses traditionnelles, les mets culinaires ou les habits traditionnels. Ce sentiment d'unité voulu par les autorités municipales s'est traduit dans le slogan de la ville : « Plusieurs peuples, une cité ». La foire culturelle permit de faire la promotion de la culture locale et de favoriser la solidarité et la cohésion sociale.

B / L'installation de nouveaux commerçants à Bouaké et l'agrandissement de la ville

Au-delà de l'aspect festif, les foires commerciales et culturelles ont favorisé l'installation des commerçants étrangers à Bouaké. Grâce à l'esprit d'ouverture des organisateurs, les foires étaient

[18] Entretien avec Kouakou Kouamé Bernard, octobre 2017.

ouvertes à tous les commerçants qui souhaitaient y participer sans distinction de nationalité et d'ethnie. Certains exposants venus du Mali, du Burkina Faso et du Niger profitaient pour s'établir à Bouaké. L'absence de statistiques officielles ne permet pas de les quantifier. En outre, ils exposaient les produits de leur terroir très appréciés par leurs compatriotes vivant à Bouaké et dans les autres régions de la Côte d'Ivoire. Il s'agissait notamment des vêtements et des produits alimentaires. La qualité de l'organisation permit aux foires de Bouaké d'occuper le 10e rang mondial et le jumelage avec la ville française de Nice. La présence de nombreux marchands fit de Bouaké un véritable centre économique comme l'indique le tableau n° 4 ci-après :

Tableau n° 4

Répartition des emplois à Bouaké par branches d'activité en 1969 et 1975

Branche d'activités	1969		1975	
	Taux d'emplois (%)	Taux dans le secteur moderne (%)	Taux d'emplois (%)	Taux dans le secteur moderne (%)
Agriculture	8,6	0,1	7	0,4
Industrie	20,3	11	24	11
Bâtiment TP	7, 3	5,6	6 %	5,5
Transports	5,4	1,4	7	1,4
Services	4,8	2	6	0,6
Commerce	37,8	4,8	35	3
Administration et Enseignement	15,8	15,8	15	15
TOTAL	100	40,7	100	37

Source : Atta, 1978, p. 119.

Le tableau confirme que le commerce constituait la principale activité à Bouaké sur la période. Il représente plus de 35 % des emplois jusqu'en 1975. Le secteur de l'industrie constituait le deuxième employeur avec 24 % en 1975. Les secteurs du bâtiment, de l'agriculture, du transport et des services représentent chacun moins de 10 % des emplois à Bouaké. Enfin l'administration et l'enseignement occupent 15 % des emplois. La place prépondérante du commerce est due à la présence massive de Dioula.

L'afflux de la population lié en partie au commerce favorisa l'extension de la ville. Les demandes de lots s'accrurent en effet et les villages périphériques furent intégrés à la ville. Il s'agit notamment de Broukro, Attienkro, N'gorankoffikro, Kotiakoffikro, Diézoukonankro, Konankankro (Atta, 1978, p.90). Cette situation provoqua une extension rapide de la ville dont la superficie passa de 2 122 hectares en 1966 à 5 157 hectares en 1975. Quant à la population, elle tripla en quinze ans, passant de 52 000 âmes en 1960 à 171 000 en 1975 (Atta, 1978, p.88). En 1985, elle atteignait les 308 000 habitants.

Les foires commerciales constituaient des périodes où les populations pouvaient effectuer leurs abonnements en électricité à la CIE ex-EECI et en eau potable à la SODECI à moindre coût. Dans les différents stands de ces deux sociétés, les clients bénéficiaient d'une remise substantielle sur les abonnements. Jusqu'en 1978 en matière d'électricité, Bouaké était alimenté à partir d'un réseau interconnecté par des digues de transport de 90 MW et 30 W, et par une centrale de 2 000 MW. Le réseau de distribution comprenait un réseau de moyenne tension qui assurait la déserte des quartiers et des industries et un réseau de basse tension qui assurait la déserte des particuliers. En 1994, la ville fut raccordée au réseau national. Une ligne de 225 MW partit de Yamoussoukro et traversa la ville pour alimenter le nord de la Côte d'Ivoire. Le linéaire du réseau basse tension était de 662 km et celui du réseau moyenne tension de 370 km. Le nombre d'abonnés était de 29 033 en réseau basse tension tandis que celui du réseau moyenne tension atteignait 98 en 1994 (Traoré, 2014, p.90). Des quartiers comme Diézoukouamékro, Air-France III, Belleville I, Dar-Es-Salam, Ahougnassou, Kodiakoffikro, Kennedy sud étaient partiellement équipés à cause de la faible mise en valeur des lots.

La croissance de la population engendra aussi une hausse de la demande en eau potable. L'extension de la ville amena ainsi les autorités à accroitre le niveau d'approvisionnement. Après le premier forage créé en 1956 avec une capacité journalière de 1 500 m^3, l'Etat installa le barrage de Kan d'une capacité de 5 000 m^3 en 1964, puis la station de pompage de Kongodékro (4 600 m^3/j) en 1977 et le barrage de la Loka avec 18 000 000 m^3 de capacité. La capacité du barrage de Kan fut doublée en 1970 pour face à la croissance urbaine.

C / Le développement des infrastructures hôtelières et du commerce alimentaire

Comme relevé plus haut, les foires commerciales drainèrent une population assez importante vers Bouaké. Cette affluence de population suscita la création d'infrastructures hôtelières ainsi que des restaurants. Parmi les hôtels, nous pouvons citer le Ranhôthel, l'hôtel Harmattan ainsi de nombreux petits hôtels qui se construisaient construits chaque année. Ils réalisaient d'excellents chiffres d'affaires pendant les foires commerciales. Ces chiffres variaient quotidiennement entre 75 000 FCFA et 300 000 FCFA (Hoppé, 1990, p. 9). En outre, les « maquis » et les restaurants devenaient de plus en plus nombreux, tout comme les infrastructures de loisir comme les salles de cinéma (Capitole, Liberté, Savannah, Fokker 100), le foyer municipal, le centre culture Jacques Acka, la piscine municipale, etc.

Les foires de Bouaké engendrèrent également de nouvelles habitudes chez les commerçants. En effet, avec la création des petits marchés de quartiers, ces derniers organisaient de petites foires qu'ils appelaient *lôgô* (Traoré, 2014, p. 91). La plus importante fut celle qui se tenait chaque mercredi au marché de Koko. Elle réunissait un nombre important de commerçants de la ville, notamment les vendeuses de produits vivriers et vestimentaires. Chaque quartier avait son jour de foire hebdomadaire comme l'indique le tableau n° 5 ci-dessous.

Tableau n° 5

Les différents marchés hebdomadaires de Bouaké

Jour de la semaine	Désignation	Marché et quartiers
Lundi	Tèminlôgô	Boromankoté (Sokoura)
Mardi	Taratalôgô	Air-France
Mercredi	Araba lôgô	Koko
Vendredi	Djoumanlôgô	Belleville
Samedi	Samedi lôgô	Djamourou

Source : Traoré, 2014, p.91.

Pendant les marchés hebdomadaires dans les différents quartiers de Bouaké, certains commerçants ou commerçantes exposaient également leurs marchandises dans les villes environnantes, notamment à Katiola, Béoumi, Diabo, Brobo.

Conclusion

Seconde ville de la Côte d'Ivoire, Bouaké a connu un développement depuis l'installation de la gare ferroviaire en 1912. L'arrivée du chemin de fer a entrainé l'immigration d'une importante communauté malinké spécialisée dans le négoce. Après l'indépendance, la volonté des autorités communales de faire de Bouaké un véritable pôle économique et culturel amena à instaurer les foires carnavals en 1964. Organisée annuellement, la foire carnaval était composée de la semaine commerciale et du carnaval proprement dit. Le comité d'organisation y intègre le volet culturel à partir de 1978. Le carnaval devient alors la foire commerciale et culturelle de Bouaké.

Jusqu'en 1990, les foires furent régulièrement organisées par les autorités municipales. Mais la crise économique des années 1980 et 1990, l'affecta durement. Les participants, notamment les commerçants, réalisent des manques à cause de la mévente de leurs marchandises. Les licenciements massifs opérés au sein des entreprises locales constituent l'une des raisons de la chute des ventes des commerçants. Les organisateurs éprouvent alors des difficultés à réunir le budget des foires. Pour les relancer, les nouvelles autorités municipales créent le village des artisans en 1982 et un festival de danses traditionnelles tout en délocalisant le lieu des festivités. Certaines activités furent dans le même temps supprimées. L'incendie du grand marché de la ville et la crise politique de 2002 entrainèrent en fin de compte la suspension des foires.

Malgré les faiblesses et les difficultés qu'elles recelèrent et rencontrèrent, les foires commerciales ont contribué malgré tout à faire de Bouaké un pôle économique important de la Côte d'Ivoire. L'activité commerciale s'est intensifiée et la ville a connu une extension et un accroissement de sa population.

Sources et références bibliographiques

I - Archives Nationales de Côte d'Ivoire

- 1 RR 67a Cabinet du Gouverneur, *Circulaire à messieurs les administrateurs des cercles de Baoulé, Dimbokro, Séguéla, Daloa, Bouaflé, Man, Odienné, Korhogo, Dabakala, Abengourou (pour Bondoukou) au sujet des instructions concernant la campagne cotonnière 1926-1927*, Bingerville 29 mars 1926.
- CPFIB, 1963, « Ce qu'a été la foire de 1963 de Bouaké », *Foire de Bouaké*, Chambre de Commerce et d'Industrie.
- Djibo Sounkalo, 1988, « Le carnaval de Bouaké », *Vivre le carnaval*.
- ERG, 1971, *Gonfreville, cinquante ans d'industrie en Afrique (1921-1971)*, Pero/Milan, Poligrafico G. Colombie SPA Brochure.
- Florence Véronique, 2008, *Bouaké – atlas*.
- Ministère du Plan et de l'Industrie, *Répertoire des industries et des activités de Côte d'Ivoire*, Abidjan.1984-1985.

II - Sources orales

- Kouakou Kouamé Bernard, né en 1960, Trésorier général du comité d'organisation de la foire carnaval de 2001, entretien réalisé le 12 octobre 2017 à Bouaké.
- Ouattara Salif, né en 1950, commerçant à Bouaké, entretien réalisé le 1er avril 2014 à Bouaké.

III - Bibliographie

Akrou J-B., 1986, « 22e carnaval de Bouaké : beaucoup de visiteurs, peu d'acheteurs », *Fraternité matin*, n° 6416, du 1er – 2 mars, pp.15-16.

Akrou J-B., 1987, « 23e édition de la semaine commerciale sous le signe de la reprise », *Fraternité matin*, n° 6716, 28 février, pp.17-18.

Akrou J-B., 1987, « Carnaval : ouverture de qualité », *Fraternité matin*, n° 6716, du 28 février au 1er mars, pp.15-16.

Akrou J-B., 1987, « Élection Miss : bataille à coups de beauté », *Fraternité matin*, n° 6727, du 13 mars, pp.11-12.

Akrou J-B., 1987, « Spécial carnaval de Bouaké : 23e édition de la semaine commerciale sous le signe de la reprise », *Fraternité matin*, n° 6716, du samedi 28 février au dimanche 1er mars, pp.15-16.

Aloko N. J., 2001, « Les fonctions socio-spatiales des marchés de céréales à Bouaké », *Kasabyakasa*, *Revue ivoirienne d'Anthropologie et de Sociologie*, Abidjan, Université de Cocody, PUCI, n° 2, pp.143-163.

Atta K., 1978, *Dynamique de l'occupation de l'espace urbain et périurbain de Bouaké*, thèse de doctorat en géographie, Université Paris I.

Brindoumi A. K. J., 2015, « Le commerce des esclaves dans l'espace Baoulé de Côte d'Ivoire du XIXe siècle à 1911 », *Revue Echanges*, *Revue de philosophie, littératures et Sciences humaines*, Université de Lomé – Togo, volume 1, n° 4, pp.255-281.

Coulibaly S., 2002, « Une foire qui promet », *Fraternité matin*, n° 1178, du vendredi 8 février, pp.6-7.

Hoppeh P., 1990, « Semaine commerciale : bilan mitigé », *Fraternité matin*, n° 7627, du 08 mars, pp.9-10.

Hoppe B., 1990, « Semaine commerciale : un bilan mitigé », *Fraternité matin*, n° 7627 du jeudi 27 mars, pp.8-9.

Hoppe B. et Kouamé I., 1993, « La semaine commerciale : la 26e édition s'ouvre ce matin », *Fraternité matin*, n° 8518, du 27-28 février, pp.16-17.

Hoppe B. et Koumé I., 1993, « Semaine commerciale : la 29e édition s'ouvre ce matin », *Fraternité matin*, n° 8518, du 27 – 28 février, pp.9-10.

Hoppe B. et Sylla Y., 1991, « Fin de la semaine commerciale de Bouaké : les exposants dénoncent le manque d'organisation », *Fraternité matin*, n° 7927, du 7 mars, pp.11-12.

Janin P., 2001, « Une géographie sociale de la rue africaine (Bouaké, Côte d'Ivoire) », *Politique africaine*, Paris, Karthala, n° 82, pp.177-189.

Kakape, 1980, « Après le carnaval 80 la monotonie limite la portée de la fête populaire, *Fraternité matin*, du 4 mars, pp.8-9.

Kakape, 1987, « 23e semaine Commerciale du carnaval : des mesures concrètes pour redynamiser le commerce », *Fraternité matin*, n° 6720, du 5 mars, pp.14-15.

Kiniboa J., 1985, « 21e édition du carnaval de Bouaké : que la fête commence ! », *Fraternité matin*, n° 6111, du 23-24 février, pp.15-16.

Kone M., 1965, « Le premier carnaval de Bouaké se déroule le 27 mars », *Fraternité matin*, n° 55, du 15 février, pp.4-5.

Lamine M., 1970, « La semaine commerciale connait un grand succès », *Fraternité matin*, n° 1613, du mardi 7 avril, pp.4-5.

Mathieu R., 1977, *Le chemin de fer Abidjan-Niger dans le développement urbain de la Côte d'Ivoire : Bouaké (1912-1956)*, mémoire de maitrise.

Mohamed L., 1970, « La semaine commerciale connait un grand succès », *Fraternité matin*, n° 1613, 07 avril, pp.10-11

Mohamed L., 1970, « Première réunion du comité d'organisation de la semaine commerciale et du carnaval », *Fraternité matin*, n° 1563, du jeudi 15 février, pp.4-5.

Sirven P., 1972, *L'évolution des villages sur-urbains de Bouaké, contribution à l'étude géographique du phénomène de croissance d'une ville africaine*, travaux et document de la géographie tropicale.

Mystification des concepts d'« économie » et de « développement » : fondement des crises contemporaines

Bertrand Bégoumenié
Faculté de Sciences Sociales
Université Protestante d'Afrique centrale (Cameroun)
ainebebert@yahoo.fr

Résumé

Les deux premières décennies du XXIe siècle donnent à vivre un monde dans lequel sévissent diverses tensions : politiques, économiques, sociales, écologiques, etc. Il y a une généralisation des crises qui ne permet plus de distinguer fondamentalement les pays riches des pays pauvres, tant les problèmes de chômage, de logement, de cherté de la vie, de perte de confiance en l'Etat, de changement climatique et de crise de repères sont devenus le lot commun de tous les pays du monde, bien qu'à des degrés différents. Il se trouve en effet que l'économie et le développement ont cessé d'être la quête de l'épanouissement humain pour devenir la quête de la puissance de certains groupes et de certaines sociétés. Le salut face à cette incohérence consiste à recentrer les priorités autour de l'impératif humain.

Mots-clés : Mystification – Economie – Développement - Crises - Impératif humain.

Abstract

The two first decades of the twenty first century were characterized by diverse crises : political, economic, ecological and social crises in the world. This made it difficult to distinguish between rich and poor countries, since issues of daily life became very difficult for populations both in the North and South. This situation is due to a the mystification of the concepts of economy and development. Both had been disoriented from the quest of human welfare to that of political, economic, military and ideological power or super power around the world. To solve this problem, it is urgent to place human interest at the center of priorities.

Keys words : Mystification – Economy – Development – Crisis - Human interest

Introduction

Dans l'histoire récente, la crise financière internationale de 2008 apparaît comme un tournant ultime dans l'évolution économique et sociale des nations. Cette crise connue sous le nom de crise des *subprimes* ou crise du crédit immobilier a effectivement eu un effet d'entraînement considérable. Les émeutes de la vie chère, au cours de la même année, au Cameroun, en Egypte, en Côte d'Ivoire, au Sénégal et autre Burkina Faso en sont un des visages. Les crises budgétaires en Europe dont la crise grecque en 2009 en est un autre. La chute brutale de la croissance économique chinoise n'en est pas un des moindres. Les événements du printemps arabe, marqués par la chute de Ben Ali et l'assassinat du guide libyen Mouammar Kadhafi, avaient semblé être le plus retentissant de ces visages. Il faut pourtant signaler que les crises sociales et politiques, plus ou moins violentes, sur fond de désenchantement économique connaissent une recrudescence depuis 2010, avec bien entendu un zeste d'amplification depuis l'accession au pouvoir du Président Donald Trump. Dans sa publication de janvier 2020, le mensuel français, *Le Monde Diplomatique*, en fait l'économie qui suit :

> En décembre 2010, le soulèvement tunisien ouvrit le cycle des 'printemps arabes'. 'Le mouvement des places' espagnol intervint en mai de l'année suivante ; la mobilisation des étudiants chiliens, en juin ; *Occupy Wall Street*, en septembre. L'année qui s'ouvre marquera donc le dixième anniversaire pour tous. Déjà, à l'époque, on relevait la jeunesse, la spontanéité, l'usage des réseaux sociaux, le refus d'être récupérés, *la colère née de politiques économiques presque partout destinées à éponger les dégâts provoqués par les banques*. (Halimi, 2020, p.14.)(C'est nous qui utilisons l'italique).

L'enseignement qui découle de ces propos impute la responsabilité de ces crises à ce qu'il convient d'appeler globalement l'économie. Depuis le XIXe siècle précisément, l'essor du capitalisme n'a cessé de créer des conditions propices aux soulèvements sociaux. Mais, le capitalisme ne résume pas l'économie, il n'en est en définitive qu'une forme de matérialisation. L'économie existe depuis l'antiquité la plus lointaine (Cédras, 1978) et elle a toujours fait l'objet de crises que la science économique a regroupées en deux catégories : les crises d'Ancien Régime ou crises préindustrielles et les crises modernes ou crises industrielles. Les premières sont dites crises de sous-production et les secondes, crises de surproduction (Brémond et Gélédan, 2002). Mais, il ne s'agit là que des crises économiques. Le monde est également confronté à d'autres types de crises, notamment la crise de l'Etat, la crise écologique et la crise des repères que l'on rattache volontiers aux politiques économiques. Les crises économiques elles-mêmes sont interprétées par trois principaux courants : néo-classique, keynésien et marxiste. Les deux premiers s'affrontant autour de l'intervention de l'Etat, inappropriée pour les néo-classiques et indispensable pour les keynésiens. Le courant marxiste quant à lui présente les crises comme de simples méfaits du mode de production capitaliste (Ibid.). Ces trois courants ont en commun le fait de procéder de l'ère capitaliste. Mais comme il est indiqué plus haut le capitalisme n'est pas la seule forme d'organisation économique, encore moins la plus ancienne. Il découle lui-même d'une évolution de la conception de l'économie. La préoccupation de cette contribution est de rechercher la cause profonde des crises contemporaines, bien au-delà des explications inspirées du contexte capitaliste. Elle entend répondre à la question suivante : quelle est, du point de vue de l'histoire de la pensée économique, la cause profonde des crises contemporaines ? Se démarquant donc des interprétations traditionnelles relatives aux interactions des agents économiques, cette étude pose que les crises contemporaines sont le résultat d'une mystification des concepts d'économie et de développement. L'omniprésence des crises à laquelle l'humanité est aujourd'hui confrontée trouve son fondement dans la déviance qui s'est opérée, au cours de l'histoire, dans la conception de l'économie et, plus tard, du développement. Au plan théorique, cette réflexion s'inscrit dans l'analyse stratégique de Michel Crozier. C'est en effet la volonté des hommes, êtres rationnels, qui les a conduits à mettre en place des stratégies qui tendent à réduire toujours un peu plus les marges de manœuvre économique de la masse tout en augmentant toujours un peu plus celle des classes dirigeantes et des grands propriétaires. Ainsi a-t-on assisté aux glissements sémantiques de l'économie et du développement, analysés ici en deux parties. La première traite du passage de l'économie de la *Maât* à l'économie de l'*Isfet*etlaseconde, du passage du développement humaniste au développement matérialiste.

I / De l'économie de la *Maât* à l'économie de l'*isfet*

Comme le relève si bien Bernard Ferrandon (2003, p. 2), l'économie est semble-t-il présente partout. Pas un journal, pas un discours politique, pas un événement international, pas une épreuve de concours, où les questions économiques ne prennent une place grandissante. Il est vrai que le champ de l'économie est vaste, et déborde de plus en plus sur des domaines autrefois 'préservés' de toute considération financière. De fait, connaître les principes de l'économie apparaît de plus en plus indispensable dans notre société.

L'économie a effectivement inondé la vie quotidienne tant à l'échelle nationale qu'internationale et exige objectivement une connaissance de ses principes. Lorsqu'on parle des principes d'économie au XXIe siècle, il pourrait paraître à un public peu exigeant que ces derniers ont toujours été tels qu'ils sont connus aujourd'hui. Il n'en rien, à la vérité. Les principes de l'économie ont évolué fondamentalement entre l'Antiquité et la Renaissance. Il n'est pas ici question de la pensée économique prise comme doctrine économique. La pensée économique est plutôt perçue dans ce cadre en tant que philosophie de la gestion des ressources rares, l'on pourrait même évoquer la pensée comme vision du monde, ou encore, *« la manière de concevoir le monde en tant qu'univers, c'est-à-dire en tant que totalité de la création (animale, végétale et minérale) et de définir les types de rapports qui doivent prévaloir dans cet univers »* (Begoumenié, 2010,

p. 41), avec tout ce qu'une conception du monde comporte comme croyances, c'est-à-dire finalement, ce que Nicolas Journet, traitant des fonctions de la culture, pour ne pas parler de ses dimensions, appelle « *la fonction représentationnelle* » (Journet, 2002, pp. 6-7). C'est précisément cette fonction représentationnelle qui a évolué en se détériorant entre l'Antiquité et la Renaissance européenne. Alors que l'économie de la Maât a prévalu, à quelques nuances près, en Egypte pharaonique et dans la Grèce antique, - du moins dans la pensée des savants de premier plan - la Renaissance inaugure plutôt radicalement une économie de l'Isfet qui a évolué en se sophistiquant jusqu'au siècle que nous vivons.

A / Fondement et efficience de l'économie de la Maât

Le monde qui est offert à l'Homme pour sa survie est riche en ressources diverses. Il est pourtant exigeant en termes d'efforts. En conséquence, l'Homme ne saurait y survivre comme dans un jardin d'Eden où tout est offert à la simple consommation. L'Homme est appelé à produire les biens indispensables à l'entretien de sa vie, à partir des ressources de son environnement. De tels biens, parce que produits et non disposés par la nature obtiennent l'utilité et la rareté pour attributs. Leur production, leur répartition et leur consommation deviennent alors les activités qui constituent ce que l'on nomme couramment « économie » au sens concret ou pratique de la notion. A partir de là, il est aisé de comprendre que l'économie revendique un idéal. Cet idéal consiste à fournir à l'Homme des moyens de survivre, mieux, de protéger sa vie, de la rendre agréable et surtout de la distinguer de celles des animaux, considérés au sens littéral du terme. C'est du moins ce qui transparaît des approches aristotélicienne et pharaonique de l'économie.

1 - L'économie aristotélicienne

L'étymologie du vocable économie aide à saisir cet idéal. *Oikos* et *Nomos* sont les deux sources de ce mot d'économie. Ils signifient respectivement *ordre* et *maison* et traduisent l'idée de « *bien gérer la maison* ». Le philosophe grec Aristote définissait l'économie en 384 av. J.-C par cette phrase remarquablement simple : *« L'économie est la science de l'activité en famille »* (Sy, 2020, p. 7). L'auteur grec entend par là, l'administration des ressources de la communauté en vue de la satisfaction des besoins de cette dernière. Pour cette raison, il s'attèle à mettre en relief la différence entre ce qu'il nomme l'économique et la chrématistique. La chrématistique a pour finalité la *richesse*, plus clairement la recherche de l'argent, tandis que l'économique vise la satisfaction des besoins fondamentaux par le biais de l'échange en vue de la cohésion sociale. Chez Aristote, la chrématistique n'est qu'un moyen, alors que l'économique est une fin dont l'idéal est de produire pour satisfaire les besoins des agents en vue de garantir la cohésion : *« Les hommes ne possèdent pas tous, en même quantité, les moyens de subsistance. Il est donc naturel (...) que soient échangés les biens nécessaires à la vie. C'est grâce à cet échange que (...) les citoyens gardent leur cohésion. »* (Rutten, 1988, p. 291). Aristote lui-même explique sans nuance que : « *(...) l'activité économique ne se justifie que dans la mesure où elle obéit à une finalité humaine ; c'est un moyen, jamais une fin en soi, qui obéit au critère de la mesure et de la modération (...)* »(Cédras, 1970, p. 9). Pour ce philosophe grec préoccupé par la signification humaine de l'acte économique, l'économie est la recherche del'*épanouissement de l'Homme* avec *mesure* et *modération*. Les Grecs ne sont pourtant pas les inventeurs de cette conception de l'économie – ayant l'Homme pour finalité et, la mesure et la modération pour critères – qui leur vint de l'Egypte ancienne.

2 - L'économie pharaonique

L'Egypte, on ne le rappellera jamais assez, a développé une civilisation brillante et millénaire, antérieure à la civilisation grecque dont les penseurs les plus pointus se trouvent être majoritairement d'anciens disciples des prêtres pharaoniques, dépositaires des savoirs savants de cette vieille Egypte. Aristote est en la matière le disciple de Platon qui, lui-même, fut élève des écoles théologiques – pour ne pas dire des centres de recherches - d'Héliopolis, de Memphis et de Thèbes (Omotunde, 2000). Ce qui sans équivoque laisse comprendre que la pensée du disciple trahisse celle de ses maîtres grecs et égyptiens.

La société pharaonique est dominée ou si l'on préfère régulée par une idéologie millénaire, forte et omniprésente, résumée par le concept de Maât. Les travaux de Bernadette Menu livrent une élucidation de ce concept à la fois divin et philosophique sans lequel l'Egypte pharaonique est tout simplement inconcevable :

> Parmi les idées que les hommes se sont faites de la justice, la *maât* occupe une place privilégiée parce qu'elle est liée à une volonté d'explication globale du monde et qu'elle a guidé une civilisation prestigieuse pendant plus de trois millénaires. La *maât* est en effet la clé de voûte idéologique et institutionnelle de l'Egypte pharaonique. *Elle a permis la survie d'un régime fondé sur la recherche de la prospérité dans l'intérêt de tous*, sur le partage des responsabilités à tous les niveaux de la hiérarchie sociale, et sur le principe de la résolution des conflits selon les règles de l'équité. (Bernadette Menu, 2005, p.7.) (C'est nous qui utilisons l'italique).

En conséquence, traiter d'économie dans l'Egypte antique, c'est mobiliser logiquement la notion de maât :

> Ordre, vie, équilibre cosmique, vital et social, paix par la victoire, prospérité, justice, équité, maât représente tout cela ; l'isfet désigne le désordre, le chaos mortifère, la misère, les ennemis, l'iniquité, l'injustice, la désintégration sociale dont le détonateur est le mensonge. (B. Menu, 2005, pp. 9-10).

Il s'en suit, en toute logique que, l'économie dans cette société millénaire avait pour finalité le bien-être de l'Homme conformément au champ sémantique, susmentionné, de Maât. L'économiste congolais Massonsa-Wa-Massonsa explique en effet que :

> En Egypte pharaonique, les relations économiques ne sont pas conçues comme un jeu de liaisons établies entre facteurs abstraits et quantités non spécifiées. Les rapports économiques sont plutôt noués entre les agents économiques concrets. *L'acte économique n'est pas séparé de la personne qui l'accomplit ni de la perspective du BIEN COMMUN qui*

> *lui donne son sens. Ce ne sont pas de purs mécanismes économiques qui président à l'échange, mais la Maât, c'est-à-dire un ensemble de règles d'éthique, de la responsabilité dont le but est d'assurer non pas le profit, mais la paix, non pas une équivalence des utilités, mais la justice sociale. Le sacré est ici le principe de souveraineté dominant. Sa loi transcendante s'exerce sur toutes les activités sociales.* (C'est nous qui utilisons l'italique) (Massonsa-Wa-Massonsa, 1997, p.14).

Le même auteur fait savoir qu'en Afrique :

> *Le principe n'est pas de produire pour être compétitif. C'est plutôt l'efficacité interne qui est recherchée pour optimiser la satisfaction de la communauté* [...] Contrairement à la théorie néoclassique qui postule que seules les lois du marché amènent la meilleure allocation des ressources [...] *en Afrique, c'est la solidarité qui constitue plutôt la référence de l'allocation optimale des ressources* (Massonsa-Wa-Massonsa, 1997, p.8.) (C'est nous qui utilisons l'italique).

Il est à souligner avec fermeté l'emphase qui est faite sur les implications socio-politiques de l'économie régie par la maât ou la solidarité, notamment la paix et la justice, toutes choses qui assurent la stabilité institutionnelle et sociale. Alors que l'histoire du capitalisme est saturée de crises toujours plus aigües les unes que les autres, le maâtisme a permis de bâtir une société plusieurs fois millénaire qui n'a disparu que sous l'effet des agressions extérieures sur fond, justement, de convoitise de ses réalisations, bien connues pour faire l'objet d'un développement supplémentaire. Il suffira à l'esprit curieux de lire les travaux d'Erman et Ranke à propos de la civilisation égyptienne (Erman& Ranke,1980) pour s'en convaincre, et, ceux de C. A. Diop (1987), portant sur l'Afrique noire précoloniale pour découvrir des sociétés africaines organisées, prospères, indépendantes et stables qui suscitaient l'admiration des voyageurs arabes au même titre que la société pharaonique fascinait les Grecs anciens. Les crises étaient si impensables dans ces sociétés d'Afrique subsahariennes que Diop a pu dire sans hésitation : *« Au point de vue économique, l'Afrique est caractérisée par l'abondance. Les voyageurs de l'époque précoloniale n'y ont rencontré nulle part la misère ; d'après le tarikh el-Fettach, l'empereur de Ghana, assis sur une 'estrade en or rouge' offrait quotidiennement à la population de sa capitale 10 000 repas.* »(Anta Diop, 1987, p. 134). Le savant sénégalais attribue cette richesse à une organisation économique fondée précisément sur la perspective du bien commun, de la paix et de la justice sociale dont parle Massonsa-Wa-Massonsa et qui constitue l'originalité du système économique au sud du Sahara : *« La spécificité du système consiste donc dans le fait que le travailleur manuel, au lieu d'être frustré du fruit de son travail, comme l'artisan ou le serf du Moyen Âge, peut au contraire l'accroître en y ajoutant des biens donnés par le 'seigneur' »* (Cité par Dika-Akwa, 1982, p. 211). Il y a là un enseignement fondamental de cette économie de la maât : l'absence de frustration, pour ne pas dire d'exploitation, d'instrumentalisation. Bien au contraire, le système se distingue par le respect de la personne humaine et de son travail. Dans ces conditions, Diop assure que : *« S'il devait y avoir une révolution sociale, elle s'effectuerait de haut en bas et non de bas en haut. »*(Dika-Akwa, 1982, p. 211). Le maâtisme économique apparaît de ce point de vue comme le socle de la stabilité institutionnelle et sociale de l'Egypte antique comme de l'Afrique noire qui l'a culturellement héritée. Il fait par conséquent de la gouvernance économique la variable essentielle de la cohésion sociale. Ce constat impose à l'esprit l'humilité d'attribuer à l'Isfet la cause économique profonde des crises contemporaines.

B - Fondement et méfaits de l'économie de l'Isfet

Les débats qui ont cours à l'époque d'Aristote autour de l'économique et de la chrématistique sont révélateurs d'une dynamique profonde agissant comme un magma dont l'explosion a produit une déformation radicale de la conception de l'économie plusieurs siècles plus tard. L'économie a perdu son idéal originel centré sur l'allocation optimale des ressources en vue du bien-être de tous, pour revêtir un nouvel idéal : celui de la maximisation du profit. Pour emprunter la terminologie d'Aristote, la chrématistique a pris le pas sur l'économique, l'économie a cessé d'être une fin, elle est devenue un moyen, un simple instrument, celui de l'accumulation de la richesse.

Cette instrumentalisation de l'économie remonte à la fin du Moyen Âge et plus précisément à la renaissance des villes et du commerce. La renaissance est une période marquée par l'émergence de ce que Fernand Braudel a qualifié d' « économie-monde », caractérisée justement par un goût prononcé pour l'accumulation des richesses matérielles et financières, au détriment des valeurs immatérielles et de l'Homme. Cet intérêt prononcé pour les richesses procède de ce que G. Kolpaktchy a nommé la dérive de la renaissance et dont il décrit la situation tristement en ces termes :

> Avec la Renaissance, la philosophie matérialiste a fait, progressivement, reculer tout intérêt pour la Vie après la mort (...) Désormais, l'homme ne manifeste plus aucune compréhension de l'immense domaine de la vie immatérielle. L'Esprit et l'ordre moral se trouvent, du même coup menacés. Il ne reste plus qu'un vide absolu, un néant qui effraie l'homme et qui ôte tout sens à son existence. (...) Tandis que l'immoralisme est de rigueur. (...) Le monde d'aujourd'hui flotte à la dérive... C'est un bateau amputé de ses mâts, de ses voiles et de son gouvernail. (Kolpaktchy, 1978, p. 28-29).

Effectivement, l'Homme perd de sa sacralité au cours de la Renaissance. Il cesse d'être la valeur suprême pour devenir une simple chose, un simple objet au service du profit. Cette nouvelle économie est qualifiée par Philippe Saint-Marc d'« économie barbare ». Il en fait la description suivante :

> Le ressort fondamental de l'économie est désormais le matérialisme : la recherche du bonheur par la seule accumulation des biens matériels. L'argent est devenu la valeur suprême (...) la mesure exclusive de l'homme, de la réussite individuelle et même de la valeur sociale (...) (Saint Marc, 1994, p.240).

C'est l'économie de l'Isfet ou économie de la désintégration des rapports interhumains et de l'environnement à l'échelle mondiale.

Cette économie est à la base des bouleversements que connaît le monde depuis les grandes découvertes du XVe siècle. Le mercantilisme qui a d'ailleurs prévalu après la découverte européenne de l'Amérique est considéré par les spécialistes de cette période comme une *« économie de la puissance »* (Baudin, 1942), très clairement, de la domination et de l'exploitation en considération des massacres dont auront été victimes les populations d'Afrique et des Amériques, sur fond d'accumulation des métaux précieux et de maximisation de la rente sucrière. Voici, dans quels termes, Louis Baudin décrit le mercantilisme : « *Cet ensemble d'idées n'est pas orienté vers le but qui est devenu ensuite celui de l'économie : le bien-être de l'homme. Sa fin est tout autre, elle consiste à assurer le pouvoir de l'Etat* » (Baudin, 1942, p. 9). Ce commentaire de Baudin révèle que la puissance de l'Etat devient, à partir du XVe siècle, le centre d'intérêt majeur de l'économie au détriment de la personne humaine. Baudin, qui vit au XXe siècle, ne manque pas d'observer la déviation, voire la déviance économique qui caractérise ce siècle et à laquelle il compare volontiers le mercantilisme :

L'économie de puissance qui se met ainsi en marche est caractérisée par ce que les anciens Egyptiens appelaient l'Isfet, autrement dit *le désordre, le chaos mortifère, la misère, les ennemis, l'iniquité, l'injustice, la désintégration sociale dont le détonateur est le mensonge* la violence, l'exploitation et la destruction de la nature qui ont généré non seulement la traite négrière, l'exploitation ouvrière et son lot de luttes sociales en Europe, la colonisation, mais aussi le néolibéralisme depuis la deuxième moitié des années 80. Depuis l'émergence de cette économie de l'Isfet, les crises n'ont eu de cesse de se produire les unes toujours complexes et douloureuses que les autres : la crise du numéraire au XVe siècle, la crise des matières premières et des débouchés au XIXe siècle, la crise de 1929, les deux guerres mondiales, la crise de 1947, la crise des années 1980, la crise financière de 2008, la crise budgétaire européenne de 2009, la crise écologique ou réchauffement climatique, entre autres. A chaque fois, il en a résulté une dégradation du niveau de vie des populations, toujours sacrifiées au profit de la croissance. Joseph Ki-Zerbo déplore cette situation en ces termes :

> On va jusqu'à dire qu'on ne peut pas enrichir un pays sans appauvrir certains groupes sociaux. C'est la doctrine du capitalisme darwinien. La loi de la jungle veut que ceux qui survivent le fassent parce qu'ils dévorent les autres. Cela fait partie de ce qu'on appelle 'les coûts humains' de la croissance (Ki-Zerbo, 2003, p. 29).

Cette déviance de l'économie de puissance a également provoqué celle du développement.

II / De la crise de développement au développement des crises

La façon dont l'on parle du développement aujourd'hui donne à penser qu'il s'agit d'une préoccupation récente qui trouverait ses origines dans la situation de crise et de dénuement qui caractérisait l'Europe meurtrie par la Seconde Guerre mondiale. D'ailleurs, il existe un courant de pensée qui tend à affirmer que la préoccupation relative au développement daterait du discours du président Harry Truman, soucieux du sort de cette Europe dévastée et exposée au virus communiste de l'époque. Les solutions que l'on applique aux pays dits en développement elles-mêmes s'inspirent étrangement de celle préconisée par l'administration Truman, à savoir l'aide financière, popularisée dans la terminologie des relations internationales par le concept d'Aide publique au Développement (APD). Dans le même ordre d'idées, le sous-développement est apparu à ses nombreux experts comme un retard à rattraper et les pays en développement sont devenus de véritables laboratoires d'expérimentation des thérapies contre le sous-développement. Mais, à la vérité, il existe une crise de développement à laquelle toutes les sociétés humaines sont exposées.

A / La crise de développement : nécessité et finalité du développement

Habituellement, l'idée de crise du développement fait penser à tous les problèmes générés par les progrès scientifiques et techniques, de même qu'aux habitudes de consommation qui leur sont associées. Parfois aussi, cette idée est associée aux problèmes de sous-développement qui minent les sociétés du Sud. Il faut dire que c'est là une lecture superficielle des choses qui perd de vue à la fois l'antériorité et la permanence de la crise de développement. La crise de développement n'est ni une affaire de riches ni une affaire de pauvres, elle est tout simplement une affaire des sociétés humaines depuis l'apparition de l'Homme, elle est une question de nécessité. Contrairement aux idées répandues par la croyance occidentale dominante, le développement n'est pas un prestige, il est une nécessité. Il ne traduit pas le degré d'évolution de certaines sociétés, mais simplement le besoin de survie et de bien-être des humains. Pour cette raison fondamentale, il reste une quête permanente y compris pour les sociétés dites développées, c'est-à-dire ces sociétés qui ont choisi de confondre richesse matérielle et bien-être, mieux épanouissement. La crise de développement, c'est l'hostilité des conditions d'existence. Cette hostilité peut être naturelle ou structurelle.

Au départ, elle était strictement naturelle, c'est-à-dire que les conditions de survie offerte par la nature n'étaient pas favorables à l'épanouissement de l'Homme, un être vulnérable à l'état de nature. Parce que la nature n'offre pas à l'homme la possibilité de s'épanouir, comme c'est le cas pour les végétaux et les animaux, ce dernier a vite et bien compris qu'il se trouvait en situation de crise, la crise de la survie qui nécessitait absolument une transformation de la nature, y compris la nature humaine. Il y a donc à l'état de nature une absence de conditions d'épanouissement qui en impose le développement. La crise de développement est l'absence des conditions d'épanouissement. L'épanouissement est une nécessité d'ordre matériel et immatériel.

Au plan matériel, il s'agit de répondre aux besoins de santé, d'alimentation, de sécurité, de logement, de voies et moyens de communication et télécommunication, d'habillement, etc. Au plan immatériel, l'épanouissement revient à pouvoir subvenir aux besoins de justice, de liberté, de connaissances, de foi, de loisirs, etc. C'est pour assurer tous ces besoins que les sociétés humaines de toutes les époques ont eu à développer la médecine, l'agriculture, l'architecture, les mathématiques, les moyens et voies de communication et télécommunication, l'industrie d'habillement, les forces de défense et de sécurité, l'école, la religion, les jeux et autres formes de vie collective et de recréation, mais surtout l'Etat, cette forme d'organisation de la vie collective fondée sur la cohésion sociale. Vu sous cet angle, l'Egypte pharaonique et l'Afrique précoloniale étaient des sociétés développées dans la mesure où elles assuraient ces besoins de façon si remarquable qu'elles suscitaient l'admiration et la convoitise d'autres sociétés de la même période, notamment la Grèce antique pour la première et le monde arabe pour la seconde, entre le Ve et le XVe siècle. Pour ces sociétés et leurs admiratrices, le développement avait strictement une finalité humaine ou humaniste : l'épanouissement matériel et immatériel de l'Homme.

Par la suite cette hostilité est devenue essentiellement structurelle, c'est-à-dire que les hommes eux-mêmes ont créé des conditions de survie impitoyables à partir de leur volonté de superpuissance politique, économique, militaire et culturelle. La survie est devenue une guerre que se livrent les hommes et les sociétés, la compétition a exacerbé les rivalités et les intérêts ont pris le pas sur la dignité et l'épanouissement de la personne humaine. Parlant de cette déviance, Philippe Saint-Marc explique :

> L'optimum matérialiste du développement (…) élimine toutes les aspirations collectives, essentielles pour la qualité de la vie et donc du bonheur : il n'intègre (…) dans ses objectifs prioritaires, ni l'écologie, ni la santé, ni la sécurité (…) ni l'emploi (…) ni la culture (…) (Saint Marc, 1994, p. 249).

Il faut encore une fois remonter à l'expansion européenne pour situer la genèse de ce dérapage. En fait, comme l'a constaté Jean-Michel Gaillard : *« Depuis que l'Europe a découvert le monde, elle n'a cessé de vouloir l'unifier et l'unifier à son profit »* (Gaillard, 2002, p. 33). Pour ce faire, elle n'a eu de cesse de secréter des théories, voire des idéologies pour justifier ses atrocités matérialistes et assouvir ses fantasmes de superpuissance. De la sorte, l'infériorité génétique a servi à justifier la traite négrière, la mission civilisatrice a justifié l'impérialisme et le développement, la démocratie, les droits de l'Homme et la mondialisation sont au service du néocolonialisme, pour ne pas dire du néo esclavagisme. Il en a résulté une véritable culture du développement, en termes de façon de produire et de consommer et, donc toute une doctrine, avec son clergé constitué des bailleurs de fonds internationaux, ses adeptes que sont les pays du Nord et ses cibles à savoir les pays du Sud. Malheureusement cet optimum matérialiste du développement, plutôt que de mettre un terme à la crise de développement, a conduit au développement des crises, tant au sein des pays sous-développés que des pays dits développés.

B / Le développement des crises

La notion de crise qui a une origine médicale s'est curieusement étendue à tous les domaines de la vie, de sorte que l'on entend de plus en plus parler de crise politique, économique, écologique, etc. Ce phénomène s'explique par le fait que les dérapages dont ont été victimes les notions d'économie et de développement créent sans cesse des situations insupportables pour les populations de tous pays confondus. Au nombre des crises profondes qui se donnent à l'observation, cette analyse retient la crise de l'Etat et ses corollaires les crises économiques, la crise écologique et la crise des repères.

1. La crise de l'Etat et les crises économiques

L'enseignement philosophique des plus élémentaires sur l'Etat justifie sa nécessité par sa capacité et son devoir de garantir l'épanouissement aux citoyens. Qu'il s'agisse du *Pacte social* de Hobbes ou du *Contrat social* de Rousseau, la finalité de l'Etat reste la même, à savoir : créer les conditions d'épanouissement aux citoyens. Il fut un temps, dans l'histoire récente justement, où l'Etat se souciait de cette mission au point d'inspirer le concept d'*Etat providence*. Puis, du jour au lendemain des réformes sont intervenues sous l'impulsion de Margaret Thatcher et Reagan, à l'effet d'expulser l'Etat du champ de l'orientation de la vie économique, au nom de la libéralisation des économies.

Depuis ce temps, les Etats sont devenus les alliés des bailleurs de fonds internationaux et des grands groupes multinationaux qui ont la capacité de faire et de défaire les chefs d'Etat et les gouvernements. Il s'en est suivi une perte de confiance des citoyens en l'Etat, aussi bien en ce qui concerne la vie politique que la vie économique. Au plan politique, les peuples croient de moins en moins en leurs politiques et surtout aux élections. Ces dernières sont désormais considérées comme un subtil subterfuge permettant aux élites d'imposer leur volonté au peuple avec le suffrage de ce dernier. Comme l'indique André Bellon :

> D'un côté, les citoyens souhaitent être représentés, avoir des porte-parole politiques. De l'autre, les 'élites' estiment savoir ce qu'est le bien commun, s'estiment porteuses d'un intérêt général d'essence quasi immanente, y compris contre leurs propres citoyens. La légitimité ne procède donc plus du peuple (Bellon, 2007, p. 6).

Dans ces conditions, la démocratie n'est plus qu'une façade qui masque la dictature des intérêts du marché, engendrant au passage des tensions de part et d'autre. Qu'il s'agisse des Indignés de Wall Street, des Gilets jaunes, du Mouvement pro-démocratie de Hong Kong, de la crise catalane ou des printemps arabes et autres crises pré et post-électorales en Afrique, toutes ces situations procèdent de la crise de l'Etat et des institutions qui lui sont associées. Il y a désormais une crise de la représentativité que Bellon décrie en ces termes :

> Choisir démocratiquement ses dirigeants est un objectif louable. Encore faut-il mettre en place les conditions sans lesquelles ce geste n'est que l'application bêtasse d'un dogme destiné à donner bonne conscience aux missionnaires de la morale, qui se trimballent aux quatre coins du monde avec le kit du parfait petit démocrate dans leurs bagages. Sinon (…) il s'agit au mieux d'une machine à fabriquer des incompréhensions, au pire d'une bombe lancée contre l'idée même de démocratie (Bellon, 2007, p. 6).

Joseph Ki-Zerbo explique cet état des choses par la pression des intérêts du marché, défendus par les institutions financières internationales, les multinationales et leurs désormais complices, les Etats, tant du Nord que du Sud :

> Quand je siégeais à l'Assemblée nationale de mon pays, on nous avait soumis un projet de loi sur les privatisations accompagnées d'une note du gouvernement disant :' si vous ne votez pas cette loi, nous n'aurons pas le crédit que nous attendons de telle institution financière'. (Ki-Zerbo, 2003, pp. 7-8).

C'est également avec la complicité de l'Etat burkinabé que le semencier américain Monsanto avait pu imposer le coton transgénique aux paysans et à leurs dépens, à en croire le témoignage d'un d'entre eux :

> Ils sont venus avec les autorités et les gendarmes pour nous dire que l'année prochaine nous ferons tous du Bt, parce que c'est mieux pour nous. (…) Et si nous refusons, l'UNPCB nous prévient que nous ne pourrons pas égrener notre coton conventionnel dans la région. (Françoise Gérard, 2010, p.44).

La conséquence politique de cette métamorphose de l'Etat est le désintérêt, de plus en plus manifeste, des citoyens pour les institutions publiques. Dans les pays pauvres, les faibles taux de participation aux échéances électorales traduisent à suffisance cette désaffection. Dans les pays riches des manifestations interminables comme celle des gilets jaunes en France expriment la dénonciation de cette perte de crédibilité de l'Etat.

La complicité incestueuse entre l'Etat, représentant de l'intérêt public et le marché, garant des intérêts privés, est le ferment des crises économiques dont les symptômes les plus retentissants au Sud comme au Nord sont le chômage des jeunes et la cherté de la vie. Depuis 1929, les différentes crises proviennent de ce que les intérêts privés l'emportent sur les intérêts publics avec le soutien d'un Etat désormais corrompu, dont les agents sont à la solde de grands groupes financiers qui les recyclent en guise de récompense. Serge Halimi en expose quelques faits :

> Mais la mondialisation a au moins un mérite : celui de montrer à quel point les classes dirigeantes se ressemblent. Un jeune ancien banquier (Emmannuel Macron) préside un pays, un milliardaire septuagénaire (D. Trump) un autre. A priori, tout les distingue, sauf ceci : l'une des principales réalisations de l'un et de l'autre fut de favoriser fiscalement les riches. Et puis, lorsque ces dirigeants quittent le pouvoir, pour qui travaillent-ils ? L'ancien premier ministre français François Fillon, artisan d'une réforme des retraites en 2010 puis partisan d'un système à point pour *'baisser le montant des pensions'*, œuvre à présent pour la banque Barclays. Tout comme M. François Baroin, que la presse (qu'il adore) présente déjà comme un potentiel candidat de droite à la prochaine élection présidentielle. En attendant, peut-être, qu'il puisse bientôt 'faire barrage' à l'extrême droite, Barclays l'a chargé de *'guider les acquéreurs étrangers dans l'Hexagone'.*M. José Manuel Barroso, ancien premier ministre portugais et ancien président de la Commission européenne, a préféré une autre banque, Goldman Sachs (…) (Halimi, 2020, p. 15) (C'est nous qui utilisons l'italique).

Il y a donc partout une réelle prise en otage des politiques par les milieux du marché, notamment celui de la finance au point où, désormais l'Etat *« finance par la destruction des services publics le développement d'intérêts privés. »* (Halimi, 2020, p. 14).

2. La crise écologique

L'on a beau dire que les phénomènes de glaciation et de réchauffement sont naturels, il n'en demeure pas moins vrai qu'il y a une différence fondamentale entre ceux qui sont survenus au début du quaternaire et le réchauffement que l'on connaît depuis le XVIIIe siècle. En fait, le réchauffement actuel est le fait de l'Homme et il est surtout le fruit des dérapages sémantiques analysés plus haut. Depuis que l'économie et le développement sont devenus poursuite des richesses matérielles et de puissance militaire et financière, le milieu naturel a lui aussi revêtu le statut d'un simple décor que l'on peut dresser pour ne pas dire agresser à sa guise. En effet, les besoins d'accumulation du capital ont imposé un mode de production impropre au maintien de l'équilibre écologique, aussi bien du fait de l'usage excessif des énergies fossiles dans la production industrielle que du fait d'une surexploitation des ressources naturelles. Toutes ces pratiques ont eu pour conséquence la destruction de la couche d'ozone, la déforestation et les diverses formes de pollution (air, eau, sol, etc.). Il s'en est suivi la dérive climatique qui met désormais en péril la pérennité de l'espèce humaine sur terre. L'humanité est appelée à disparaître si l'augmentation annuelle de la température n'est pas maintenue en deçà de 1.5 °C. Malgré les appels incessants du Groupe Intergouvernemental des Experts pour le Climat (GIEC), les milieux d'affaires et l'Etat-otage résistent à l'urgence de prendre les mesures qui s'imposent pour sauver la planète. Ce qui explique le statu quo observé en la matière depuis la Conférence de Paris (Cop 21) qui avait pourtant abouti à une déclaration de belles intentions pour le salut de la planète. La dernière conférence en date, la Cop 25 tenue en Espagne, en 2019, s'est soldée par un échec autour du respect des résolutions de l'Accord de Paris de 2015. Ce qui pose entre autres choses un problème de repères.

3. La crise des repères

La primauté accordée à l'enrichissement matériel a détruit les repères d'humanisme : la justice, la liberté, la solidarité, la paix, le respect d'autrui et de la nature, la souveraineté des peuples, la tolérance de la diversité, la loyauté, la probité, etc. Le monde est devenu une jungle dans laquelle les personnalités publiques ont perdu tout sens de l'honneur privant ainsi les jeunes de leurs pays respectifs de modèles d'intégrité. Aussi bien les ministres de culte, les hommes politiques que les éducateurs, les opérateurs économiques et les stars du sport, de la musique ou du cinéma, tous livrent de plus en plus des modèles de corruption, de désintérêt pour le bien collectif, de respect des valeurs essentielles à la vie collective. Il y a lieu de se rappeler au souvenir les scandales financiers et sexuels de ces différents acteurs de la scène publique pour s'en convaincre. Le matérialisme sous toutes ses formes a pris le pas sur l'humanisme. Désormais, l'humanité sombre dans une crise de repères, c'est-à-dire dans le chaos dû à l'abandon des valeurs d'humanisme et, essaye de survivre avec des repères de crise, à savoir : la violence, l'intolérance de la diversité, le non-respect des engagements, l'injustice, le libertinage, la corruption, les détournements des biens publics, la criminalité dans toutes ses expressions, la destruction volontaire de l'environnement, etc. Comme le disait G. Kolpaktchy : « *Il ne reste plus qu'un vide absolu, un néant, qui effraie l'homme et qui enlève toute signification à son existence* » (Kolpaktchy, 1978, p. 70).

Conclusion

Le monde est en crise et c'est le moins que l'on puisse constater. Aucun Etat du globe ne saurait se dire épargné par cette pandémie. Partout la crise de l'Etat, les crises économiques, la crise écologique et la crise des repères se livrent à l'observation, mais aussi à l'analyse, sous divers prismes. L'analyse du point de vue de l'histoire des faits économiques renseigne sur la dynamique fondamentale qui s'est opérée au fil des siècles dans la compréhension des concepts d'économie et de développement. Cette dynamique, qui a consisté en une déshumanisation desdits concepts, apparaît comme le fondement des crises contemporaines. Effectivement, en passant de la quête du bien-être de l'Homme à la quête de la puissance, voire de l'hyper puissance, financière, militaire, politique et idéologique, l'économie et le développement se sont constitués en germes des crises qui minent toutes les sociétés. Pour en sortir, il est urgent de recentrer les priorités autour de l'impératif humain. C'est ce qu'Ebénezer Njoh Mouelle appelle l'excellence et la responsabilité lorsqu'il traite de l'homme excellent :

> L'homme excellent, en tant qu'il prend des initiatives novatrices, engage le sort de ses semblables. Il ne saurait lui être interdit de vouloir son propre bien ; mais alors, il doit agir de telle sorte que vouloir son propre bien ne contredise pas le bien des autres ; en d'autres termes vouloir son propre salut et vouloir le salut de ses semblables doivent être une seule et même chose. Il n'est responsable que parce qu'il est apte à la liberté ; et si sa recherche de la liberté devait nuire à la libération des autres, il ferait échec par là même à sa propre libération et se dénoncerait comme indigne de la responsabilité de l'humain (Njoh Mouelle, 1972, p.159).

Njoh Mouelle explique que le développement ne devrait pas être considéré à l'échelle de la société, mais à celle de l'individu : *« C'est l'homme individuel qui nous intéresse ici, avec son niveau de connaissance, son pouvoir réel sur le monde, et non la société prise globalement et comme une super-individualité. C'est au service de cet homme individuel que doit se mettre le développement* » (Njoh Mouelle, 1972, p. 151).

Bibliographie

Baudin L. (1942), *Précis d'histoire des doctrines économiques*, Paris, Editions Domat-Montchrestien.

Begoumenié B. (2010), « Vision du monde et développement des sociétés : pour une économie africaine de développement à l'heure de la globalisation », *Thèse de Doctorat Ph. D*, Université de Yaoundé I.

Bellon A. (2007), « Votez bien, ils feront le reste », *Manière de voir*, n° 92, Avril-mai 2007, pp.6-9.

Cédras J. (1970), *Histoire de la pensée économique. Des origines à la révolution marginaliste*, Paris, Dalloz.

Dika-Akwa nya Bonambela (1982), *Les problèmes de l'anthropologie et de l'histoire africaine*, Yaoundé, Clé.

Diop C. A. (1987), *L'Afrique noire précoloniale,* Paris, Présence Africaine.

Erman A. & Ranke H. (1980), *La civilisation égyptienne,* Paris, Payot.

Ferrandon B. (2003), « Les rouages de l'économie », *Cahiers français*, n° 315 juillet-août.

Gaillard J.-M. (2002), « Comment la planète est devenue un village », *l'Histoire*, n° 270, novembre 2002, p. 33-50.

Gérard F. (2010), « Monsanto à l'assaut du Burkina Faso », *Manière de voir*, n° 108, décembre 2009 -janvier 2010, pp. 42-45.

Halimi S.(2020), « Réforme des retraites, corruption, coût de la vie... De Santiago à Paris, les peuples dans la rue », *Le Monde Diplomatique*, N° 790, Janvier 2020, p.14-15.

Journet N. (2020), *La culture de l'universel au particulier*, Auxerre, Ed. Sciences Humaines.

Ki-Zerbo J. (2003), *A quand l'Afrique ?*, Paris, Editions de l'Aube.

Kolpaktchy G. (1978), *Le livre des morts des anciens Egyptiens,* Paris, Editions Stock.

Massonsa-Wa-Massonsa (1997), « Egypte pharaonique. Histoire de la pensée économique et monétaire » in *Colloque sur la problématique de la monnaie en Afrique noire,* Bordeaux, Cerva.

Menu B. (2005), *Maât. L'ordre juste du monde*, Paris, Editions Michalon.

Njoh Mouelle E. (1972), *De la médiocrité à l'excellence (Essai sur la signification humaine du développement)*, Yaoundé, CLE.

Omotunde J.-Ph. (2000), *L'origine africaine du savoir grec*, volume I, Paris, Menaibuc.

Rutten C. (1988), « L'économie chez Aristote », *Les cahiers de l'analyse des données, tome 13*, n° 3, 1988, pp.289-294.

Saint Marc Ph. (1994), *L'économie barbare*, Paris, Frison Roche.

Smouts M.-C., Battistella D. et Vennesson P. (2006), *Dictionnaire des relations internationales*, Paris, Dalloz.

Sy I. (2020), *Introduction aux sciences économiques*, UCAO-IEG.

Note aux auteurs

Support scientifique de l'Association Camerounaise d'Histoire économique et Sociales (ACAHES), la *Revue Camerounaise d'Histoire Economique et Sociale (RECAHES),* est une revue à vocation internationale visant à promouvoir les études et la recherche en histoire économique et sociale axées sur l'Afrique en général et l'Afrique subsaharienne en particulier. Elle entend offrir aux chercheurs de divers horizons, un espace d'épanouissement intellectuel et de partage des savoirs. Il s'agit d'un espace où l'appropriation du passé peut conduire à un autre ''aujourd'hui'' dans le projet de modernisation de l'Afrique.

Les articles soumis à la *Revue Camerounaise d'Histoire Economique et Sociale* sont évalués de manière anonyme par des experts avisés sur le sujet de l'article. La Revue ne publie pas des articles présentés simultanément ailleurs ou déjà publiés dans un autre support scientifique, sauf autorisation spéciale et expresse. Les opinions exprimées par les auteurs n'engagent en rien la Revue.

La *Revue Camerounaise d'Histoire Economique et Sociale* a pour principale aire géographique **l'Afrique subsaharienne**, sans distinction de période ou d'espace géographique. Le champ de recherche inclut les faits économiques et sociaux à caractère local, régional, national ou international. L'interdisciplinarité est vivement encouragée.

La*Revue Camerounaise d'Histoire Economique et Sociale* accepte les articles publiés en français et en anglais.

Soumission et présentation des articles

Tout article soumis à la *Revue Camerounaise d'Histoire Economique et Sociale*doit se conformer aux normes suivantes :

- Le texte doit être original et sa longueur n'excèdera pas 15 pages (y compris les résumés, les tableaux, les graphiques et les références bibliographiques)

- A la première page devront figurer le titre de l'article, le nom de l'auteur, son titre ou grade, son affiliation institutionnelle ainsi que ses coordonnées téléphoniques et électroniques
- Un résumé en français et en anglais (abstract) d'au maximum 10 lignes avec 5 mots-clés
- Le texte est rédigé en caractère Times New Roman, Taille 11, Interligne 1 et justifié à gauche et à droite
- Les graphiques et les tableaux sont numérotés séquentiellement en chiffres arabes. Ils sont appelés dans le texte par leur numéro d'ordre et sont insérés à l'endroit le plus proche de leur premier appel
- Mettre en retrait et sans guillemets les citations d'au moins quatre lignes et en taille 10
- Les parties du texte seront numérotées selon un classement simple. Trois niveaux de titres au maximum sont acceptés (I, II, III… puis A, B, C... puis 1, 2, 3)
- Les sigles et abréviations utilisés dans le texte seront développés systématiquement à l'occasion de leur première occurrence
- Les références bibliographiques sont appelées entre parenthèses dans le texte avec le nom de l'auteur, l'année de publication et la page autant que possible, par exemple : (Balanga, 1998), (Obenga, 1987, p. 13), (Mbokolo, 1990, chap. 2)
- Limiter les notes de bas de page aux explications absolument nécessaires et aux sources d'archives
- Les sources et les références bibliographiques complètes sont mises par ordre alphabétique à la fin de l'article. Les indiquer comme suit :

  - Pour un ouvrage : Balanga L. (1991), *De la grandeur de l'Afrique contemporaine,* Dakar, Editions du CODESRIA

  - Pour un article de revue : Balanga L. (1995), « Les lamidats du Nord-Cameroun face à la pénétration allemande », *Revue d'histoire d'outre-mer*, N° 3, Vol. 1, Mars 1988, pp. 113-135

  - Pour un article dans un ouvrage : Balanga L. (1988), « Examen de quelques problèmes économétriques de l'Afrique noire » in Inankow P. et Nemour A. (éds), *Stratégies de développement comparées en Afrique*, Paris, L'Harmattan, pp. 157-164

Les articles doivent être transmis au Comité de rédaction à l'adresse***recahes@gmail.com***
La même adresse est valable pour toute autre information y compris les achats, les abonnements ou le soutien.

A propos de l'Association Camerounaise d'Histoire Economique et Sociale (ACAHES)

L'Association Camerounaise d'Histoire Economique et Sociale (ACAHES) est une association de droit camerounais dont l'objectif est de rassembler et de fédérer l'ensemble des praticiens de l'Histoire économique et sociale en vue de promouvoir cette discipline à l'échelle nationale. Elle voudrait se l'écho des préoccupations de ses membres auprès des institutions publiques (Universités, institutions gouvernementales, centres d'archives) et privées (entreprises, archives privées, associations) et des organismes scientifiques tant nationaux qu'internationaux. L'association propose à ses membres des services exclusifs :

- Un site Internet
- Des évènements scientifiques (Congrès, Colloques, Ateliers, Journées d'étude…)
- Une revue scientifique à large visibilité
- Un annuaire des praticiens et des experts

Pour être membre actif et participer à la vie de l'association, il suffit d'en faire la demande et régler les frais d'adhésion et de cotisation annuelle fixés comme suit :

- Membrejuniors (étudiants) : Adhésion 1000 FCFA (1,5 €), Cotisation annuelle 2000 FCFA (3 €)
- Membre seniors (Enseignants et professionnels) Adhésion 5000 FCFA (7,5 €), Cotisation annuelle 15 000 FCFA (23 €)
- Membres d'honneur : Adhésion uniquement 25 000 FCFA (38 €)
- Membres bienfaiteurs : Adhésion uniquement 50 000 FCFA (76 €)

Pour toute information relative à l'adhésion, bien vouloir adresser une correspondance à l'adresse
acahesassociation@gmail.com.

Table des matières

Structures éditoriales du groupe L'Harmattan

L'Harmattan Italie
Via degli Artisti, 15
10124 Torino
harmattan.italia@gmail.com

L'Harmattan Hongrie
Kossuth l. u. 14-16.
1053 Budapest
harmattan@harmattan.hu

L'Harmattan Sénégal
10 VDN en face Mermoz
BP 45034 Dakar-Fann
senharmattan@gmail.com

L'Harmattan Cameroun
TSINGA/FECAFOOT
BP 11486 Yaoundé
inkoukam@gmail.com

L'Harmattan Burkina Faso
Achille Somé – tengnule@hotmail.fr

L'Harmattan Guinée
Almamya, rue KA 028 OKB Agency
BP 3470 Conakry
harmattanguinee@yahoo.fr

L'Harmattan RDC
185, avenue Nyangwe
Commune de Lingwala – Kinshasa
matangilamusadila@yahoo.fr

L'Harmattan Congo
67, boulevard Denis-Sassou-N'Guesso
BP 2874 Brazzaville
harmattan.congo@yahoo.fr

L'Harmattan Mali
Sirakoro-Meguetana V31
Bamako
syllaka@yahoo.fr

L'Harmattan Togo
Djidjole – Lomé
Maison Amela
face EPP BATOME
ddamela@aol.com

L'Harmattan Côte d'Ivoire
Résidence Karl – Cité des Arts
Abidjan-Cocody
03 BP 1588 Abidjan
espace_harmattan.ci@hotmail.fr

L'Harmattan Algérie
22, rue Moulay-Mohamed
31000 Oran
info2@harmattan-algerie.com

L'Harmattan Maroc
5, rue Ferrane-Kouicha, Talaâ-Elkbira
Chrableyine, Fès-Médine
30000 Fès
harmattan.maroc@gmail.com

Nos librairies en France

Librairie internationale
16, rue des Écoles – 75005 Paris
librairie.internationale@harmattan.fr
01 40 46 79 11
www.librairieharmattan.com

Lib. sciences humaines & histoire
21, rue des Écoles – 75005 Paris
librairie.sh@harmattan.fr
01 46 34 13 71
www.librairieharmattansh.com

Librairie l'Espace Harmattan
21 bis, rue des Écoles – 75005 Paris
librairie.espace@harmattan.fr
01 43 29 49 42

Lib. Méditerranée & Moyen-Orient
7, rue des Carmes – 75005 Paris
librairie.mediterranee@harmattan.fr
01 43 29 71 15

Librairie Le Lucernaire
53, rue Notre-Dame-des-Champs – 75006 Paris
librairie@lucernaire.fr
01 42 22 67 13

www.ingramcontent.com/pod-product-compliance
Lightning Source LLC
LaVergne TN
LVHW010020081026
849535LV00016B/1701